신학 말고
국어공부 부터
하게나,
김 전도사

신학 말고 국어공부부터 하게나, 김 전도사

초판 1쇄 찍은 날 · 2012년 3월 10일 | **초판 1쇄 펴낸 날** · 2012년 3월 15일
지은이 · 최무열 | **펴낸이** · 김승태
등록번호 · 제2-1349호(1992. 3. 31) | **펴낸 곳** · 예영커뮤니케이션
주소 · (136-825) 서울시 성북구 성북1동 179-56 | **홈페이지** www.jeyoung.com
출판사업부 · T. (02)766-8931 F. (02)766-8934 e-mail: edit1@jeyoung.com
출판유통사업부 · T. (02)766-7912 F. (02)766-8934 e-mail: sales@jeyoung.com

copyright ⓒ 2012, 최무열
ISBN 978-89-8350-785-3 (03230)

값 13,500원

신학 말고 국어공부부터 하게나, 김 전도사

최무열 지음

예영커뮤니케이션

머리말

필자는 신학대학교에 몸을 담고 있어 직접 목회를 하지 않기 때문에 상대적으로 여러 교회를 방문할 기회가 많고, 또한 많은 목사님들의 설교를 접할 기회가 다른 사람보다 많은 편이다. 뿐만 아니라 오늘날의 말씀은 각종 방송매체를 통하여 연일 끊임없이 쏟아져 나오기 때문에 수많은 설교자들의 설교를 아주 쉽게, 그리고 자주 접하게 된다. 물론 대부분의 경우는 그렇지 않지만, 여러 차례 목사님들의 설교를 들으면서 '어, 저건 아닌데…'라는 생각을 한 적이 있었다. 그 이유는 주제를 제대로 파악하지 못하여 본문 내용과는 전혀 다른 방향으로 설교를 전개해 나가고 있었기 때문이다.

필자는 이러한 문제점을 발견하고 그 원인이 어디에 있을까를 곰곰이 생각해 보았다. 문제는 대개의 경우 설교자들이 설교를 준비하고 작성하는 초반에 그들이 설정하는 본문의 주제를 정확하게 이해하지 못하거나, 또는 그 주제에 합당한 올바른 구도를 정확하게 설정하지 못하는 데 있다는 것을 발견하였다. 설교의 내용이란 철저히 주어진 주제와 구도에 따라 형성되기 때문에 설교의 제목과 구도 설정 자체가 설교라고 해도 과언이 아닐 만큼 중요하다. 따라서 설교의 구도를 정확하게 파악하지 못하면, 그 정확한 주제를 놓치는 결과를 초래하게 된다. 결국 이로 말미암아 설교의 방향을 상실함으로써 설교가 갈팡질팡하게 되고, 논리를 놓쳐 버림으로써 방향성 없는 설교, 또는 비논리적 설교가 된다. 이런 경우는 대부분 본문을 정밀하게 분석하여 구도를 설정하기보다는, 전통에 사로잡혀 말씀을 정리하고 해석함으로써 본문이 의도하는 것과는 전혀 다른 방향에서 주제가 설정되고 이로 인하여 주제와는 다른 말씀이 선포되는 것이다.

물론 필자가 성경 전체의 그 엄청난 말씀을 다 분석한 것은 아니지만 대략 목회자들이 일반적으로 설교하는 그 제목들을 중심으로 고찰해 볼 때 본문이 의도하는 정확한 주제가 아닌 다른 방향에서 접근하고 있는 경우가 상당히 많다는 것을 발견하였다.

그러나 필자가 지적하는 이러한 문제들이 100% 옳다는 것은 결코 아니다. 그럼에도 불구하고 적어도 구조적인 각도에서, 논리적인 시각에서, 그리고 통전적인 시각에서 성경을 볼 때, 위에서 지적한 오류를 되풀이 하지 않을 수도 있다는 것을 지적하고 싶은 것이다. 특히 말씀을 통전적이 아닌 부분적으로 보는 습관은 본문이 정확하게 의도하는 방향으로 주제를 설정하게 하기보다는, 전통적인 틀에 박힌 주제나 본문 전체가 정확하게 전달하려는 의도를 벗어난 주제를 설정하게 한다. 따라서 필자는 성경 전체에 대하여 조사한 것은 아니지만 너무나 자주 접하는 마태복음에서 우리가 일반적으로 설정하는 주제와 그 본문 전체가 의도하는 주제 사이에서 상당한 차이가 있는 대표적인 본문 50개를 선별하여 아래와 같이 정리하였다. 왜냐하면 만약 성경 전체에서 이렇게 잘못 설정된 주제나 제목을 지적하려 한다면 아마도 30권의 책으로도 부족하기 때문이다. 마태복음에서만 우리가 잘못 설정하고 있는 제목이 이렇게 많다면 도대체 성경 전체를 볼 때 우리가 성경을 잘못 이해하고 있는 경우가 얼마나 많은지는 독자 여러분들이 과히 상상해 볼 수 있으리라 생각한다.

　필자는 이 책을 읽는 독자들이 적어도 설교를 작성할 때 적어도 지금까지의 전통을 벗어버리고 새로운 마음으로 성경을 대하면서 그 성경에서 도도히 흐르고 있는 그 맥을 정확히 파악하기를 소망한다. 그래서 새롭고 참신한 메시지를 성도들에게 들려줌으로써 따분한 설교가 아닌 논리 있는 설교, 쉬운 설교, 재미있는 설교를 구성하여 우리 주님이 추구하셨던 대중들을 위한 설교자로 거듭나기를 희망해 본다.

부산장신대학교 연구실에서

최무열

| 차례 |

3장 | 말씀의 주제를 잘못 파악하는 원인과 그 해결 방안

1장

예수님의 설교, 그 놀라운 권위와 날카로운 논리,
그리고 청중을 사로잡는 힘

복음서 전체를 통하여 볼 때 예수님의 설교는 참으로 이해하기 쉽고 누구에게나 환영받는 그런 설교였다. 그러나 그렇다고 해서 예수님의 설교가 비논리적이었다는 것은 절대 아니다. 놀랍게도 예수님의 말씀을 분석해 보면, 그 말씀에는 놀라운 권위가 숨어 있을 뿐만 아니라 논리 역시 대단히 날카로웠다. 아울러 주님의 설교는 큰 감동과 은혜가 있었다. 물론 주님의 이러한 설교에 대하여 수많은 예를 늘어놓을 수 있겠지만 굳이 그 한 예를 들자면 마태복음 22장과 마가복음 12장에서의 '바리새인과의 율법에 관한 논쟁'이다. 이 말씀을 분석해 보면, 예수님의 말씀에 대한 권위, 그리고 날카로운 논리, 뿐만 아니라 청중을 사로잡는 힘이 얼마나 대단하였는지를 가늠할 수 있다.

마 22:34-46

³⁴ 바리새파 사람들이, 예수가 사두개파 사람들의 말문을 막아 버리셨다는 소문을 듣고, 한자리에 모였다.

³⁵ 그런데 그들 가운데 율법 교사 하나가 예수를 시험하여 물었다.

³⁶ "선생님, 율법 가운데 어느 계명이 중요합니까?"

³⁷ 예수께서 그에게 말씀하셨다. '네 마음을 다하고 네 목숨을 다하고, 네 뜻을 다하여, 주 너의 하나님을 사랑하여라' 하셨으니,

³⁸ 이것이 가장 중요하고, 으뜸 가는 계명이다.

³⁹ 둘째 계명도 이것과 같은데 '네 이웃을 네 몸 같이 사랑하여라' 한 것이다.

⁴⁰ 이 두 계명에 모든 율법과 예언자들의 본뜻이 달려 있다."

⁴¹ 바리새파 사람들이 모였을 때에, 예수께서 그들에게 물으셨다.

⁴² "너희는 그리스도를 어떻게 생각하느냐? 그는 누구의 자손이냐?" 그들이 예수께 말하기를 "다윗의 자손입니다" 하였다.

⁴³ 예수께서 그들에게 말씀하셨다. "그러면 다윗이 성령의 감동을 받아, 그리스도를 주라고 부르면서 말하기를

⁴⁴ '주께서 내 주께 말씀하셨다. 「내가 네 원수를 네 발 아래에 굴복시킬 때까지, 너는 내 오른쪽에 앉아 있어라」' 하였으니, 이것이 어찌 된 일이냐?

⁴⁵ 다윗이 그를 주라고 불렀는데, 어떻게 그가 다윗의 자손이 되겠느냐?"

⁴⁶ 그러자 아무도 예수께 한 마디도 대답하지 못했으며, 그 날부터는 그에게 감히 묻는 사람도 없었다.

막 12:28-37

²⁸ 율법학자들 가운데 한 사람이 다가와서, 그들이 변론하는 것을 들었다. 그는 예수께서 그들에게 대답을 잘 하시는 것을 보고서, 예수께 물었다. "모든 계명 가운데서 가장 으뜸되는 것은 어느 것입니까?"

²⁹ 예수께서 대답하셨다. "첫째는 이것이다. '이스라엘아, 들어라. 주, 곧 우리 하나님은 오직 한 분이신 주님이시다.

³⁰ 네 마음을 다하고, 네 목숨을 다하고, 네 뜻을 다하고, 네 힘을 다하여, 주 너의 하나님을 사랑하여라.'

³¹ 둘째는 이것이다. '네 이웃을 네 몸 같이 사랑하여라.' 이 계명보다 더 큰 계명은 없다."

³² 그러자 율법학자가 예수께 말하였다. "선생님, 옳은 말씀입니다. 하나님은 한 분이시요, 그 밖에 다른 이는 없다고 하신 그 말씀은 옳습니다.

³³ 또 마음을 다하고 지혜를 다하고 힘을 다하여 하나님을 사랑하는 것과, 이웃을 자기 몸 같이 사랑하는 것이, 모든 번제와 희생제보다 더 낫습니다."

³⁴ 예수께서는, 그가 슬기롭게 대답하는 것을 보시고, 그에게 말씀하셨다. "너는 하나님의 나라에서 멀리 있지 않다." 그 뒤에는 감히 예수께 더 묻는 사람이 없었다.

³⁵ 예수께서 성전에서 가르치실 때에, 이렇게 이르셨다. "어찌하여 율법학자들은, 그리스도가 다윗의 자손이라고 하느냐?

³⁶ 다윗이 성령의 감동을 받아서 친히 이렇게 말하였다. '주께서 내 주께 말씀하셨다. 「내가 네 원수를 네 발 아래에 굴복시킬 때까지, 너는 내 오른쪽에 앉아 있어라」'

³⁷ 다윗 스스로가 그를 주라고 불렀는데, 어떻게 그가 다윗의 자손이 되겠느냐?" 많은 무리가 예수의 말씀을 기쁘게 들었다.

1. '율법 중에 어느 계명이 가장 크냐'는 곤란한 질문에 대하여

이 사건이 발생하기 전에도 바리새인을 포함한 율법학자, 그리고 종교 지도자, 심지어 사두개인까지 예수님에 대한 도전과 논쟁은 거의 끝이 없을 정도로 계속되었다.

- · 성전세에 대한 바리새인과의 논쟁
- · 성전청결에 대한 논쟁
- · 유대 종교 지도자들의 도전
- · 사두개인의 도전과 논쟁

이번에는 바리새파 사람들의 율법에 대한 도전이다. 그것도 '율법 중에 어느 계명이 가장 크냐'는 참으로 곤란한 질문으로 예수님을 올무에 옭아 넣으려는 것이다.

> [34] 바리새파 사람들이, 예수가 사두개파 사람들의 말문을 막아 버리셨다는 소문을 듣고, 한 자리에 모였다.
>
> [35] 그런데 그들 가운데 율법 교사 하나가 예수를 시험하여 물었다.
>
> [36] "선생님, 율법 가운데 어느 계명이 중요합니까?"

본 절에서는 바리새인들이 모였다고 했는데, 이것을 원어적으로 살펴보면 전에는 흩어져 각자의 관심대로 살다가 예수님을 음해하려는 데 모두 함께 하나가 되었다는 것을 의미한다. 따라서 바리새인들과 다른 무리들이 예수님을 대적하는 이 일에 얼마나 합심하였고 얼마나 열심이었는지를 잘 보여준다. 특히 앞선 15절에서 바리새인들은 헤롯당과 연합하여 예수님을 말의 올무에 걸리게 하기 위하여 납세에 대한 질문을 하였으나 그들의 의도는 무참히 분쇄되고 말았다. 그러나 바리새인들은 포기하지 않고 예수님을 음해하기 위해 자신들의 율법사를 대표자로 세워 자신들 가운데서도 논란의 핵심이 되는 것을 질문함으로써 다시 한 번 예수님을 공격하려 했다.

그렇다면 이 사람들이 하필 왜 이런 질문을 예수님께 하였을까? 유대인들은 율법을 613개로 나누었다. 그중에 248개의 중요한 율법과 365개의 덜 중요한 율법이 있었다. 그들은 613개의 모든 율법을 지킬 수 없다는 사실을 알고 그들 나름대로 율법의 중요성에 대한 기준이 필요했던 것이다. 자기들조차도 해결하지 못하는 난해한 질문을 던짐으로써 그렇지 않아도 그들이 껄끄럽게 여기는 예수님을 이 문제를 통하여 해결하려고 했다. 이는 악한 동기로 논쟁을 시작한 것이다.

2. 예수님의 핵심적인, 논리적이고 말씀에 중심한 답변

물론 그들의 논쟁은 예수님을 어떻게 해서든지 올무에 걸리게 하여 그를 잡아 죽이려는 데 목적을 두고 있었다. 사실 이것은 무서운 음모가 아닐 수 없었다. 그러나 주님은 바로 이들의 이러한 음모를 모르실 분도 아니고 이기지 못하실 분도 아니었다. 왜냐하면 예수님께서는 엄청난 논리와 그리고 권위 있는 하나님의 말씀이 있었기 때문이다. 그래서 그 엄청난 하나님의 능력의 말씀으로, 그리고 날카로운 논리로 그들의 음모를 완전히 격파하신 것이다. 그들이 던진 질문에 대한 주님의 대답은 이러하다.

> [37] 예수께서 그에게 말씀하셨다. '네 마음을 다하고 네 목숨을 다하고, 네 뜻을 다하여, 주 너의 하나님을 사랑하여라' 하셨으니,

³⁸ 이것이 가장 중요하고, 으뜸 가는 계명이다.

³⁹ 둘째 계명도 이것과 같은데 '네 이웃을 네 몸 같이 사랑하여라' 한 것이다.

⁴⁰ 이 두 계명에 모든 율법과 예언자들의 본 뜻이 달려 있다."

〈막 12:28〉

²⁸ 율법학자들 가운데 한 사람이 다가와서, 그들이 변론하는 것을 들었다. 그는 예수
께서 그들에게 대답을 잘 하시는 것을 보고서, 예수께 물었다. "모든 계명 가운데서
가장 으뜸되는 것은 어느 것입니까?"

주님의 말씀을 요약하면 아래와 같다.

· 네 마음을 다하고 네 목숨을 다하고, 네 뜻을 다하여, 주 너의 하나님을 사랑하여라.
· 이것이 가장 중요하고, 으뜸 가는 계명이다.
· 네 이웃을 네 몸 같이 사랑하여라.
· 이 계명도 첫째 계명과 같은 것이다.
· 이 두 계명에 모든 율법과 예언자들의 본 뜻이 달려 있다.

주님은 그들의 질문에 거리낌 없이, 그리고 그들이 요구한 질문에 대하여
명확하게 말씀하셨다. 그리고 주님은 '사랑하라'는 말로 일축하셨다. 주님이
말씀하신 '사랑하라'의 원어적 의미는 단순한 사랑의 차원을 넘어 '하나님께
받은 은혜에 대한 감사와 한없는 복종, 내면적 경의'를 가리킨다. 이는 겉으
로 드러난 소위 외형적 사랑의 행위 이전에 마음속에서부터 나오는 한없는
사랑의 감정으로 하나님을 사랑해야 한다는 것을 의미한다. 아울러 예수님
은 이러한 하나님을 사랑하는 마음이 곧 사람을 사랑하는 마음으로 전환
되어야 진정한 하나님의 사람임을 가르치셨다. 따라서 이러한 예수님의 말씀

을 듣는 그들도 같은 히브리인으로서 예수님이 어떠한 마음으로 이런 말씀을 하셨는지 금방 이해가 가지 않을 수 없었을 것이다.

놀라운 것은 주님께서는 사실 613가지나 되는 엄청난 계명들 가운데 그 핵과 중심을 정확하게 알고 있었다는 점이다. 주님은 먼저 말씀에 능통하셨고, 그리고 이를 논리적으로 조리하시는 놀라운 능력과 설득하는 능력을 지니고 계셨다.

3. 시험하려고 했던 사람이 존경의 마음으로… 그리고 천국 자격까지

마가복음에서 말하는 이 사람은, 사실 처음부터 예수님을 책잡기 위하여 이 자리에 온 것이 틀림없다. 그러나 그는 처음부터 예수님의 말씀을 듣고 있었다. 그리고 흥미를 느끼고 주님께 질문하였다. 그는 주님의 그 명쾌하고 논리적인 말씀에 감동을 받았다. 마가복음은 이렇게 기록하고 있다.

〈막 12:32-34〉

32 그러자 율법학자가 예수께 말하였다. "선생님, 옳은 말씀입니다. 하나님은 한 분이시요, 그 밖에 다른 이는 없다고 하신 그 말씀은 옳습니다.

33 또 마음을 다하고 지혜를 다하고 힘을 다하여 하나님을 사랑하는 것과, 이웃을 자기 몸 같이 사랑하는 것이, 모든 번제와 희생제보다 더 낫습니다."

34 예수께서는, 그가 슬기롭게 대답하는 것을 보시고, 그에게 말씀하셨다. "너는 하나님의 나라에서 멀리 있지 않다."

위에서 언급한 바와 같이 이 사람은 율법을 잘 알고 있었음에 틀림없었다. 그리고 율법의 정신이 무엇인지도 알고 있었다. 그는 예수님을 책잡으러 왔다가 유심히 예수님의 말씀을 듣고 이러한 예수님의 말씀이 진리 중의 진리요, 진실임과 동시에 그들이 고민하는 문제의 핵심임을 깨달았다. 그리고 위와 같이 고백하는 단계까지 나아가게 되었다. 거기에다 그는 모든 번제와 희생제사보다 이것이 더 낫다고까지 부연설명을 하면서 만인들 앞에서, 그리고 특별히 주님을 잡기 위해 이 자리를 주선한 사람들 앞에서 주님을 인정하였다.

"선생님, 옳은 말씀입니다. 하나님은 한 분이시요, 그 밖에 다른 이는 없다고 하신 그 말씀은 옳습니다. 또 마음을 다하고 지혜를 다하고 힘을 다하여 하나님을 사랑하는 것과, 이웃을 자기 몸과 같이 사랑하는 것이, 모든 번제와 희생제보다 더 낫습니다."

이 얼마나 놀라운 일인가? 그는 예수님을 책잡기 위하여 온 대표자로서 그를 공격하려고 질문하였다가 예수님의 말씀을 듣고 그만 진실된 자신의 마음을 토로하고 예수님을 인정함과 동시에 예수님의 가르침에 완전히 매료되어 버렸다. 예수님은 이 사람을 칭찬하셨다.

〈막 12:34〉

[34] 예수께서는, 그가 슬기롭게 대답하는 것을 보시고, 그에게 말씀하셨다. "너는 하나님의 나라에서 멀리 있지 않다."

뿐만 아니다. 이 사람은 용기 있는 고백을 통해서 큰 선물 하나를 얻었다. "너는 하나님의 나라에서 멀리 있지 않다." 바리새인에게 예수님께서 이렇게 칭찬하신 적이 있던가? 그러나 그는 이런 고백을 하기까지 상당한 용기가 필요했을 것이다. 예수님을 책잡기 위하여 바리새인들이 모여 있는 상황에서 그가 이런 용기 있는 발언을 했다는 것은 적어도 그는 율법의 정신을 바로 인식한 사람이었음을 알 수 있다.

4. 다윗과 그리스도에 관한 예수님의 선제적 질문

내친 김에 주님은 바리새인들이 의혹을 가지고 있는 다윗과 그리스도에 대한 문제까지 먼저 끄집어내심으로써 그들과의 논쟁을 마치려는 의도를 보이신다. 주님은 먼저 그들에게 질문을 하신다. 마 22:41를 보면 '바리새파 사람들이 모였을 때에'라는 표현이 나온다. 예수님께서는 바리새인들이 모였을 때에 그들에게 질문을 먼저 던지신다. 다윗과 그리스도의 관계에 대한 질문은, 유대인들이 생각하기에 '그리스도는 단순히 다윗의 자손인 인간에 불과하다'는 사실을 완전히 뒤집는 질문이었다. 예수님께서 말하고자 하는 그리스도는 혈통적으로 다윗의 후손임이 분명하지만, 단순히 인간적인 차원에서가 아니라 신적, 존재론적, 권위적 측면에서는 다윗보다 앞선 존재이며 다윗이 오히려 주라고 부르는 존재라는 것을 그들에게 이 기회에 분명하게 심어주려고 하신 것이다. 그래서 예수님은 이 기회에 역공법을 사용하셨다. 예수님이 이렇게 역공법을 사용하신 것, 그리고 단도직입적인 질문을 던지신 이유는 당시 모든 유대인들이 예수님의 기적과 치유사역 등을 보면서 그들이 지니고 있던 메시아관, 즉 정치적 메시아관인 메시아는 다윗의 후손으로 와서 다윗 왕국의 영광을 재현할 자라고 하는 잘못된 메시아관을 가지고 있었기 때문이다. 그래서 예수님은 이 일이 얼마나 위험한 일이며 심각한 오해를 가져올 수 있는지를 아시고, 이 기회에 진정한 메시아관뿐만 아니라 예수님이 다윗보다 선재한 존재라는 사실을 가르쳐 주기 위한 것이었다.

〈마 22:41-42〉

[41] 바리새파 사람들이 모였을 때에, 예수께서 그들에게 물으셨다.

[42] "너희는 그리스도를 어떻게 생각하느냐? 그는 누구의 자손이냐?" 그들이 예수께 말하기를 "다윗의 자손입니다" 하였다.

5. 엄청난 논리와 하나님의 말씀으로 청중을 완전히 제압해 버리는 예수님

주님은 "다윗의 자손입니다."라는 말을 듣자마자 곧바로 하나님의 말씀을 인용하면서 그리고 날카로운 논리를 전개하면서 자신이 다윗이 말한 메시아임을 분명하게 못 박아 버리신다. 그의 말씀에는 절대적인 권위가 있었고 절대적인 논리가 있었다.

> [43] 예수께서 그들에게 말씀하셨다. "그러면 다윗이 성령의 감동을 받아, 그리스도를 주라고 부르면서 말하기를
>
> [44] '주께서 내 주께 말씀하셨다. 「내가 네 원수를 네 발 아래에 굴복시킬 때까지, 너는 내 오른쪽에 앉아 있어라」' 하였으니, 이것이 어찌 된 일이냐?
>
> [45] 다윗이 그를 주라고 불렀는데, 어떻게 그가 다윗의 자손이 되겠느냐?"

여기서 우리는 주님이 사용한 논리가 얼마나 날카로운지 알 수 있다. 예수님은 그들이 토씨 하나 달지 못하도록 그들을 압제해 버리셨다. 주님의 논리를 정리하면 다음과 같다.

- 다윗이 성령의 감동을 받아, 그리스도를 주라고 불렀다.
- 하나님께서 그리스도에게 말씀하셨다. "내가 네 원수를 네 발 아래에 굴복시킬 때까지, 너는 내 오른쪽에 앉아 있어라 하였다."
- 그렇다면 이게 도대체 어떻게 된 일이냐?
- 다윗이 그를 주라고 불렀는데, 어떻게 그가 다윗의 자손이 되겠느냐?

주님이 이들을 제압하신 것은 딱 두 가지였다. 첫째는, 정확한 구약의 말씀을 인용하신 것이고 둘째는, 이 말씀을 아주 날카롭고 논리적으로 전개

하신 것이다. 그들로서는 감히 상상도 할 수 없는, 그리고 꼼짝할 수 없는 논리로서 그들을 제압해 버리셨던 것이다. 이러한 논리와 권위로서의 제압은 처음에 발생한 논쟁도 그러하거니와 두 번째 발생한 그리스도 논쟁에서도 정확하게 일치하였다. 다시 말해서 주님은 아무도 거역할 수 없는 말씀의 권위와 날카로운 논리라는 무서운 무기를 소유하고 계셨던 것이다.

6. 다시는 도전하지 않는 무리들 - 말씀으로 논쟁의 종지부를 찍으시는 예수님

이제 더 이상 논쟁은 일어나지 않는다. 아무리 많은 학자를 보내도, 아무리 성경에 뛰어난 사람을 보내도, 아무리 종교적으로 뛰어난 사람을 보내도 예수님의 권위와 논리에 대항할 수 있는 사람은 없었기 때문이다. 그만큼 예수님의 말씀에는 권위가 있었고 논리가 있었다는 말이다. 그들은 참패를 당했다.

이렇게 주님은 정말 엄청난 논리를 지닌 분이셨다. 그리고 엄청난 말씀의 권위를 지닌 분이셨다. 그 어떤 논쟁에서도 이기셨다. 오늘의 말씀은 목회자로 살아가기를 서원하는 모든 주의 종들에게 참으로 중요한 말씀이 아닐 수 없다. 우리에게 있어서 얼마나 말씀의 논리가 중요하며, 얼마나 깊은 말씀 즉 말씀의 권위가 중요한 것인가를 가르쳐 주는 귀한 말씀이다. 마태와 마가는 그 결과를 아래와 같이 증언하고 있다.

[46] 그러자 아무도 예수께 한 마디도 대답하지 못했으며, 그 날부터는 그에게 감히 묻는 사람도 없었다.

〈막 12:37〉

37 … 많은 무리가 예수의 말씀을 기쁘게 들었다.

마 13:54-58과 눅 4장에는 예수님께서 그의 고향 나사렛을 방문하셨을 때 그 사람들이 예수님의 말씀을 듣고 나타낸 반응이 나와 있다.

〈마 13:54〉

54 예수께서 고향에 가서서, 회당에서 사람들을 가르치셨다. 그들은 놀라서 말하였다. "이 사람이 어디에서 이런 지혜와 놀라운 능력을 얻었을까?

자, 그런데 누가는 이런 무리들의 반응을 보다 명확하게 표현하고 있다. 그들의 반응은 실로 대단하였다. 얼마나 말씀이 재미있고 얼마나 말씀이 좋았던지 그들의 눈이 휘둥그레졌다고 말하고 있다.

〈눅 4:20-22〉

20 예수께서 두루마리를 말아서, 시중드는 사람에게 되돌려주시고, 앉으셨다. 회당에 모인 모든 사람의 눈은 예수께 쏠렸다.

21 예수께서 그들에게 말씀하셨다. "이 성경 말씀이 너희가 듣는 가운데서 오늘 이루어졌다."

22 사람들은 모두 감탄하고, 그의 입에서 나오는 그 은혜로운 말씀에 놀라서….

· 그들은 예수님의 말씀에 놀랐다.

· 예수님의 말씀은 지혜와 능력이 있었다.

· 예수님의 말씀은 모든 사람들의 눈을 집중시키는 능력이 있었다.

· 예수님의 말씀은 감탄을 자아내게 했다.

· 예수님의 말씀은 너무나 은혜로웠다.

이렇게 주님의 말씀은 사람들을 놀라게 하였고, 그 말씀 안에는 지혜와 능력이 있었다. 또한 사람들이 주님의 말씀에 눈을 뗄 수 없도록 집중시키는 강한 능력이 있었을 뿐만 아니라 나아가 사람들의 감탄을 자아내게 하였다. 그리고 너무나 중요한 것은 그의 말씀은 참으로 은혜로웠다는 점이다. 이런 관점에서 오늘날 선포되는 목회자들의 설교가 우리 주님의 설교와 비교하여 그만한 힘을 소유하고 있는지 우리 스스로 반성해 보아야 한다.

· 정말 이 시대의 목회자들의 설교가 놀랄 만큼 도전을 주는 말씀인가?
· 정말 이 시대의 목회자들의 설교에는 지혜와 능력이 있는가?
· 정말 이 시대의 목회자들의 설교에는 사람들의 눈을 집중시킬 수 있는 능력이 있는가?
· 정말 이 시대의 목회자들의 설교가 사람들의 감탄을 자아내게 할 수 있는가?
· 정말 이 시대의 목회자들의 설교가 이렇게 은혜로운가?

이렇게 예수님의 설교와 가르침은 너무나 논리적이었다. 분명한 논리의 바탕 위에 세워진 그의 설교는 청중들의 마음을 사로잡을 수 있었고, 그들의 시선을 집중시킴으로써 효과적으로 천국복음을 전파할 수 있었다.

2장

본문의 구도와 구조를 잘못 파악하여
주제가 잘못 설정되는 말씀들(마태복음을 중심으로)

앞 장에서 언급한 예수님의 설교와 가르침과는 달리 오늘날 선포되는 목회자들의 말씀의 근본적인 문제점은 강력한 논리가 흐르지 않는다는 것이다. 또한 말씀 자체에 흐르고 있는 통전적인 가르침을 꿰뚫어 내지 못함으로써 설교가 비논리적이 되거나 잘못된 주제를 설정하게 되어 말씀 전체가 그릇된 방향으로 나아가기도 한다.

분명한 것은 성경 전반을 통해서 말씀 전체에 흐르고 있는 구조와 주제를 잘못 파악하는 경우가 너무 허다하다는 점이다. 그러나 성경 전체의 엄청난 말씀을 전체적으로 다 분석한다는 것은 불가능한 일이다. 따라서 이 글에서는 마태복음에만 국한하여 주제가 잘못 설정되는 경우를 나열함으로써 성경 전체에서 얼마나 우리가 그동안 성경을 통전적으로 이해하지 못했는지를 발견하고자 한다.

1. 마 1:1-17은 단순히 '예수님의 족보'가 주제가 아니다

일반적 제목	아브라함과 다윗의 후손으로 오신 예수 그리스도
통전적 제목	어떤 죄인, 이방인도 그리스도로 말미암아 아브라함의 자손과 다윗의 자손이 누렸던 구원의 반열에 오를 수 있다

위의 본문은 설교자들이 일반적으로 '아브라함과 다윗의 후손으로 오신 예수 그리스도'라는 주제로 예수 그리스도를 '아브라함의 후손', '다윗의 후손'으로 인식하며 설교하고 있다. 그러나 일반적인 관점이 아니라 성경을 전체로 보는 통전적 시각으로 본문을 보면 결코 '아브라함과 다윗의 후손으로 오신 그리스도'만을 부각하기 위하여 이 말씀이 기록되지는 않았다. 본문은 그보다 훨씬 광의의 뜻을 내포하고 있다. 그것은 바로 죄인, 어떤 이방인, 어떤 연약한 사람도 예수 그리스도로 말미암아 아브라함의 자손과 다윗의 자손이 누렸던 구원의 반열에 오를 수 있음을 천명하고 있는 것이다. 본문을 통전적으로 묵상하면 다음과 같은 말씀의 핵심, 즉 말씀의 구조를 파악할 수 있다.

¹ 아브라함과 다윗의 자손 예수 그리스도의 계보라

³ 유다는 다말에게서 베레스와 세라를 낳고 베레스는 헤스론을 낳고 헤스론은 람을 낳고

⁵ 살몬은 라합에게서 보아스를 낳고 보아스는 룻에게서 오벳을 낳고 오벳은 이새를 낳고

⁶ 이새는 다윗 왕을 낳으니라 다윗은 우리야의 아내에게서 솔로몬을 낳고

¹⁶ 야곱은 마리아의 남편 요셉을 낳았으니 마리아에게서 그리스도라 칭하는 예수가 나시니라

본문은 두말할 것도 없이 예수 그리스도가 아브라함의 후손으로, 그리고 다윗의 후손으로 오신 것을 말하고 있다. 그러나 본문을 통합적인 관점에서 묵상해 보면, 결코 여기에서 그 핵심이 끝나지 않는다. 족보에 기록할 수 없는 다섯 여인을 통하여 그리스도가 탄생하신 것을 강조하고 있기 때문

이다. 그 다섯 여인은 이방인, 죄인으로 여겼던 여인, 당대에 사람 취급을 받지 못했던 여인 등인데, 이들을 통해서 그리스도가 오신 것을 동정녀 마리아를 통해 이 땅에 오신 것과 함께 강조하고 있는 것이다.

¹ 아브라함과 다윗의 자손 예수 그리스도의 계보라

(1) 예수 그리스도는 믿음의 조상 아브라함의 후예로 오셨다. 그러므로 누구든지 이 예수님으로 말미암아 믿음의 자리로 나아갈 수 있으며, 믿음의 백성이 될 수 있다.

¹ 아브라함과 다윗의 자손 예수 그리스도의 계보라

(2) 예수 그리스도는 위대한 왕, 다윗의 후예로 오셨다. 그러므로 누구든지 그리스도를 통하여 거룩한 왕의 백성이 될 수 있다.

³ 유다는 다말에게서 베레스와 세라를 낳고 베레스는 헤스론을 낳고 헤스론은 람을 낳고
⁵ 살몬은 라합에게서 보아스를 낳고 보아스는 룻에게서 오벳을 낳고 오벳은 이새를 낳고

(3) 예수 그리스도는 이방인의 후예로 오셨다(기생 라합과 룻). 그러므로 어느 이방인이든지 간에 예수 그리스도를 통하여 아브라함과 다윗의 자손으로서 구원의 자리에 나아갈 수 있다.

³ 유다는 다말에게서 베레스와 세라를 낳고 베레스는 헤스론을 낳고 헤스론은 람을 낳고

⁵ 살몬은 라합에게서 보아스를 낳고 보아스는 룻에게서 오벳을 낳고 오벳은 이새를 낳고

(4) 예수 그리스도는 윤리적인 측면에서 죄인의 후손으로 오셨다(다말과 우리아의 아내). 그러므로 어떤 죄인들도 예수 그리스도를 통하여 아브라함과 다윗의 자손으로서 구원의 자리에 나아갈 수 있다.

³ 유다는 다말에게서 베레스와 세라를 낳고 베레스는 헤스론을 낳고 헤스론은 람을 낳고

⁵ 살몬은 라합에게서 보아스를 낳고 보아스는 룻에게서 오벳을 낳고 오벳은 이새를 낳고

⁶ 이새는 다윗 왕을 낳으니라 다윗은 우리야의 아내에게서 솔로몬을 낳고

¹⁶ 야곱은 마리아의 남편 요셉을 낳았으니 마리아에게서 그리스도라 칭하는 예수가 나시니라

(5) 예수 그리스도는 이방인의 후예, 죄인의 후예로 오셨으나 죄는 없는 분이시다. 뿐만 아니라 예수 그리스도는 가장 연약하고 사람 취급을 받지 못한 여인의 후손으로 오셨다. 그러므로 어떤 연약한 사람도 예수님 안에서 구원을 얻을 수 있다.

그렇다. 마태가 본문을 기록할 때 아무 의미 없이 이러한 족보를 나열한 것이 아니다. 그는 유태인들에게 예수 그리스도가 어떤 분이신가를 명확하게 전하고 싶었다. 이 족보를 통하여 예수 그리스도가 얼마나 위대한 분이시며, 그가 어떠한 목적으로 이 세상에 오셨는지를 명확하게 밝히고 있다.

2. 마 1:18-25은 단순히 '의로운 사람, 요셉'이 주제가 아니다

일반적 제목	의로운 사람, 요셉
통전적 제목	예수님의 육신의 아버지로 선택될 수밖에 없는 충분한 조건을 갖춘 사람, 요셉

위의 본문은 일반적으로 '의로운 사람, 요셉'이라는 주제로 설교된다. 그러나 오늘의 본문을 논리적인 관점에서 묵상해 보면 결코 요셉의 의로운 면만을 강조하는 것이 아님을 알 수 있다. 오히려 본문은 요셉이 얼마나 경건하고 의로우며, 예수 그리스도의 육신의 아버지로서의 자격을 충분히 갖추고 있었는지를 조명하고 있다. 따라서 본문을 일반적인 관점에서 '의로운 사람, 요셉'이라고 한다면 본문을 결코 통전적으로 조명할 수 없다. 따라서 '예수님의 육신의 아버지로 선택될 수밖에 없는 충분한 조건을 갖춘 사람, 요셉'이라고 해야 본문 전체를 아우를 수 있는 제목이 될 수 있다. 본문을 통전적으로 묵상하면 다음과 같은 말씀의 핵심, 즉 말씀의 구조를 파악할 수 있다.

¹⁸ 예수 그리스도의 나심은 이러하니라 그의 어머니 마리아가 요셉과 약혼하고 동거하기 전에 성령으로 잉태된 것이 나타났더니
¹⁹ 그의 남편 요셉은 의로운 사람이라 그를 드러내지 아니하고 가만히 끊고자 하여
²⁰ 이 일을 생각할 때에 주의 사자가 현몽하여 이르되 다윗의 자손 요셉아 네 아내 마리아 데려오기를 무서워하지 말라 그에게 잉태된 자는 성령으로 된 것이라
²¹ 아들을 낳으리니 이름을 예수라 하라 이는 그가 자기 백성을 그들의 죄에서 구원할 자이심이라 하니라

²² 이 모든 일이 된 것은 주께서 선지자로 하신 말씀을 이루려 하심이니 이르시되
²³ 보라 처녀가 잉태하여 아들을 낳을 것이요 그의 이름은 임마누엘이라 하리라 하셨으니 이를 번역한즉 하나님이 우리와 함께 계시다 함이라(사 7:14)
²⁴ 요셉이 잠에서 깨어 일어나 주의 사자의 분부대로 행하여 그의 아내를 데려왔으나
²⁵ 아들을 낳기까지 동침하지 아니하더니 낳으매 이름을 예수라 하니라

(1) 약혼녀가 결혼도 하기 전에 성령으로 임신을 하였다는 엄청난 소식을 접한 요셉

(2) 의로운 사람, 착한 사람으로서 조용히 문제를 해결하려 하는 요셉

- 비심판적 태도를 가진 사람
- 문제를 드러내기보다는 남의 문제를 숨겨 주려는 사람
- 타인에 대한 깊은 배려를 가진 사람
- 엄청난 문제를 조용히 해결하려는 사람

〈Amplified Bible〉
- just: 의로운 사람
- upright: 올곧은 사람
- not willing to expose her publicly

그녀의 부정을 공개적으로 나타내지 않으려는 사람
- not willing to shame and disgrace her

그녀에게 수치를 주거나 불명예를 주지 않으려고 노력하는 사람
- decided to repudiate and dismiss her quietly and secretly

조용하고 비밀스럽게 그녀와의 인연을 정리하고자 했던 사람

(3) 그럼에도 불구하고 깊은 고민에 빠지게 된 요셉(20절)

(4) 그 깊은 고민 가운데서도 하나님의 음성을 듣는 요셉(20-23절)

- 그녀의 임신은 사람으로 된 것이 아니라 성령으로 된 것임을 인식

- "예수가 자기 백성을 그들의 죄에서 구원할 자"임을 인식
- 이 모든 일이 일어나게 된 것은 주께서 선지자로 하신 말씀을 이루려 하기 위함임을 인식
- 이를 통해 하나님이 우리와 함께하심을 인식

(5) 말씀에 대한 순종과 결단의 사람으로서의 요셉

- 약혼하고 동거하기 전 그의 아내를 데려왔다.(정식 혼인절차를 밟음.)
- 하나님의 분부대로 행하여 그의 아내를 데려왔다.

(6) 순결함, 거룩함, 경건함, 그리고 인내의 사람 요셉(아들을 낳기까지 동침하지 않음)

- 무엇보다 인간적이며 하나님 앞에 의로움
- 남을 깊이 배려하고 남의 입장에서 생각하는 존중감
- 하나님의 말씀이 임할 때 즉시 순종하는 믿음
- 이것이 하나님의 뜻이라고 생각할 때 즉시 결단하고 나아가는 용기
- 결코 세상에 물들지 않고 하나님의 거룩함 가운데 살아가는 거룩성

요셉은 우리가 생각하는 단순히 의로운 사람만은 아니었다. 그리고 성경역시 요셉을 단순히 의로운 사람이라고 말하지는 않는다. 오히려 그는 다양한 측면에서 예수님의 육적인 아버지가 될 수밖에 없는 자격을 갖춘 사람으로서 준비된 사람임을 강조하고 있다.

3. 마 2:13-23은 단순히 '예수님께서 이집트로 피신하심'이 주제가 아니다

일반적 제목	예수님께서 이집트로 피신하심
통전적 제목	모든 것이 말씀대로 이루어졌다

우리는 일반적으로 본문을 '예수님께서 이집트로 피신하심'이라는 관점에서 바라보고 또 그렇게 설교한다. 그러나 필자인 마태는 결코 이집트로 피신하신 예수님을 염두해 두고 이 글을 구성하고 있지 않다. 본문에서 마태는 예수님의 모든 일들이 바로 하나님의 말씀대로 이루어졌다는 관점에서 보고 있고 또한 그것을 강조하고 있다. 따라서 본문은 '예수님께서 이집트로 피신하심'이 아니라 '모든 것이 하나님의 말씀대로 이루어짐'이 그 주제가 되어야한다.

¹³ 박사들이 돌아간 뒤에. 주의 천사가 꿈에 요셉에게 나타나서 말하였다. "헤롯이 아기를 찾아서 죽이려고 하니, 일어나서, 아기와 어머니를 데리고, 이집트로 피신하고, 내가 네게 일러 줄 때까지 그 곳에 있어라."
¹⁴ 요셉이 일어나서, 밤 사이에 아기와 그 어머니를 데리고 이집트로 피신하여,
¹⁵ 헤롯이 죽을 때까지 거기에 있었다. 이것은 주께서 예언자를 시켜서 말씀하신 바 "내가 이집트에서 내 아들을 불러냈다" 하신 말씀을 이루려고 하신 것이었다.(호 11:1)
¹⁶ 헤롯은 박사들에게 속은 것을 알고, 몹시 노하였다. 그는 사람을 보내어, 그 박사들에게 알아 본 때를 기준으로, 베들레헴과 그 가까운 온 지역에 사는, 두 살짜리로부터 그 아래의 사내아이를 모조리 죽였다.
¹⁷ 이리하여 예언자 예레미야를 시켜서 하신 말씀이 이루어졌다.

¹⁸ "라마에서 소리가 들려 왔다. 울부짖으며, 크게 애곡하는 소리다. 라헬이 자식들을 잃고 우는데, 자식들이 없어졌으므로, 위로를 받으려 하지 않았다.(렘 31:15)
¹⁹ 헤롯이 죽은 뒤에, 주의 천사가 이집트에 있는 요셉에게 꿈에 나타나서
²⁰ 말하기를 "일어나서, 아기와 어머니를 데리고, 이스라엘 땅으로 가거라. 그 아기의 목숨을 노리던 자들이 죽었다" 하였다.
²¹ 요셉이 일어나서, 아기와 어머니를 데리고, 이스라엘 땅으로 들어왔다.
²² 그러나 요셉은, 아켈라오가 아버지 헤롯의 뒤를 이어 유대 지방의 왕이 되었다는 말을 듣고, 그 곳으로 가기를 두려워하였다. 그는 꿈에 지시를 받고, 갈릴리 지방으로 떠나서,
²³ 나사렛이라는 동네로 가서 살았다. 이리하여 예언자들을 시켜서 말씀하신 바 "그는 나사렛 사람이라고 불릴 것이다" 하신 말씀이 이루어졌다.

(1) 이집트로 피신할 것이라는 예언의 말씀이 이루어졌다.

13 박사들이 돌아간 뒤에, 주의 천사가 꿈에 요셉에게 나타나서 말하였다. "헤롯이 아기를 찾아서 죽이려고 하니, 일어나서, 아기와 어머니를 데리고, 이집트로 피신하고, 내가 네게 일러줄 때까지 그 곳에 있어라."

14 요셉이 일어나서, 밤 사이에 아기와 그 어머니를 데리고 이집트로 피신하여,

15 헤롯이 죽을 때까지 거기에 있었다. 이것은 주께서 예언자를 시켜서 말씀하신 바 "내가 이집트에서 내 아들을 불러냈다" 하신 말씀을 이루려고 하신 것이었다(호 11:1).

· 박사들이 돌아간 뒤에, 주의 천사가 요셉의 꿈에 나타나서 말하였다. "헤롯이 아기를 찾아서 죽이려고 하니, 일어나서, 아기와 어머니를 데리고, 이집트로 피신하고, 내가 네게 일러줄 때까지 그 곳에 있어라."

· 요셉이 일어나서, 밤 사이에 아기와 그 어머니를 데리고 이집트로 피신하여, 헤롯이 죽을 때까지 거기에 있었다.

· 바로 이 사건은 주께서 예언자를 시켜서 말씀하신 바 "내가 이집트에서 내 아들을 불러냈다" 하신 말씀을 이루려고 하신 것이었다(호 11:1).

(2) 큰 슬픔이 있을 것이라는 예레미야의 말씀이 이루어졌다.

16 헤롯은 박사들에게 속은 것을 알고, 몹시 노하였다. 그는 사람을 보내어, 그 박사들에게 알아 본 때를 기준으로, 베들레헴과 그 가까운 온 지역에 사는, 두 살짜리로부터 그 아래의 사내아이를 모조리 죽였다.

17 이리하여 예언자 예레미야를 시켜서 하신 말씀이 이루어졌다.

18 "라마에서 소리가 들려 왔다. 울부짖으며, 크게 애곡하는 소리다. 라헬이 자식들을 잃고 우는데, 자식들이 없어졌으므로, 위로를 받으려 하지 않았다(렘 31:15).

- 헤롯은 박사들에게 속은 것을 알고, 몹시 노하였다.
- 그는 사람을 보내어, 그 박사들에게 알아 본 때를 기준으로, 베들레헴과 그 가까운 온 지역에 사는, 두 살짜리로부터 그 아래의 사내아이를 모조리 죽였다.
- "라마에서 소리가 들려 왔다. 울부짖으며, 크게 애곡하는 소리다. 라헬이 자식들을 잃고 우는데, 자식들이 없어졌으므로, 위로를 받으려 하지 않았다(렘 31:15).
- 이리하여 예언자 예레미야를 시켜서 하신 말씀이 드디어 이루어졌다.

(3) "그는 나사렛 사람이라고 불릴 것이다"라는 말씀이 이루어졌다.

[19] 헤롯이 죽은 뒤에, 주의 천사가 이집트에 있는 요셉에게 꿈에 나타나서
[20] 말하기를 "일어나서, 아기와 어머니를 데리고, 이스라엘 땅으로 가거라. 그 아기의 목숨을 노리던 자들이 죽었다" 하였다.
[21] 요셉이 일어나서, 아기와 어머니를 데리고, 이스라엘 땅으로 들어왔다.
[22] 그러나 요셉은, 아켈라오가 아버지 헤롯의 뒤를 이어 유대 지방의 왕이 되었다는 말을 듣고, 그 곳으로 가기를 두려워하였다. 그는 꿈에 지시를 받고, 갈릴리 지방으로 떠나서,
[23] 나사렛이라는 동네로 가서 살았다. 이리하여 예언자들을 시켜서 말씀하신 바 "그는 나사렛 사람이라고 불릴 것이다" 하신 말씀이 이루어졌다.

- 헤롯이 죽은 뒤에, 주의 천사가 이집트에 있는 요셉에게 꿈에 나타나서 말하기를 "일어나서, 아기와 어머니를 데리고, 이스라엘 땅으로 가거라. 그 아기의 목숨을 노리던 자들이 죽었다" 하였다.
- 요셉이 일어나서, 아기와 어머니를 데리고, 이스라엘 땅으로 들어왔다.
- 그러나 요셉은, 아켈라오가 아버지 헤롯의 뒤를 이어 유대 지방의 왕이 되었다는 말을 듣고, 그 곳으로 가기를 두려워하였다. 그는 꿈에 지시를 받고, 갈릴리 지방으로

떠나서, 나사렛이라는 동네로 가서 살았다.

· 이리하여 예언자들을 시켜서 말씀하신 바 "그는 나사렛 사람이라고 불릴 것이다" 하신 말씀이 이루어졌다.

그렇다. 이 본문은 단순히 예수님께서 이집트로 피신하시는 것을 강조하고 있는 것은 아니다. 물론 이집트로 피신하시는 것이 중요한 이야기의 한 주제가 되기는 하지만, 전체 주제는 아니다. 오히려 철저히 이 모든 것이 바로 말씀대로 이루어졌다는 것을 강조하고 있는 것이다. 따라서 '예수님께서 이집트로 피신하심'보다는 '모든 것이 말씀대로 이루어졌다'라는 제목이 더 적합하다.

4. 마 3:13-17은 단순히 '예수님께서 세례 받으심'이 주제가 아니다

일반적 제목	예수님께서 세례 받으심
통전적 제목	당신은 이런 위대한 사랑을 경험해 보았는가?

오늘의 본문은 예수님께서 세례 요한에게 세례를 받는 장면을 분명히 그리고 있어서 '예수님께서 세례 받으심'이란 주제가 참으로 적절할 것 같다. 그러나 본문을 자세히 묵상해 보면, 이것은 단순히 예수님의 세례 받으심을 나타내는 것이 아니라 예수님께서 왜 친히 세례에 임하셨는지에 대하여 말씀하고 있다. 예수님께서는 우리 인간에 대한 끝없는 사랑의 행위로서 세례를 받으셨다. 따라서 본문은 단순히 '예수님께서 세례 받으심'보다는 '당신은 이런 위대한 사랑을 경험해 보았는가?'라는 제목이 더 적합하다.

¹³ 그 때에 예수께서 요한에게 세례를 받으시려고, 갈릴리를 떠나 요단 강으로 요한을 찾아 오셨다.

¹⁴ 그러나 요한은 "내가 선생님께 세례를 받아야 할 터인데, 선생님께서 내게 오셨습니까?" 하고 말하면서 말렸다.

¹⁵ 예수께서 대답하셨다. "지금은 그렇게 하도록 하여라. 이렇게 하여, 우리가 모든 의를 이루는 것이 옳다." 그제서야 요한이 허락하였다.

¹⁶ 예수께서 세례를 받으시고, 곧 물에서 올라오셨다. 그 때에 그에게 하늘이 열렸다. 그는 하나님의 영이 비둘기 같이 내려와 자기 위에 오시는 것을 보셨다.

¹⁷ 그리고 하늘로부터 "이는 내 사랑하는 아들이다. 내가 그를 좋아한다" 하시는 소리가 들려 왔다.

(1) 왜 죄 없는 예수님은 세례 요한에게 굳이 세례를 받으려고 했으며, 또 세례를 받으셨는가?

오늘의 본문에서 우리가 고민해 보아야 할 것이 있다. 그것은 바로 '예수님께서 과연 세례를 받으실 필요가 있으셨는가?'이다. 요한의 세례는 죄인들이 받아야 하는 회개의 세례였다. 그러나 예수님은 죄가 없으셨기에 회개의 세례도 필요 없으셨다. 그런데 왜 세례를 받으셨는가? 그리고 '모든 의를 이룬다'는 말은 무슨 의미를 가지고 있는가? 이것은 다섯 가지 측면에서 생각해 볼 수 있다.

· 구속적 의미이다. 세례 요한이 고백한 대로 그리스도는 "세상 죄를 지고 가는 하나님의 어린양"(요 1:29)이셨다.
· 예수님은 우리의 완전한 모본이 되셔야 했기 때문이다.
· 세례가 죄인의 삶을 새롭게 시작하게 하는 분기점과 표가 되는 것처럼 예수님의 세례도 예수님 자신이 이제 공생애를 시작하신다는 결정적인 표가 된다.
· 예수님의 세례는 상징적으로 그의 고난과 죽으심, 부활을 의미한다.
· 죄인과 친히 동일시하기 위한 예수님의 의지였다.

(2) 이 일을 통하여 의를 이룬다고 하셨는데, '모든 의를 이룬다'는 것은 무슨 의미인가?

> [15] 예수께서 대답하셨다. "지금은 그렇게 하도록 하여라. 이렇게 하여, 우리가 모든 의를 이루는 것이 옳다."

> [15] "예수께서 대답하여 가라사대 이제 허락하라 우리가 이와 같이 하여 모든 의를 이루는 것이 합당하니라 하신대 이에 요한이 허락하는지라."(개역개정)

그러면 도대체 '모든 의를 이룬다'는 말은 무슨 뜻인가? 그리고 예수님의 세례와 모든 의를 이루는 것은 무슨 관계가 있을까? 일단 관주성경 요 9:4에 따르면 '그래야 주의 일을 하리라'는 말이 등장한다. 그래야 하나님의 일을 공식적으로 시작할 수 있다는 의미로 해석할 수 있다.

또한 관주성경 요 4:34에 따르면, 다음과 같이 하나님의 의에 대하여 말씀하고 있다.

〈요 4:34〉
> [34] 예수께서 이르시되 나의 양식은 나를 보내신 이의 뜻을 행하며 그의 일을 온전히 이루는 이것이니라.

위의 내용을 종합해 보면, '모든 의를 이룬다'는 말은 세례를 받아야 공식적인 하나님의 일을 시작할 수 있다는 의미이다. 다시 말해서 그의 세례는 우리가 따라야 할 모본이며, 그의 죽음과 부활을 상징하는 엄숙한 선언이다. 좀 더 세밀하게 말해서 하나님의 의를 이루는 것은 예수님께서 죄인의 대표로 인간의 모든 죄를 책임지심으로 시작되는 것이다. 그러므로 이 의식은 인간이 감당해야 할 모든 죄의 문제를 예수님께서 친히 뒤집어쓰게 됨을 알리는 것이다.

(3) 왜 세례를 받는 이 순간 성부, 성자, 성령이 동시에 등장하는 것일 까?(성경에서의 유일한 현상임)

예수님께서 세례를 받으실 때 놀라운 일이 일어났다.

· 예수님께서 세례를 받으셨다(성자 하나님).
· 성령이 비둘기 같이 내려와 그 위에 오셨다(성령 하나님).
· '이는 내 사랑하는 아들이다. 내가 그를 좋아한다'는 소리가 들렸다(성부 하나님).

본문은 "예수께서 세례를 받으시고 곧 물에서 올라오실새 하늘이 열리고 하나님의 성령이 비둘기 같이 내려 자기 위에 임하심을 보시더니 하늘로부터 소리가 있어 말씀하시되 이는 내 사랑하는 아들이요 내 기뻐하는 자라 하시니라"고 기록되어 있다(마 3:16-17). 다시 말해 예수님께서 세례를 받으신 후 놀라운 일이 일어난 것이다. 성부, 성자, 성령의 삼위일체 하나님의 모습이 한꺼번에 나타난 것이다. 이는 성경에서의 유일한 장면이다.

반복해서 말하지만, 이 본문에서 나타나는 아주 특이한 현상은 바로 성부, 성자, 성령이 동시에 나타나고 있다는 것이다. 성경 전체에서 이와 같은 일은 창조 사건 이후부터는 한 번도 일어나지 않았다. 이는 예수님의 세례받으심이 그만큼 중요하고, 또 그만큼 의미 있다는 것을 증명하는 것이다. 그렇다면 왜 이 사건을 두고 이렇게 성부, 성자, 성령이 함께 역사하시는 것일까? 이는 예수님의 세례가, 이제 그 의를 이루기 위해서 하나님의 아들이 공생애를 시작한다는 선언임과 동시에 하늘의 공식적인 인정이기 때문이다.

(4) 이 본문의 핵심적 내용은 우리를 이해하기 위하여 우리와 함께 하시려는 하나님과 예수 그리스도의 사랑이다.

예수님은 굳이 죄인이 아닌데 죄인의 모습으로 서려고 하셨고, 희생양이 될 필요가 없었음에도 희생양이 되겠다고 선언하셨다. 또한 세례를 통하여 친히 모범이 되겠다는 의지를 굉장히 강하게 보여 주셨다. 이는 바로 우리와 같은 사람이 되기 위한 예수님의 노력이며, 진정한 인간 이해를 위해 인간이 겪어야 하는 모든 것을 손수 체험하시고 그의 사역에 임하시겠다는 놀라운 사랑의 발로인 것이다.

예수님께서는 이렇게까지 우리와 함께 하시기를 원하셨다. 오직 진정한 인간 이해를 위해서 그는 친히 인간이 겪는 모든 것을 경험하신 것이다.

· 친히 인간의 몸을 입으셨다.
· 임마누엘 – 하나님이 우리와 함께 하신다.
· 친히 우리가 당할 질고를 당하셨다.
· 친히 우리의 형제가 되셨다.
· 친히 우리의 친구가 되셨다.

(5) 당신은 이런 위대한 사랑을 경험한 적이 있는가?

도대체 이 세상에 예수님 외에 누가 이런 사랑을 우리에게 베풀어 줄 수 있는가? 도대체 이 세상에 있는 신 중에 이렇게 인간을 이해하기 위하여 친히 고통당하는 신이 있단 말인가? 도대체 이 세상 어디에서 이런 사랑을 느낄 수 있는가? 하나님이 친히 인간이 되셨다. 하나님이 친히 인간이 느끼는 고통의 자리에 오셨다. 하나님이 친히 죄인의 친구가 되셨다. 도대체 어디에서 이런 사랑을 발견할 수 있단 말인가? 하나님은 사랑이시다.

그렇다. 이런 관점에서 예수님의 세례 받으심은 단순히 아무 의미 없는 세례가 아니라 진정으로 인간을 이해하기 위하여 친히 인간의 죄를 체험하신 그 놀라운 사랑의 발로이다.

5. 마 4:1-11은 단순히 '예수님께서 시험을 받으심'이 주제가 아니다

일반적 제목	예수님께서 시험을 받으심(시험을 받으신 예수님)
통전적 제목	인간이 당할 수밖에 없는 시험들을 위하여 친히 먼저 시험에 임하신 예수님

위의 본문은 일반적으로 '예수님께서 시험을 받으심' 또는 '시험을 받으신 예수님'으로 설교된다. 그러나 오늘의 본문을 논리적인 관점에서 묵상해 보면, 결코 예수님께서 단순히 시험을 받으시는 모습만을 그리고 있지는 않다. 오히려 예수님께서 본격적인 그의 사역에 임하시기 전에 하나님의 아들로서 굳이 받지 않으셔도 될 시험을 하나님의 섭리와 계획 속에서 스스로 받고 계심을 볼 수 있다. 그 시험의 내용을 묵상해 보면, 결국 예수님의 시험은 단순한 시험이 아니라 인간이라면 당할 수밖에 없는 시험들을 먼저 체험하셨다는 점에서 의미가 있다. 그럼으로써 예수님은 진정한 인간 이해의 자리로 나아가셨다. 본문을 통전적으로 묵상하면 다음과 같은 말씀의 핵심, 즉 말씀의 구조를 파악할 수 있게 된다.

¹ 그 즈음에 예수께서 성령에 이끌려, 광야로 가셔서, 악마에게 시험을 받으셨다.

² 예수께서 밤낮 사십 일을 금식하시니 시장하셨다.

³ 그런데, 시험하는 자가 와서, 예수께 말하였다. "네가 하나님의 아들이거든, 이 돌들에게 빵이 되라고 말해 보아라."

⁴ 예수께서 대답하셨다. "성경에 기록하기를 '사람이 빵으로만 살 것이 아니라, 하나님의 입에서 나오는 모든 말씀으로 살 것이다' 하였다."

⁵ 그 때에 악마는 예수를 그 거룩한 도성으로 데리고 가서, 성전 꼭대기에 세우고

⁶ 말하였다. "네가 하나님의 아들이거든, 여기에서 뛰어내려 보아라. 성경에 기록하기를 '하나님이 너를 위하여 자기 천사들에게 명하실 것이다.' '그들이 손으로 너를 떠받쳐, 너의 발이 돌에 부딪치지 않게 할 것이다' 하였다." (시 91:11,12)

⁷ 예수께서는 악마에게 말씀하셨다. "또 성경에 기록하기를 '주 너의 하나님을 시험하지 말아라' 하였다." (신 6:16)

⁸ 또다시 악마는 예수를 매우 높은 산으로 데리고 가서, 세상의 모든 나라와 그 영광을 보여 주며,

⁹ 그에게 말하였다. "네가 나에게 엎드려서 절을 하면, 이 모든 것을 네게 주겠다."

¹⁰ 그 때에 예수께서 그에게 말씀하셨다. "사탄아, 물러가라. 성경에 기록하기를 '주 너의 하나님께 경배하고, 그분만을 섬겨라' 하였다." (신 6:13)

¹¹ 이 때에 악마는 떠나가고, 천사들이 와서, 예수의 시중을 들었다.

(1) 사탄의 시험 방법

· 하나님의 아들임을 강조하며 시험(네가 하나님의 아들이라면…)

· 성경을 인용하여 시험(마귀도 성경을 인용하여 시험한다)

· 인간이 겪을 수밖에 없는 세 가지 영역을 통한 시험

(2) 세 가지 시험의 의미

· 이 돌들로 떡이 되게 하라 -> 의식주에 대한 시험(개인적 시험)

· 성전 꼭대기에서 뛰어 내리라 -> 하나님에 대한 의심(종교적 시험)

· 나에게 엎드려 절을 하라 -> 세상에 대한 명예와 권세에 대한 시험(사회적 시험)

(3) 사탄의 시험에 대한 예수님의 대처 방법

· 금식하며 시험에 임하심
· 성령에 이끌려 시험에 임하심
· 하나님의 말씀으로 시험에 임하심
· 강력한 영적 권세로서 시험에 임하심

(4) 그렇다면 왜 시험받지 않아도 될 예수님이 굳이 이런 시험을 받으셨는가?

· 사역 전에 반드시 인간이 겪는 모든 시험을 체험함으로 진정한 인간 이해
· 인간이 세상을 살면서 경험하는 시험을 몸소 체험함으로 진정한 인간 사랑
· 시험에 노출된 인간도 예수님처럼 모든 사탄의 시험을 이길 수 있음을 가르치신 고
  귀한 인간 교육

이것이 바로 인간에 대한 하나님의 사랑이다. 다른 어떤 신들도 이렇게
하지 않는다. 오직 우리 구세주이신 예수님만이 친히 인간의 모든 삶에 참여
하시는 진정한 주님이시다.

· 인간을 이해하기 위하여 친히 인간의 몸을 입으신 하나님
· 인간의 죄를 씻기 위하여 세례에 임하신 예수님
· 인간이 당할 수밖에 없는 시험을 친히 당하신 예수님
· 인간이 당할 수밖에 없는 질병과 고통을 친히 지신 하나님

이것이야말로 진정 우리가 믿는 예수 그리스도이시다. 이런 놀라운 그리
스도의 사랑을 당신은 진정으로 경험한 적이 있는가?

(5) 그러나 사탄의 시험은 결코 여기에서 중단되지 않는다.

〈눅 4::13〉

[13] 악마는 모든 시험을 끝마치고 물러가서, 어느 때가 되기까지 예수에게서 떠나 있었다.

보라! 악마는 시험을 다 한 후에 얼마 동안 떠나가 있었다고 기록되어 있다. 이것이 사탄의 속성이다. 항상 사탄의 시험은 우리의 삶을 위협하기 때문에 예수님처럼 금식하며 성령충만하여 말씀으로, 그리고 강력한 영적 권세로 이겨 나가야 한다.

주님은 이렇듯 인간이 당할 수밖에 없는 심각한 시험의 요인들을 사역 전에 경험하심으로써, 친히 인간의 고통을 이해하려고 하셨다. 이것이야말로 진정한 사랑이다. 우리는 여기서도 예수님의 참된 사랑을 발견할 수 있다.

6. 마 5:13-16은 단순히 '세상의 빛과 소금이 되는 교회'가 주제가 아니다

일반적 제목	세상의 빛과 소금이 되는 교회
통전적 제목	성도와 교회는 착해야 하고, 그 착함을 세상에 보여야 하며, 그로써 세상의 인정을 받아 하나님께 영광을 돌려야 한다

본문은 일반적으로 '너희는 세상의 빛과 소금'이라는 제목으로 설교된다. 그러나 본문 전체에 흐르는 맥은 단순히 '성도가 빛과 소금의 역할을 해야 한다'가 아니라 보다 많은 뜻을 내포하고 있다. 본문은 구체적인 교회와

성도의 삶이 무엇인지에 대하여 제시하고 있다. 교회와 성도는 일단 착해야 하고, 그 착함을 세상에 보여야 하며, 또 그 착한 행위로서 세상의 인정을 받아야 한다. 그리고 이로 인하여 하나님께 영광을 돌려야 한다. 이것이 본문의 핵심 내용이다. 본문을 통전적으로 묵상하면 다음과 같은 말씀의 핵심, 즉 말씀의 구조를 파악할 수 있다.

[13] "너희는 세상의 소금이다. 소금이 짠맛을 잃으면, 무엇으로 짠맛을 내겠느냐? 그러면 아무데도 쓸 데가 없으므로 바깥에 내버리니, 사람들이 짓밟을 뿐이다.
[14] 너희는 세상의 빛이다. 산 위에 있는 동네는 숨길 수 없다.

[15] 또 사람이 등불을 켜서 됫박 아래에 두지 않고, 등경 위에 둔다. 그래야 등불이 집 안에 있는 모든 사람에게 환히 비친다.
[16] 이와 같이, 너희 빛을 사람에게 비추어서, 그들이 너희의 착한 행실을 보고 하늘에 계신 너희 아버지께 영광을 돌리게 하여라."

(1) 너희는(교회는) 세상의 소금이다.

· 교회도 짠맛을 잃을 수가 있다.
· 짠맛을 잃으면 다시 짠맛으로 돌이킬 수 없다.
· 그렇게 되면 아무데도 쓸 데가 없다.
· 바깥에 버려져 사람들이 짓밟을 뿐이다.

(2) 너희는(교회는) 세상의 빛이다.

· 그 빛으로 말미암아 산 위에 있는 동네가 환히 보이게 된다.

(3) 너희는(교회는) 세상의 등불이다.

· 사람들이 등불을 켜서 등경 위에 둔다.
· 그래야 집 안에 있는 모든 사람에게 환히 비친다.

(4) 이 셋의 공통점은 무엇인가? 소금, 빛, 등불 모두 세상을 위해 존재한다.

오늘 본문을 볼 때 강력한 강조가 나타나고 있다. 그것은 바로 세상이다. 다시 말해서 교회와 성도는 오직 세상을 위해 존재한다는 것이다. 성경은 이것을 강조하고 있다. 세상을 위한 소금, 세상을 위한 빛, 이것은 바로 오늘날의 교회가 바로 세상을 위해 존재한다는 것을 의미한다. 이 대전제를 제대로 인식하지 못하면 목적전치가 일어나게 된다. 교회는 교회만을 위한 것도 아니고, 성도들만을 위한 것도 아니다. 교회와 성도들은 세상을 위해 존재하는데, 세상을 썩지 않게 하고 어두운 세상에 빛이 비치게 하며, 밤을 밝혀 희망을 주는 존재가 되어야 한다.

(5) 그렇다면 주님은 이러한 것을 왜 착한 행실이라고 하였을까?

· 소금은 자신을 녹여 맛을 내는 것
· 태양은 아낌없이 주고 또 주어 생명을 살리는 것
· 등불은 자신을 태워 빛을 내는 것

(6) 교회와 성도가 그들의 역할인 착한 행실을 보여 주지 않으면 어떻게 된다고 하였는가?

[13] "너희는 세상의 소금이다. 소금이 짠맛을 잃으면, 무엇으로 짠맛을 내겠느냐? 그러면 아무데도 쓸 데가 없으므로 바깥에 내버리니, 사람들이 짓밟을 뿐이다.

· 너희는 세상의 소금이다.

- 소금이 짠맛을 잃으면 다시 짜게 될 수 없다.
- 아무 쓸모가 없어 버림받게 된다.
- 사람들에게 밟힘이 된다.

(7) 만약 교회가 교회답고 성도가 성도답다면, 어떻게 된다는 것인가?

16 이와 같이, 너희 빛을 사람에게 비추어서, 그들이 너희의 착한 행실을 보고 하늘에
계신 너희 아버지께 영광을 돌리게 하여라."

- 반드시 너희의 착한 행실로 사람들에게 빛이 되어야 한다.
- 사람들이 너희의 착한 행실을 보고 하늘에 계신 아버지께 영광을 돌리게 된다.

그러므로 결론적으로 성도와 교회는 우선 착해야 하고, 그 착함을 세상
에 보여야 하며, 그로써 세상의 인정을 받아 하나님께 영광을 돌려야 한다
고 정리할 수 있다.

7. 마 5:17-20은 단순히 '나는 율법을 폐하러 온 것이 아니라 완성하러 왔다'가 주제가 아니다

일반적 제목	나는 율법을 폐하러 온 것이 아니라 완성하러 왔다
통전적 제목	말씀을 얼마나 많이 아느냐가 아니라 행하는 자가 참 천국 백성이다

17 "내가 율법이나 예언자들의 말을 폐하러 온 줄로 생각하지 말아라. 폐하러 온 것이 아니라 완성하러 왔다.
18 내가 진정으로 너희에게 말한다. 천지가 없어지기 전에는 율법은 일점 일획도 없어지지 않고 다 이루어질 것이다.
19 누구든지 이 계명 가운데 가장 작은 것 하나라도 폐지하고 사람들을 그렇게 가르치는 사

람은, 하늘 나라에서 가장 작은 사람이라고 일컬음을 받을 것이요, 또 누구든지 이 계명을 지키며 가르치는 사람은, 하늘 나라에서 큰 사람이라고 일컬음을 받을 것이다.

20 내가 너희에게 말한다. 너희의 의로운 행실이 율법학자들과 바리새파 사람들의 의로운 행실보다 낫지 않으면, 너희는 하늘 나라에 들어가지 못할 것이다."

이 말씀 전체를 논리적으로 전개하면 아래와 같은 구조가 형성된다.

(1) 너희들은 내가 율법을 폐하러 왔다고 오해하고 있는 모양인데….

17 "내가 율법이나 예언자들의 말을 폐하러 온 줄로 생각하지 말아라.

(2) '폐하러 온 것이 아니라 나는 율법을 완성하러 왔다'고 선언하신다.

17 … 폐하러 온 것이 아니라 완성하러 왔다.

(3) 기억하라, 하나님의 말씀은 절대 폐할 수 없는 것임을….

18 내가 진정으로 너희에게 말한다. 천지가 없어지기 전에는 율법은 일점 일획도 없어지지 않고 다 이루어질 것이다.

(4) 그런데 이 계명 중 작은 것 하나라도 폐지하고 사람을 그렇게 가르치는 사람이 있다.

19 누구든지 이 계명 가운데 가장 작은 것 하나라도 폐지하고 사람들을 그렇게 가르치는 사람은, 하늘 나라에서 가장 작은 사람이라고 일컬음을 받을 것이요,

(5) 분명한 것은 이 계명을 지키고 가르치는 자야말로 천국에서 상이 크다.

> [19] … 또 누구든지 이 계명을 지키며 가르치는 사람은, 하늘 나라에서 큰 사람이라고 일컬음을 받을 것이다.

(6) 말씀을 가르치면서도 실천하지 않는 위장된 의로서는 결코 하늘 나라에 들어갈 수 없다.

> [20] 내가 너희에게 말한다. 너희의 의로운 행실이 율법학자들과 바리새파 사람들의 의로운 행실보다 낫지 않으면, 너희는 하늘 나라에 들어가지 못할 것이다.

그렇다. 본문을 전체적으로 살펴보면, 이 말씀은 절대로 '율법을 폐하러 왔다'가 주제가 될 수 없다. 이 말씀의 결론은 '말씀을 가르치면서도 실천하지 않는 위장된 자는 결코 하늘 나라에 들어갈 수가 없다'가 주제인 셈이다.

8. 마 5:21-26은 단순히 '형제자매에게 노하지 말라'가 주제가 아니다

일반적 제목	형제자매에게 노하지 말라
통전적 제목	형제자매에 대한 주님의 역설적인 가르침 세 가지

[21] "옛 사람들에게 이르기를 '살인하지 말아라. 누구든지 살인하는 사람은 재판을 받을 것이다' 한 것을 너희가 들었다. (출 20:13)
[22] 그러나 나는 너희에게 말한다. 자기 형제나 자매에게 성내는 사람은, 누구나 심판을 받는다. 자기 형제나 자매를 모욕하는 사람은, 누구든지 의회에 불려 갈 것이요, 자기 형제나 자매를 바보라고 하는 사람은, 누구든지 지옥 불 속에 던짐을 받을 것이다.
[23] 그러므로 네가 제단에 제물을 드리려고 하다가, 네 형제나 자매가 네게 어떤 원한을 품고 있다는 생각이 나거든,

²⁴ 너는 그 제물을 제단 앞에 놓아두고, 먼저 가서 네 형제나 자매와 화해하여라. 그런 다음에, 돌아와서 제물을 드려라.
²⁵ 너를 고소하는 사람과 함께 법정으로 갈 때에는, 도중에 얼른 그와 화해하도록 하여라. 그렇지 않으면, 고소하는 사람이 너를 재판관에게 넘겨주고, 재판관이 옥리에게 내주어서, 그가 너를 감옥에 가둘 것이다.
²⁶ 내가 진정으로 너희에게 말한다. 너희가 마지막 한 푼까지 다 갚기 전에는, 거기에서 나오지 못할 것이다."

이 말씀은 우리가 일반적으로 '형제자매에게 노하지 말라'는 제목으로 설교를 하거나 구도화한다. 그러나 본문을 자세히 묵상해 보면, '형제자매에게 노하지 말라'는 단편적인 말씀보다는 오히려 '형제자매에 대한 예수님의 역설적인 가르침 세 가지'가 더 적합한 제목임을 알 수 있다.

(1) 예수님의 말씀이 역설적이었다는 이유 몇 가지

본문을 보면 '말한바… 하였다는 것을 너희가 들었으나'라는 표현이 자주 등장한다. 이는 옛 가르침과 새로운 가르침을 선명하게 대조시키는 고정적인 문장 형식이다. 이것이 바로 '너희가 들었으나'와 다음절에 '나는 너희에게 이르노니'라는 표현이다. 이는 하나님께서 모세를 통하여 주신 외형적이고 방편적인 성격이 강한 율법을 보다 내면화, 절대화시킴으로써 율법의 수준을 고양시키기 위한 예수님의 말씀인 것이다.

주님의 역설적 가르침 1: 악의를 가지고 형제자매에게 성내고 노하는 것은 살인보다 더 악한 일이다.

²² 그러나 나는 너희에게 말한다. 자기 형제나 자매에게 성내는 사람은, 누구나 심판을 받는다. 자기 형제나 자매를 모욕하는 사람은, 누구든지 의회에 불려 갈 것이요, 자기 형제나 자매를 바보라고 하는 사람은, 누구든지 지옥 불 속에 던짐을 받을 것이다.

여기서 다루고 있는 세 가지를 개역개정 성경을 통해 보면 다음과 같다.

- 형제에게 노하는 자
- 형제에게 라가라 하는 자
- 형제에게 미련하다고 하는 자

이를 새번역 성경에서는 다음과 같이 풀이하고 있다.

- 자기 형제나 자매에게 성내는 사람 – 누구나 심판을 받는다.
- 자기 형제나 자매를 모욕하는 사람 – 누구든지 의회에 불려 갈 것이다.
- 자기 형제나 자매를 바보라고 하는 사람 – 누구든지 지옥 불 속에 던짐을 받을 것이다.

여기서 상당한 공통점이 나타난다. '자기 형제나 자매', 그리고 '누구나 혹은 누구든지'가 그것이다. 이것은 자기 형제나 자매에게 상처를 끼친 사람은 한 사람도 예외 없이 반드시 그만한 보응을 받게 된다는 것을 명확하게 말씀하고 있는 것이다.

- 자기 형제나 자매에게 성내는 사람 – 미워하는 행위
- 자기 형제나 자매를 모욕하는 사람 – 무시하는 행위
- 자기 형제나 자매를 바보라고 하는 사람 – 깔보는 행위

여기에서 예수님이 이처럼 악의를 가지고 형제에 대하여 노하는 것을 살인죄로 규정하시는 까닭은 많은 경우의 살인이 바로 노하고 미워하는 것에서 비롯되기 때문이다. 즉, 예수님께서는 사람을 죽인 그 실제적 행위만이 아니라 그 행동을 가능하게 하는 내적 동인인 그 '마음'에까지 살인죄를 확대

적용하시는 것이다.

주님의 역설적 가르침 2: 형제와의 좋은 관계의 유지가 예배보다 중요하다.

²³ 그러므로 네가 제단에 제물을 드리려고 하다가, 네 형제나 자매가 네게 어떤 원한을
   품고 있다는 생각이 나거든,
²⁴ 너는 그 제물을 제단 앞에 놓아두고, 먼저 가서 네 형제나 자매와 화해하여라. 그런
   다음에, 돌아와서 제물을 드려라.

하나님은 성경을 통하여 너무나 많은 곳에서 하나님과의 예배에 대하여
말씀하신다. 그만큼 예배가 중요하다는 말이다. 그러나 본문의 말씀을 보면
이러한 예배보다 오히려 더 중요한 것이 있는데, 그것은 바로 형제와 자매와
의 관계이다. 혹 예배를 드리러 가다가 형제와 자매에게 원망 들을 일이 생
각나면 예배를 중지하고서라도 형제와 자매와의 관계를 회복하고 그다음 예
배에 임해야 한다.

주님의 역설적 가르침 3: 어떠한 경우에도 형제자매 간에 갈등이 남아 송사의 자
리로 나아가서는 안 된다.

²⁵ 너를 고소하는 사람과 함께 법정으로 갈 때에는, 도중에 얼른 그와 화해하도록 하
   여라. 그렇지 않으면, 고소하는 사람이 너를 재판관에게 넘겨주고, 재판관이 옥리에
   게 내주어서, 그가 너를 감옥에 가둘 것이다.
²⁶ 내가 진정으로 너희에게 말한다. 너희가 마지막 한 푼까지 다 갚기 전에는, 거기에서
   나오지 못할 것이다.

그렇다. 본문의 말씀은 전부 역설적인 말씀이다. 우리가 통상적으로 생각하는 그 생각의 범주를 초월하는 의미심장한 말씀의 집합체다. 주님은 이 본문을 통하여 단순히 형제에게 욕하지 말라고 교훈하시는 것이 아니라 보다 더 구체적인 말씀, 즉 형제 사랑에 대한 보다 구체적인 문제를 우리에게 제시하시는 것이다.

9. 마 5:27-32은 단순히 '여자를 보고 음욕을 품는 자가 간음한 자' 가 주제가 아니다

일반적 제목	여자를 보고 음욕을 품는 자가 간음한 자
통전적 제목	남자들아, 죽을 각오로 너희 성욕을 다스리라

우리는 일반적으로 이 본문을 '여자를 보고 음욕을 품는 자가 간음한 자'라는 관점으로 이해한다. 그러나 본문을 종합적으로 분석하여 보면, 단순히 그런 뜻만 내포하는 것이 아니다. 이는 '남자들이 성욕을 다스리는 것이 너무 힘들기에 성욕을 죽을 각오로 다스리지 않으면 안 된다'는 매우 강력한 말씀을 전해 주고 있는 것이다.

[27] "'간음하지 말아라' 하고 이른 것을, 너희가 들었다.

[28] 그러나 나는 너희에게 말한다. 여자를 보고 음욕을 품는 사람은, 누구나 이미 마음으로 그 여자와 간음한 것이다.

[29] 네 오른 눈이 너로 죄를 짓게 하거든, 그것을 빼서 내버려라. 신체의 한 부분을 잃는 것이, 온몸이 지옥에 던져지는 것보다 더 낫다.

[30] 또 네 오른손이 너로 죄를 짓게 하거든, 그것을 찍어서 내버려라. 신체의 한 부분을 잃는 것이, 온몸이 지옥에 던져지는 것보다 더 낫다."

[31] "'누구든지 아내를 버리려는 사람은 그에게 이혼 증서를 써 주어라' 하고 이른 것을 너희가 들었다.

[32] 그러나 나는 너희에게 말한다. 음행한 경우를 제외하고 아내를 버리는 사람은, 누구나 그 여자를 간음하게 하는 것이요, 또 누구든지 버림받은 여자와 결혼하는 사람은 간음하는 것이다."

(1) 남자들의 주체할 수 없는 성적 욕구에 대한 가르침

1) 예수님 가르침의 특징: 역설적 가르침

[27] "'간음하지 말아라' 하고 이른 것을, 너희가 들었다.

[28] 그러나 나는 너희에게 말한다.

[31] "'누구든지 아내를 버리려는 사람은 그에게 이혼 증서를 써 주어라' 하고 이른 것을 너희가 들었다.

[32] 그러나 나는 너희에게 말한다

예수님의 가르침은 차별성 있는 가르침이었고, 전통적인 가르침을 뛰어넘는 이상적인 가르침이었다. 이런 점에서 우리의 설교 역시 차별성 없는 설교가 되어서는 안 되고, 역설적인 논리를 펼쳐 낼 수 있어야 한다.

예수님은 누구보다 남자들의 성적 욕구가 얼마나 강한지를 잘 이해하고 이 말씀을 가르치셨다. 간음이나 이혼에 대해서, 여자들에 대해서는 말씀하지 않고 남자들만을 대상으로 말씀하는 것으로 보아 남자들의 성적 욕구가 얼마나 강하며 이것이 얼마나 죄로 연결될 수 있는지를 잘 알고 말씀하신 것이다. 다시 말해, 본문은 이처럼 남자들의 성욕이 매우 강하다는 전제, 즉 강하게 주체하지 못한다는 것에서부터 출발한다. 여기서 남자의 성욕에 대하여 말할 필요가 있다. 남성은 바로 성 지향적이기 때문이다.

2) 남자들이 여자를 보고 성욕을 품는다는 의미

예수님은 남자들이 여자를 보고 얼마나 많이 음욕을 품고 있는지, 그리고 여기에 대한 가르침 없는 이것이 얼마나 큰 문제를 일으킬 수 있는지를

잘 알고 말씀하셨다. 그렇다면 우리는 여기서 남자들이 여자를 보고 음욕을 품는다는 뜻이 무엇인지, 그리고 그 위험성이 무엇인지에 대하여 고찰해 볼 필요가 있다.

원어를 통하여 볼 때 '여자를 보고 음욕을 품는다'는 것을 이해할 필요가 있다. 먼저 여기서 사용하는 단어 '귀네' 즉 여자란, 장성한 여인이나 타인의 아내를 가리키는 말로 사용되었다. 본문에서도 성적 매력이 있는 장성한 여인이나 타인의 아내로 사용되었다.

여기서 '보'에 해당하는 헬라어 '블레포'는 단순히 '보다'라는 의미를 넘어 심적인 기능까지 포함하는 단어로서 '주의를 기울여 관찰하다(막 13:33, 빌 3:2)'란 매우 적극적인 의미를 갖는다. 본문에서도 여자를 소유하기 위한 마음을 가지고 응시하는 것을 가리킨다. 이러한 입장에 따른다면 본문은 '그 여자에 대한 음욕을 위하여 여자를 응시하는 모든 자마다'가 된다. 즉 본문은 본능적인 감정에 의하여 아름다운 여자에게 자연스럽게 눈길이 가는 정도가 아니라 성욕의 대상으로 삼고자 하는 적극적인 의도를 가지고 여자를 면밀하게 관찰하는 행동을 의미하는 것이다. 이런 맥락에서 "Amplified Bible"에서는 "look at a woman with evil desire"란 표현을 사용하고 있는데 악한 욕정, 즉 자신으로서는 통제할 수 없는 악한 영에 의하여 어쩔 수 없이 끌려가는 그런 육적인 욕정을 말한다. 그러나 주님은 이런 사람은 이미 그의 마음 안에서 그 여자와 간음한 것이라고 말씀하시는데, 비록 그가 육체적 간음을 하지는 않았어도 하나님은 이를 간음으로 여기고 거기에 대한 책임을 물으신다는 뜻이다. 중요한 것은 마음이다. 우리의 마음에 이러한 것들이 자리 잡게 해서는 안 된다.

3) 이에 대한 예수님의 가르침: 빼어 내버리고 찍어 버리라

주님은 이런 남자들의 욕정에 대하여 매우 강한 표현을 사용하시면서 이를 경고하신다.

²⁹ 네 오른 눈이 너로 죄를 짓게 하거든, 그것을 빼어서 내버려라. 신체의 한 부분을 잃는 것이, 온몸이 지옥에 던져지는 것보다 더 낫다.

³⁰ 또 네 오른손이 너로 죄를 짓게 하거든, 그것을 찍어서 내버려라. 신체의 한 부분을 잃는 것이, 온몸이 지옥에 던져지는 것보다 더 낫다."

- 그것을 빼어서 내버려라.
- 신체의 한 부분을 잃는 것이 온몸이 지옥에 던져지는 것보다 더 낫다.
- 그것을 찍어서 내버려라.
- 신체의 한 부분을 잃는 것이 온몸이 지옥에 던져지는 것보다 더 낫다.

4) 아내를 버리는 행위도 알고 보면 남자들의 음욕 때문이다.

또 주님은 아내를 버리는 행위, 즉 이혼에 대해서도 동일한 가르침을 주신다. 아래의 말씀을 참고해 보자.

³¹ "'누구든지 아내를 버리려는 사람은 그에게 이혼 증서를 써 주어라' 하고 이른 것을 너희가 들었다.

³² 그러나 나는 너희에게 말한다. 음행한 경우를 제외하고 아내를 버리는 사람은, 누구나 그 여자를 간음하게 하는 것이요, 또 누구든지 버림받은 여자와 결혼하는 사람은 간음하는 것이다."

- '누구든지 아내를 버리려는 사람은 그에게 이혼 증서를 써 주어라' 하고 이른 것을 너희가 들었다.
- 그러나 나는 너희에게 말한다(역설적 가르침).
- 음행한 경우를 제외하고 아내를 버리는 사람은, 누구나 그 여자를 간음하게 하는 것이다.
- 또 누구든지 버림받은 여자와 결혼하는 사람은 간음하는 것이다.

5) 주님은 왜 이 문제에 대하여 이렇게도 과격한 표현을 사용하신 것일까? 왜?

이는 극도로 과격한 말씀이다. 왜 이렇게 과격한 표현들을 사용하신 것일까? 왜 예수님은 이 문제에 대하여 이렇게도 엄격하신 것일까? 그것은 이것이 몰고 올 파장이 너무 크고 무섭기 때문이다. 남자의 음욕은 결과적으로 패가망신할 수 있는 가능성을 가져온다. 또한 남편과 아내의 문제는 그들의 자녀까지 모두 파괴시킬 수 있다. 따라서 이 문제에 대해서는 강하게 말씀하신 것이다. 그렇다면 왜 예수님은 이 문제를 남자의 입장에서 거론하신 것일까? 그것은 주님도 남자의 성이 어떠한 것인지를 즉, 남자들은 성 호르몬에 의하여 지배받기 쉽다는 사실을 누구보다 잘 알고 계셨기 때문이다.

- 남자의 정욕은 죄를 유발할 가능성이 너무나 크다.
- 남자의 정욕은 무서운 결과, 즉 가정의 파괴를 가져온다.
- 남자의 정욕은 여성의 인권을 완전히 말살할 수 있다.
- 남자들의 정욕은 자녀를 고통의 사지로 몰아넣을 수 있다.
- 그러므로 이 죄만큼은 죽을 각오로 범하지 않기 위하여 노력해야 한다.

6) 남자들아, 이런 각오로 그대들의 성욕을 다스리라.

- 눈을 파 버릴 정도의 각오로 간음에 대해서는 엄격히 다스려라.
- 손을 잘라 버릴 정도의 각오로 죄에 대해서 엄격하라.
- 여자를 더 많이 소유하기 위하여 편법을 사용하는 죄를 철저히 단절하라.

하나님의 거룩한 백성과 주의 제자들은 세상 사람들이 하는 이런 것에서 자유로워야 하고 적어도 이 문제만큼은 잘 다스릴 수 있어야 한다. 이런 의미에서 본문은 '여자를 보고 음욕을 품는 자가 간음한 자'라는 부분적 말씀보다는 훨씬 강하고 격렬한 말씀으로 '남자들아, 죽을 각오로 너희 성욕을 다스리라'는 말씀이 더 주제에 맞는다.

10. 마 6:22-23은 단순히 '눈은 마음의 등불이다'가 주제가 아니다

일반적 제목	눈은 마음의 등불이다
통전적 제목	네 마음의 등불이 꺼지지 않는지 항상 긴장하여 살펴보라

이 본문은 거의 대부분이 '눈은 마음의 등불이다'라는 주제 또는 제목으로 설교된다. 그러나 이 본문은 결코 그런 협소한 내용의 말씀이 아니다. 보다 큰 뜻으로 '네 마음의 등불이 꺼지지 않는지 항상 긴장하여 살펴보라'가 그 주제가 된다. 그 이유는 아래와 같다.

[22] "눈은 몸의 등불이다. 그러므로 네 눈이 성하면 네 온몸이 밝을 것이요,
[23] 네 눈이 성하지 못하면 네 온몸이 어두울 것이다. 그러므로 네 속에 있는 빛이 어두우면, 그 어둠이 얼마나 심하겠느냐?"

눅 11:33-36

³³ "누구든지 등불을 켜서 움 속에나 됫박 아래에 놓지 않고, 등경 위에다가 놓아두어서, 들어오는 사람들이 그 빛을 보게 한다. (다른 고대 사본들에는 '됫박 아래에'가 없음.)
³⁴ 네 눈은 몸의 등불이다. 네 눈이 성하면 네 온몸도 밝을 것이요, 눈이 성하지 못하면 네 몸도 어두울 것이다.

³⁵ 그러므로 네 속에 있는 빛이 어둡지 않은지 살펴보아라.
³⁶ 네 온몸이 밝아서 어두운 부분이 하나도 없으면, 마치 등불이 그 빛으로 너를 환하게 비출 때와 같이, 네 몸은 온전히 밝을 것이다."

(1) 눈이 좋다는 의미와 눈이 나쁘다는 의미

본문 말씀은 인간이 보물을 땅에 쌓아 두지 말아야 할 이유 가운데 하나를 밝히고 있다. 즉, 재물에 집착하는 자는 그 마음의 눈이 어두워져 선악을 분별하지 못하고 영적으로 어두움 가운데 처할 수밖에 없다. 따라서 재물에 집착하는 마음을 버림으로써 마음의 눈을 밝혀 온몸을 밝게 하여야 한다는 것이 본문의 교훈이다. 특히 본문에서 '성하면'으로 번역된 '하플루스'는 문자적으로 '건강하다'는 의미이고, 윤리적으로는 '관대하다, 너그럽다'는 의미도 지닌다. 즉, 재물에 대하여 관대하며 인색하지 않을 때 많은 사람들이 재물의 노예가 되어 저지르는 잘못을 범하지 않고, 비로소 '온몸이 밝을 것'이 뜻하는 바른 판단력을 가지고 선한 삶을 살 수 있게 된다는 것이다.

여기서 '눈이 나쁘다'(포르네스)는 '육체적으로 허약하다'는 뜻과 더불어 '악한 이'란 뜻도 있다. 악한 눈은 결국 형제의 필요를 생각하기보다는 재물에만 관심을 가진 인색한 사람을 가리켜 표현하는 말이다. '성하면'은 선하다는 뜻인데, 위 표현은 '성하면'의 '하플루스'와는 대조적으로 재물에 대하여 집착하고 인색한 상태를 가리키는 의미로 사용된다.

'그 어둠이 얼마나 심하겠느냐'라는 뜻은 모르는 것을 알기 위하여 질문하는 것이 아니라 어둠이 매우 크고 많음을 보여 주는 것이다. 즉, 재물에 눈이 어두워 인색하고 이기적인 마음을 가진다면, 그 사람은 마치 어둠 속에서 사물을 분별치 못하는 자처럼 진리를 분별하지 못하고 악한 일을 일삼으며 결국 멸망에 이르게 될 것임을 경고하고 있다.

1) 첫 번째 논리: 등불은 빛을 비추게 하는 데 목적이 있다.

누가복음의 말씀을 보면 빛은 무엇인가를 밝게 하기 위하여 존재한다. 특별히 사람을 밝게 하기 위하여 존재한다. 그리고 눈은 보기 위하여 존재한다. 그것도 어두운 데서는 볼 수 없고, 밝은 데서만 볼 수 있다.

〈눅 11:33〉
[33] "누구든지 등불을 켜서 움 속에나 됫박 아래에 놓지 않고, 등경 위에다가 놓아두어서, 들어오는 사람들이 그 빛을 보게 한다.

· 등불은 항상 사람들을 빛나게 하고 밝히는 데 사명이 있는 것처럼(눅 11:33) 눈 역시 우리 몸을 밝히고 보기 위하여 존재한다.
· 빛은 밝게 하기 위하여 존재한다.
· 눈은 보기 위하여 존재한다.

2) 두 번째 논리: 눈은 우리 몸을 비추는 등불이다.

"네 눈은 몸의 등불이다."

· 눈은 우리의 영혼을 밝게 할 수도 있고, 어둡게 할 수도 있다.
· 우리 영혼의 등불이 켜져 있으면 영혼이 밝아지고

· 우리 영혼의 등불이 꺼져 있으면 우리의 영혼은 어두워진다.

3) 세 번째 논리: 눈이 밝은 것을 볼 때의 우리 몸의 상태

[22] "눈은 몸의 등불이다. 그러므로 네 눈이 성하면 네 온몸이 밝을 것이요,

〈눅 11:36〉

[36] 네 온몸이 밝아서 어두운 부분이 하나도 없으면, 마치 등불이 그 빛으로 너를 환하게 비출 때와 같이, 네 몸은 온전히 밝을 것이다."

4) 네 번째 논리: 눈이 어두운 것을 볼 때의 우리 몸의 상태

[23] 네 눈이 성하지 못하면 네 온몸이 어두울 것이다.

5) 다섯 번째 논리: 우리의 마음에 빛이 없어 어둡다면 그 어둠은 얼마나 심하겠느냐?

[23] … 그러므로 네 속에 있는 빛이 어두우면, 그 어둠이 얼마나 심하겠느냐?"

이 말씀은 바로 우리의 영혼의 상태를 말하는 것이다. 우리의 영혼이 어두워지고, 서서히 죽어 가게 된다는 것이다. 그렇기 때문에 눈은 우리 영혼과 떼려야 뗄 수 없는 관계를 가지고 있다.

6) 여섯 번째 논리: 그리스도인들이 항상 조심하여 체크해야 할 일 - 마음의 눈을
　　　　　밝게 하라.

〈눅 11:35〉
35 그러므로 네 속에 있는 빛이 어둡지 않은지 살펴보아라.

그 당시 사람들은 절대 불을 끄지 않았다. 그래서 항상 불이 꺼지지 않았는지를 조심히 살펴보았다. 그리고 불이 꺼지는 것을 수치로 여겼다. 늘 불을 살폈다는 말이다. 이처럼 오늘을 살아가는 우리도 늘 우리 마음의 불이 꺼지지 않았는지를 살펴보아야 한다. 본문의 내용을 종합하면, 다음과 같다.

- 우리의 눈이 좋은 것을 보면 너희 마음이 좋아질 것이다.
- 우리의 눈이 좋지 않은 것을 보면 네 마음이 어두워질 것이다. / 네 영혼이 죽을 것이다.
- 더 중요한 것은 바로 네 마음의 눈이다.
- 네 마음의 눈이 건강하면 네 영혼이 건강하다.
- 네 마음의 눈이 건강하지 못하면 네 영혼은 죽는다.
- 그러므로 내 마음의 불씨가 꺼지지 않는지 항상 긴장하며 살아라.

그러므로 이 본문은 '눈은 마음의 등불이다'라는 주제로 해석되면 그야말로 전체 논리 중 하나의 논리만 접근하게 되어 전체의 말씀을 볼 수 없게 된다. 물론 '눈은 마음의 등불'임이 틀림없으나, 이 눈이 항상 긴장하여 마음의 불씨가 꺼지지 않는지 항상 긴장하며 살펴보아야 한다는 것이다.

11. 마 6:25-34은 단순히 '무엇을 먹을까, 무엇을 입을까, 걱정하지 말라'가 주제가 아니다

일반적 제목	무엇을 먹을까, 무엇을 입을까, 걱정하지 말라
통전적 제목	우리가 진정으로 걱정해야 할 것은 내가 하나님의 뜻에 따라 사는가, 아닌가이다

일반적으로 우리가 본문을 대하거나 설교를 들을 때, 우리는 '무엇을 먹을까, 무엇을 입을까, 걱정하지 말라'는 관점으로 이 말씀을 접하게 된다. 그러나 본문 전체를 자세히 묵상해 보면, 결코 그런 의미로 주어진 말씀이 아니라 '우리가 진정으로 걱정해야 할 것은 내가 하나님의 뜻에 따라 사는가, 아닌가'이다.

25 "그러므로 내가 너희에게 말한다. 목숨을 부지하려고 무엇을 먹을까 또는 무엇을 마실까 걱정하지 말고, 몸을 보호하려고 무엇을 입을까 걱정하지 말아라. 목숨이 음식보다 더 귀하지 아니하냐?
26 공중의 새를 보아라. 씨를 뿌리지도 않고, 거두지도 않고, 곳간에 모아들이지도 않으나, 너희의 하늘 아버지께서 그것들을 먹이신다. 너희는 새보다 귀하지 않으냐?
27 너희 가운데서 누가, 걱정한다고 해서, 제 수명을 한 순간인들 늘일 수 있느냐? (또는 '제 키를 한 규빗인들 크게 할 수 있느냐')
28 어찌하여 너희는 옷 걱정을 하느냐? 들의 백합꽃이 어떻게 자라는가 살펴보아라. 수고도 하지 않고, 길쌈도 하지 않는다.
29 그러나 내가 너희에게 말한다. 온갖 영화를 누린 솔로몬도 이 꽃 하나만큼 차려 입지 못하였다.
30 믿음이 적은 사람들아. 오늘 있다가 내일 아궁이에 들어갈 들풀도, 하나님께서 이와 같이 입히시거든, 하물며 너희들을 입히시지 않겠느냐?
31 그러므로 무엇을 먹을까, 무엇을 마실까, 무엇을 입을까, 하고 걱정하지 말아라.
32 이 모든 것은 이방 사람들이 구하는 것이요, 너희의 하늘 아버지께서는 이 모든 것이 너희에게 필요하다는 것을 아신다.
33 너희는 먼저 하나님의 나라와 그의 의를 구하여라. 그리하면 이 모든 것을 너희에게 더하여 주실 것이다.
34 그러므로 내일 일을 걱정하지 말아라. 내일 걱정은 내일이 맡아서 할 것이다. 한 날의 괴로움은 그 날로 족하다.

(1) 사람들은 먹고 사는 일에 걱정, 또 걱정을 한다.

그 시대의 사람들은 너무 가난하고 헐벗어 하루하루 살아가는 일에 걱정, 또 걱정을 하지 않을 수 없었다. 어쩌면 날마다 걱정 앞에 무릎 꿇고 살아가야 하는 것이 인간의 모습이 아니겠는가? 예수님은 그들의 걱정이 얼마나 심했으면 이런 말씀을 하셨을까? 이런 의미에서 인간은 날마다 걱정 앞에 노출되어 있는 사람임을 재확인해 볼 수 있다.

본문의 말씀은 '그러므로'라는 말로 시작된다. '그러므로'는 앞의 말씀, 즉 24절의 말씀을 그대로 받는 말씀이다. 24절의 내용은 절대 인간은 돈과 하나님을 동시에 섬길 수 없기에 돈의 노예가 되어서는 안 되며, 하나님이 우리의 주인이 되어야 함을 말하고 있다.

이것은 인간의 욕심과 탐욕을 전제로 한 말씀이다. 그리고 그 앞절에는 사람들이 재물을 땅에 쌓아 두려고 한다고 말하고 있다. 이것은 인간의 불안과 걱정 때문이다. '무엇을 먹고 살까'가 아니라 더 많이 쌓아 두려는 경향이 우리에게 있다는 것이다. 이런 의미에서 본문의 '그러므로'는 '절대 인간은 하나님과 재물을 섬길 수 없으므로…, 절대 인간은 재물의 노예가 되어서는 안 되기에…, 이것이 바로 인간의 염려에 바탕을 두었으므로…, 결국은 이러한 재물집착은 인간의 불안과 염려에 바탕을 두었으므로…' 이러한 생각을 바꾸라는 것이다. 결국 재물이 인간에게 평안과 안식을 주거나 인간의 염려를 제거할 수 없다는 사실을 명확히 하고 있는 것이다.

(2) '천국 백성인 너희들도 똑같다. 왜들 그렇게 걱정하느냐?'에 대한 질문

우리 주님은 본문을 통하여 많은 질문을 던지신다. 본문이 거의 질문 형식으로 흘러가고 있다는 점에서 아주 독특한 말씀 구조라고 볼 수 있다. 주님은 왜 이렇게도 많은 질문을 던지시는 것일까? 유독 인간이 하는 걱정에 대하여 이처럼 많은 질문을 던지신 것은 그만큼 우리에게 염려하지 말아야 함을 강조하려고 하셨기 때문이 아닐까? 이 말씀을 뒤집어 긍정문으로 바

구어 보면 주님의 의도를 알 수 있다.

- 목숨이 음식보다 소중하지 않으냐? 몸이 옷보다 소중하지 않으냐?(25절)
- 너희는 새보다 귀하지 않으냐?(26절)
- 너희 가운데서 누가, 걱정한다고 해서, 제 수명을 한순간인들 늘릴 수 있느냐?(27절)
- 어찌하여 너희는 옷 걱정을 하느냐?(28절)
- 오늘 있다가 내일 아궁이에 들어갈 들풀도, 하나님께서 이와 같이 입히시거든, 하물 며 너희들을 입히시지 않겠느냐?(30절)

이처럼 주님의 질문은 매우 긍정적인 것을 유도해 내기 위한 것이었다.

특히 본문에서는 우리와 새들을 비교하고 있는데, 이는 단순 비교가 아니다. 보다 심층적 의미는 '우리'라는 존재가 이것들과는 확실히 구분되는 하나님의 자녀로서의 고유한 가치를 지니고 있음을 보여 주는 것이다.

(3) 천국 백성들이 이러한 문제에 대하여 걱정하지 말아야 할 이유들

여기서 주님은 우리가 걱정하지 말아야 할 이유에 대하여 매우 논리적이고도 설득력 있게 말씀하신다. 그리고 그 이유를 다양한 측면에서 말씀하신다. 이를 종합하면 다음과 같다.

- 우리에게는 음식보다 더 중요한 목숨이 남아 있다(25절).
- 우리에게는 옷보다 더 중요한 몸이 있다(25절).
- 공중의 새를 보아라. 씨를 뿌리지도 않고, 거두지도 않고, 곳간에 모아들이지도 않 으나, 너희의 하늘 아버지께서 그것들을 먹이신다(26절).

- 걱정을 한다고 해서 제 수명을 한순간인들 늘일 수 없다(27절).
- 들의 백합화는 수고도 하지 않고, 길쌈도 하지 않는다. 그러나 온갖 영화를 누린 솔로몬도 이 꽃 하나만큼 차려 입지 못하였다. 내일이면 아궁이에 들어갈 들풀도 하나님이 입히신다(28-30절).
- 이 일에 대하여 걱정하는 것은 이방 사람들이나 하는 것이다(32절).
- 하늘 아버지께서는 이 모든 것이 너희에게 필요하다는 것을 아신다(32절).
- 내일 걱정은 내일이 맡아서 할 것이다(34절).

예수님께서는 '염려하지 말라'고 거듭 말씀하신다. 예수 당시 유대인들은 로마의 압제 아래에 있었으므로 정치, 경제, 사회, 종교적으로 불안한 상황이었다. 부당한 세금 포탈과 극심한 빈부 격차 등은 그들의 생존 문제까지 위협했으며 한시도 근심과 염려가 떠날 날이 없었다. 이러한 상황에서 '염려하지 말라'고 선포하신 예수님의 말씀은 그들 마음에 큰 파장을 일으켰음은 말할 나위가 없다.

(4) 이러한 일에 대해서 걱정하는 것은 믿음이 없기 때문이다.

사실 주님은 본문을 통하여 우리에게 책망하신다. '믿음이 적은 사람들아…' 결론적으로 우리가 염려하는 것은 믿음이 적어서 그러하다는 것이다. 믿음이 있는 자는 걱정을 하지 않는다. 사실이다. 우리가 걱정하는 것은 믿음이 없어서 그러한 것이다. 하나님을 진심으로 신뢰하지 않아서 그러한 것이다. 주님은 우리에게 먹는 것, 입는 것 때문에 걱정하지 말라고 재차 당부하신다.

31 그러므로 무엇을 먹을까, 무엇을 마실까, 무엇을 입을까, 하고 걱정하지 말아라.

³² 이 모든 것은 이방 사람들이 구하는 것이요, 너희의 하늘 아버지께서는 이 모든 것이 너희에게 필요하다는 것을 아신다.

(5) 천국시민이 진짜 걱정할 일은 '내가 하나님의 뜻대로 사는가, 아닌가' 이다.

하나님은 우리 믿음의 사람들이 걱정 많은 세상을 살아갈 때 어떻게 살아가야 하는지를 구체적으로 명시하고 가르쳐 주신다. 그것은 바로 믿음의 사람들은 먹고 입는 것으로 걱정해서는 안 되고, 어떻게 해야 하나님의 뜻대로 살 수 있을까를 걱정하며 살아가야 한다는 것이다. 주님의 말씀을 종합하면 우리가 진정으로 걱정하며 살아가야 할 것은 다음과 같다.

³³ 너희는 먼저 하나님의 나라와 그의 의를 구하여라. 그리하면 이 모든 것을 너희에게 더하여 주실 것이다.

³⁴ 그러므로 내일 일을 걱정하지 말아라. 내일 걱정은 내일이 맡아서 할 것이다. 한 날의 괴로움은 그 날로 족하다.

여기에서 주님은 '먼저'라는 단어를 사용하신다. 물론 우리가 우리의 일용할 양식을 구해야 하는 것은 사실이다. 그러나 그것이 우선이 아니라는 말이다. 우리가 진정으로 구해야 할 것은 세상적인 것이 아니라 하나님 자신을 구해야 한다는 것이다. 그런 의미에서 먼저라는 말을 사용하고 있는 것이다.

(6) 우리가 진정으로 걱정할 것을 걱정하고 살아갈 때, 하나님은 우리가 필요한 것 위에 모든 것을 더하신다.

³³ 너희는 먼저 하나님의 나라와 그의 의를 구하여라. 그리하면 이 모든 것을 너희에게 더하여 주실 것이다.

결론적으로 우리 믿음의 사람들의 삶의 방식은 세상 사람들과 달라야 한다는 것이다. 세상 사람들은 먹고 사는 데 걱정을 하고 살지만, 우리 믿음의 사람들은 하나님의 방식에서 떠나 살 것에 대하여 걱정하고 살아야 한다. 세상 사람들은 세상의 삶에 우선권을 두지만, 하나님의 사람들은 하나님 중심의 삶, 하나님으로 인한 부요한 삶을 살아야 한다는 것을 말씀하고 있는 것이다. 참으로 귀한 말씀이 아닐 수 없다.

(7) 하나님의 나라를 구할 때, 모든 것을 더하시므로 우리는 염려하지 말아야 한다.

그렇다. 본문을 단순히 '염려하지 말아야 한다'는 관점에서 접근하면 그 범위가 너무 좁아질 수밖에 없다. 그러나 이 말씀은 우리가 왜 염려하지 말아야 하고, 우리가 또 무엇을 진정으로 구해야 하며, 그렇게 될 때 어떻게 될 것인가에 대하여 논리적으로 말씀을 전개하고 있다. 우리 하나님의 백성들이 진정으로 염려해야 할 것은 세속적 삶이 아니라 우리가 하나님의 뜻대로 사는가, 아닌가를 염려해야 함을 가르쳐 주고 있다.

12. 마 7:7-12은 단순히 '누구든지 대접을 받으려면 먼저 남을 대접하라'가 주제가 아니다

일반적 제목	누구든지 대접을 받으려면 먼저 남을 대접하라
통전적 제목	하나님의 뜻대로 구하는 이에게 좋은 것을 주시는 하나님

일반적으로 우리는 이 말씀을 '누구든지 대접을 받으려면 먼저 남을 대접하라'는 전통적인 관점에서 말씀을 이해하게 된다. 그러나 이 말씀은 '하나님의 뜻대로 구하는 이에게 좋은 것을 주시는 하나님'이 그 정확한 주제이다. 그 이유는 아래와 같다.

⁷ "구하여라. 주실 것이요. 찾아라. 찾을 것이요. 문을 두드려라. 열어 주실 것이다.
⁸ 구하는 사람마다 받을 것이요, 찾는 사람마다 찾을 것이요, 문을 두드리는 사람에게 열어 주실 것이다.
⁹ 너희 가운데서 아들이 빵을 달라고 하는데 돌을 줄 사람이 어디에 있으며,
¹⁰ 생선을 달라고 하는데 뱀을 줄 사람이 어디에 있겠느냐?

¹¹ 너희가 악해도 너희 자녀에게 좋은 것을 줄 줄 알거든, 하물며 하늘에 계신 너희 아버지께서, 구하는 사람에게 좋은 것을 주시지 않겠느냐?
¹² 그러므로 너희는 무엇이든지, 남에게 대접을 받고자 하는 대로, 너희도 남을 대접하여라. 이것이 율법과 예언서의 본뜻이다."

(1) 본문은 그리스도의 영적 삶의 풍성함을 위한 간구 말씀이다.

마 6:25-34에서 예수님께서는 '천국 백성이 진짜 염려하고 간구해야 할 일'에 대하여 말씀하시면서 '너희는 먼저 그의 나라와 그의 의를 구하라'고 가르치셨다. 본문은 바로 그 말씀에 이어지는 천국 백성의 간구로서, 단순한 우리의 삶의 열정을 다루는 것이 아닌 영적인 은혜에 대하여 간구할 것을 가르치고 있다.

이렇게 주장하는 이유는 자칫 잘못하면 본문이 마치 우리가 세상에서의

쓸 것을 간청하는 것으로 보일 수 있기 때문이다. 누가복음을 통해서 볼 때 오늘의 본문이 영적인 것임을 이해할 수 있게 된다. 눅 11:9–13은 다음과 같이 본문을 소개하고 있다.

> [9] 내가 너희에게 말한다. 구하여라, 그러면 너희에게 주실 것이요, 찾아라, 그러면 찾을 것이요, 문을 두드려라, 그러면 너희에게 열어 주실 것이다.
>
> [10] 구하는 사람마다 받을 것이요, 찾는 사람마다 찾을 것이요, 문을 두드리는 사람에게 열어 주실 것이다.
>
> [11] 너희 가운데 아버지가 되어 가지고 아들이 생선을 달라고 하는데 생선 대신에 뱀을 줄 사람이 어디에 있으며,
>
> [12] 달걀을 달라고 하는데 전갈을 줄 사람이 어디에 있겠느냐?
>
> [13] 너희가 악할지라도, 너희 자녀에게 좋은 것을 줄 줄 알거든, 하물며 하늘에 계신 아버지께서야 구하는 사람에게 성령을 주시지 않겠느냐?" (다른 고대 사본은 '아버지께서야 구하는 사람에게 하늘에서부터 성령을 주시지 않겠느냐?')

누가복음은 이처럼 우리가 구하는 것이 영적인 것이어야 함을 설명하고 있고, 아울러 하나님의 응답 역시 영적인 것임을 우리에게 암시하고 있다.

(2) 하나님은 영적인 일에 대한 열정을 가지고 구하는 자의 간구를 즐겨하신다.

> [7] "구하여라, 주실 것이요, 찾아라, 찾을 것이요, 문을 두드려라, 열어 주실 것이다.

· 구하라, 주실 것이요.
· 찾으라, 찾을 것이요.

· 문을 두드리라, 열릴 것이다.

(3) 하늘에 계신 아버지께 이렇게 우리의 영적 열정을 토로해야 하는 이유는?

9 너희 가운데서 아들이 빵을 달라고 하는데 돌을 줄 사람이 어디에 있으며,

10 생선을 달라고 하는데 뱀을 줄 사람이 어디에 있겠느냐?

11 너희가 악해도 너희 자녀에게 좋은 것을 줄 줄 알거든, 하물며 하늘에 계신 너희 아버지께서, 구하는 사람에게 좋은 것을 주시지 않겠느냐?

· 인간의 부모도, 그것도 악한 부모도 자녀가 구할 때 좋은 것을 준다.
· 하늘에 계신 아버지는 구하는 자에게 더 좋은 것으로 주시는 분이다.
· 우리의 능력으로는 불가능해도 하나님은 이를 성령으로 해결하시는 분이다.

(4) 어떤 영적 열정으로 살아가야 하는가?

첫째는, 하나님께 구하는 것, 즉 하나님이 원하시는 영적 문이 무엇인지를 물어보는 열정이다. 둘째는, 문을 보았다면 그 문이 과연 어디에 있는지를 찾아보는 열정이다. 셋째는, 그 문을 찾았다면 이제 그 문을 두드려 들어가는 열정이다.

· 구하는 열정 – 하나님께서 열어 줄 영적 문이 무엇인지를 구하는 열정
· 찾는 열정 – 그 영적 문이 어디에 있는지를 찾는 열정
· 그 문을 찾았으면 그 영적 문을 두드려 들어가는 열정

· 하나님이 나에게 원하시는 사명이 무엇인지를 구하는 열정

· 하나님의 뜻을 찾으려는 열정

· 그 하나님의 사명과 뜻을 이루기 위하여 주님께 매달리는 열정

(5) 그 영적 열정의 결과는 무엇인가? 하나님은 그의 뜻을 이루기 위한 영적 열정을 가진 자의 기도에 반드시 응답하신다.

[8] 구하는 사람마다 받을 것이요, 찾는 사람마다 찾을 것이요, 문을 두드리는 사람에게 열어 주실 것이다.

· 하나님의 뜻을 구하는 사람에게 반드시 그 길을 보여 주실 것이다.

· 하나님의 뜻을 찾는 사람에게 반드시 그 뜻을 찾게 해 주실 것이다.

· 하나님의 뜻을 향해 지속적으로 문을 두드리는 사람에게 반드시 그 뜻을 열어 주실 것이다.

또 다른 측면에서는 이렇게 해석할 수도 있다.

· 아버지의 뜻을 구하지 않는 사람에게는 그 길을 보여 줄 수 없다.

· 아버지의 뜻을 찾지 않는 사람에게는 그 뜻을 찾게 해 줄 수 없다.

· 아버지를 향하여 문을 두드리지 않는 사람에게는 그 뜻을 열어 줄 수 없다.

(6) '남에게 대접을 받고자 하면…' 이것을 본문의 주제로 하면 큰 실수를 범하게 된다.

이 말씀은 본래 눅 6:31에 있어야 한다. 그런데 이 말씀을 본문 말씀과

섞어 해석하면 곤란한 일이 발생하게 된다. 이 말씀은 본문과는 아무런 관련이 없다.

〈눅 6:27-34〉

27 그러나 너희 듣는 자에게 내가 이르노니 너희 원수를 사랑하며 너희를 미워하는 자를 선대하며

28 너희를 저주하는 자를 위하여 축복하며 너희를 모욕하는 자를 위하여 기도하라.

29 너의 이 뺨을 치는 자에게 저 뺨도 돌려대며 네 겉옷을 빼앗는 자에게 속옷도 거절하지 말라.

30 네게 구하는 자에게 주며 네 것을 가져가는 자에게 다시 달라 하지 말며

31 남에게 대접을 받고자 하는 대로 너희도 남을 대접하라.

32 너희가 만일 너희를 사랑하는 자만을 사랑하면 칭찬 받을 것이 무엇이냐 죄인들도 사랑하는 자는 사랑하느니라.

33 너희가 만일 선대하는 자만을 선대하면 칭찬 받을 것이 무엇이냐 죄인들도 이렇게 하느니라.

34 너희가 받기를 바라고 사람들에게 꾸어 주면 칭찬 받을 것이 무엇이냐 죄인들도 그만큼 받고자 하여 죄인에게 꾸어 주느니라.

그러므로 만약 이 본문을 설교할 때, '남에게 대접을 받고자 하면…'이라는 주제로 설교를 하게 된다면, 이것이야말로 큰 문제가 아닐 수 없다. 이 말씀은 이 본문과는 아무런 관련이 없기 때문이다.

13. 마 7:13-14은 단순히 '좁은 문으로 들어가라'가 주제가 아니다

일반적 제목	좁은 문으로 들어가라
통전적 제목	항상 긴장하여 하나님의 뜻대로 행하는 자가 천국에 들어갈 수 있다

본문은 보통 '좁은 문으로 들어가라'는 주제로 설교하게 된다. 그러나 본문을 자세히 묵상해 보면 본문의 주제가 결코 이와 관련된 것이 아니라 보다 넓은 의미에서 '항상 긴장하여 하나님의 뜻대로 행하는 자가 천국에 들어갈 수 있다'임을 알 수 있다. 그 이유를 논리적으로 풀이하면 아래와 같다.

¹³ "좁은 문으로 들어가거라. 멸망으로 이끄는 문은 넓고, 그 길이 널찍하여, 그리로 들어가는 사람이 많다.
¹⁴ 생명으로 이끄는 문은 너무나도 좁고, 그 길이 험해서, 그 곳을 찾아오는 사람이 별로 없다."

²¹ "나더러 '주님, 주님' 하는 사람이라고 해서 다 하늘 나라에 들어가는 것이 아니다. 하늘에 계신 내 아버지의 뜻을 행하는 사람이라야 들어간다.
²² 그 날에 많은 사람이 나에게 말하기를 '주님, 주님, 우리가 주님의 이름으로 예언을 하고, 주님의 이름으로 귀신을 내쫓고, 또 주님의 이름으로 많은 기적을 행하지 않았습니까?' 할 것이다.
²³ 그 때에 내가 그들에게 밝히 말할 것이다. '나는 너희를 도무지 알지 못한다. 불법을 행하는 자들아, 나에게서 물러가라.'"

실제로 이 말씀은 13절과 14절로 구성된 것이 아니라 누가복음을 통하여 보면 21-23절까지 이어진 말씀임을 알 수 있다. 따라서 13-14절, 21-23절을 연결하여야만 진정한 그 의미를 알 수 있다.

(1) 이 말씀의 전체적 배경은 누가복음 13장에서 잘 나타난다.

본문은 아주 짧은 문장으로 마태복음 7장 사이에 끼어 있다. 그래서 이 본문이 과연 어떤 배경에서 주어졌는지를 잘 알지 못한다. 그 배경을 제대로 이해하기 위해서는 누가복음 13장을 참고해야 한다. 이 배경을 이해하지 못하면 본문의 말씀을 편파적으로 이해할 가능성이 매우 높다.

〈눅 13:22-30〉

[22] 예수께서 예루살렘으로 가시는 길에 가르치시면서 각 성읍과 마을을 지나가셨다.

[23] 그런데 어떤 사람이 예수께 "주님, 구원받을 사람은 적습니까?" 하고 물었다. 예수께서 그들에게 대답하셨다.

[24] "너희는 좁은 문으로 들어가기를 힘써라. 내가 너희에게 말한다. 들어가려고 해도 들어가지 못하는 사람이 많을 것이다.

[25] 집주인이 일어나서 문을 닫아 버리면, 너희가 밖에 서서 문을 두드리면서 '주님, 문을 열어 주십시오' 하고 졸라도, 주인은 '너희가 어디에서 왔는지, 나는 모른다' 하고 대답할 것이다.

[26] 그 때에 너희가 말하기를 '우리는 주님 앞에서 먹고 마셨으며, 주님은 우리를 길거리에서 가르치셨습니다' 할 터이나,

[27] 주인이 너희에게 말하기를 '나는 너희가 어디에서 왔는지 모른다. 악을 일삼는 자들아, 모두 나에게서 물러가거라' 할 것이다.

[28] 아브라함과 이삭과 야곱과 모든 예언자는 하나님의 나라 안에 있는데, 너희는 바깥으로 쫓겨난 것을 너희가 보게 될 때에, 거기에서 슬피 울면서 이를 갈 것이다.

[29] 사람들이 동과 서에서, 또 남과 북에서 와서, 하나님의 나라에서 잔치 자리에 앉을 것이다.

[30] 보아라, 꼴찌가 첫째가 될 사람이 있고, 첫째가 꼴찌가 될 사람이 있다."

(2) 진짜 구원받을 사람은 몇 안 된다.

마태복음에서는 바로 좁은 문과 넓은 문이 나오지만, 누가복음에서는

이 말씀이 나오게 된 배경이 나와 있다. 누가복음에서는 어떤 사람이 예수님께 "주님, 구원받을 사람은 적습니까?" 하고 물었다. 그런데 이를 공동번역으로 보면, 어떤 사람이 "선생님, 구원받을 사람은 얼마 안 되겠지요?"라고 물은 것이다. 이 말은 "예수님을 따르는 사람은 많은데 진짜로 구원받을 사람은 얼마 안 되지요?"라는 의미이다.

그렇다. 해답은 이러하다. 예수님을 따르는 사람은 너무 많지만 정말 구원을 받을 사람은 얼마 되지 않는다. 얼마 되지 않아 정말 구원받기가 쉽지 않다는 것을 전제하고 있다. 오늘의 말씀은 바로 이것을 전제하고 있다.

(3) 멸망의 문으로 들어가는 사람이 있다. – 세상의 방법대로 살아가는 사람

- 그 길이 넓고: 아무런 긴장 없이 걸어갈 수 있는 길 – 영적 긴장
- 걷기 쉽고: 조심해야 할 것이 전혀 없다.
- 누구나 가기를 좋아하고 – 모두가 이렇게 사는 것을 선호한다.
- 그래서 모든 사람이 그 길을 가게 된다. – 대부분의 사람이 이렇게 산다.

(4) 영생의 문으로 들어가는 사람이 있다. – 예수님의 가르침대로 결단하며 살아가는 사람

- 너무나도 좁은 길 – 늘 긴장하며 그 길을 가야 한다.
- 너무나도 험한 길 – 늘 조심해서 그 길을 가야 한다. – 자신을 살펴야 한다.
- 그래서 그 길을 가려고 하는 사람이 별로 없다. – 대부분의 사람이 이렇게 살지 않는다.

(5) 영생 - 종교적 행위가 아닌 하나님의 말씀대로 살아가야 영생의 길을 갈 수 있다.

그런데 마태복음과 누가복음에서는 단순히 우리가 습관적으로 하고 있는 그 종교적 행위로는 우리가 영생의 길에 들어설 수 없다고 말한다.

> [22] 그 날에 많은 사람이 나에게 말하기를 '주님, 주님, 우리가 주님의 이름으로 예언을 하고, 주님의 이름으로 귀신을 내쫓고, 또 주님의 이름으로 많은 기적을 행하지 않았습니까?' 할 것이다.
> [23] 그 때에 내가 그들에게 밝히 말할 것이다. '나는 너희를 도무지 알지 못한다. 불법을 행하는 자들아, 나에게서 물러가라.'"
> [21] "나더러 '주님, 주님' 하는 사람이라고 해서 다 하늘 나라에 들어가는 것이 아니다. 하늘에 계신 내 아버지의 뜻을 행하는 사람이라야 들어간다.

마 7:21의 말씀과 마 7:22-23의 말씀을 거꾸로 뒤집어 보자. 21절에서는 진정으로 행하는 자가 하나님의 나라에 들어갈 것이라 했고, 22-23절에서는 행함은 없고 위선적이며 형식적인, 오직 종교적 행위를 하는 사람은 영생의 길에 들어갈 수 없다고 했다. 그렇다면 진정으로 우리가 영생의 길로 들어가기 위해서는 단순히 종교적 행위를 하는 것이 아니라 진정으로 하나님의 말씀대로 살아가야 한다.

(6) 단순히 주님을 아는 사람이 아닌 그의 뜻대로 행하는 사람만이 영생에 이를 수 있다.

누가복음의 말씀을 보자. 그들은 분명히 주님과 잘 아는 사이인 것처럼 말한다. 그러나 주님은 눈 하나 깜짝하지 않고 마지막 날에 그들을 모른다고 할 것이라고 하셨다.

<눅 13:25-27>

25 집주인이 일어나서 문을 닫아 버리면, 너희가 밖에 서서 문을 두드리면서 '주인님, 문을 열어 주십시오' 하고 졸라도, 주인은 '너희가 어디에서 왔는지, 나는 모른다' 하고 대답할 것이다.

26 그 때에 너희가 말하기를 '우리는 주인님 앞에서 먹고 마셨으며, 주인님은 우리를 길거리에서 가르치셨습니다' 할 터이나,

27 주인이 너희에게 말하기를 '나는 너희가 어디에서 왔는지 모른다. 악을 일삼는 자들아, 모두 나에게서 물러가거라' 할 것이다.

위 말씀은 단순히 종교적 차원을 넘어 우리가 주님을 알고 있다는 사실만으로는 절대 영생의 길에 들어서지 못한다는 것을 분명히 알려 준다. 우리의 신앙이 단지 주님을 아는 정도의 수준에서 끝나는 경우가 얼마나 많은가?

(7) '예수님의 삶', 그리고 '세상의 삶'을 사는 사람의 결과는 무엇인가?

세상의 방식대로 사는 것은 너무나 쉽다. 그러나 주님의 방식대로 사는 것은 너무나 어렵다. 그러나 아무리 세상의 방법이 쉽다고 하더라도 마지막 날 그 책임은 바로 본인이 져야 한다. 성경은 다음과 같이 말하고 있다.

<눅 13:28-29>

28 아브라함과 이삭과 야곱과 모든 예언자는 하나님의 나라 안에 있는데, 너희는 바깥

으로 쫓겨난 것을 너희가 보게 될 때에, 거기에서 슬피 울면서 이를 갈 것이다.

²⁹ 사람들이 동과 서에서, 또 남과 북에서 와서, 하나님의 나라에서 잔치 자리에 앉을 것이다.

눅 13:28은 세상의 넓은 길을 간 사람들의 결과이다. 반면에 29절은 예수님의 길, 즉 좁은 길을 간 사람들의 결과이다. 참 공평하다. 세상에서 넓은 길을 간 사람은 좁은 곳에 갇힐 것이고, 세상에서 좁은 길을 간 사람들은 넓은 곳에서 쉬게 될 것이다. 결국 선택은 우리의 몫이다. 네가 세상에서 마음대로 살아 영생을 놓치든지, 네가 세상에서 철저히 주님의 뜻대로 살아 영원한 생명을 얻든지, 그것은 어디까지나 전적으로 너에게 책임이 있다는 것을 말해 준다.

(8) 진정으로 우리가 조심해야 할 것이 있다. 그것은 바로 '우리가 진정으로 하나님의 뜻대로 사는가, 그렇지 않은가'이다.

본문은 결코 교만하지 말라는 말씀이다. 항상 긴장하며 살라는 말씀이다. '지금까지는 잘 살았으나'가 중요한 것이 아니라 '늘 긴장하며 살아야 한다는 것'을 우리에게 가르쳐 주는 것이다. '사람은 언젠가 뒤집힐 수가 있으므로 항상 긴장하여 하나님의 뜻대로 살라'는 고귀한 말씀을 우리에게 전해 준다.

〈눅 13:30〉

³⁰ 보아라, 꼴찌가 첫째가 될 사람이 있고, 첫째가 꼴찌가 될 사람이 있다.

그러므로 본문은 결론적으로 우리 하나님의 백성들이 항상 영적으로 긴장하여 하나님의 뜻이 무엇인지를 분간하여 살아가야 하며 이것이야말로 천국에 이르는 첩경임을 우리에게 알려 주고 있는 것이다.

14. 마 8:5-13은 단순히 '백부장의 믿음'이 주제가 아니다

일반적 제목	백부장의 믿음
통전적 제목	주님께서는 백부장이 행하는 그 모든 행위를 믿음으로 보신다

일반적으로 이 말씀은 '백부장의 믿음'이라는 제목으로 설교된다. 그러나 이 말씀은 결코 백부장의 믿음만을 강조하는 그런 말씀이 아니다. 오히려 이 말씀은 주님께서 백부장이 행하는 그 모든 행위를 믿음으로 보신다는 내용을 담고 있다. 따라서 이 말씀은 '통전적인 믿음이 무엇인가'를 우리에게 알려 준다. 그 이유는 아래와 같다.

⁵ 예수께서 가버나움에 들어가셨을 때에, 한 백부장이 다가와서, 그에게 간청하여
⁶ 말하기를 "주님, 내 종이 중풍으로 집에 누워서 몹시 괴로워하고 있습니다" 하였다.
⁷ 예수께서 "내가 가서 고쳐 주마" 하고 말씀하셨다.
⁸ 백부장이 대답하여 말하였다. "주님, 나는 주님을 내 집에 모셔 들일 만한 자격이 없습니다. 그저 말씀만 해주십시오. 그러면 내 종이 나을 것입니다.
⁹ 나도 상관을 모시는 사람이고, 내 밑에도 병사들이 있어서, 내가 이 사람더러 가라고 하면 가고, 저 사람더러 오라고 하면 옵니다. 또 내 종더러 이것을 하라고 하면 합니다."

¹⁰ 예수께서 이 말을 들으시고, 놀랍게 여기셔서, 따라오는 사람들에게 말씀하셨다. "내가 진정으로 너희에게 말한다. 나는 지금까지 이스라엘 사람 가운데서는 아무에게서도 이런 믿음을 본 일이 없다.
¹¹ 내가 너희에게 말한다. 많은 사람이 동과 서에서 와서, 하늘 나라에서 아브라함과 이삭과 야곱과 함께 잔치 자리에 앉을 것이다.
¹² 그러나 이 나라의 아들들은 바깥 어두운 데로 쫓겨나서, 거기에서 울며 이를 갈 것이다."
¹³ 그리고 예수께서 백부장에게 "가거라. 네가 믿은 대로 일이 될 것이다" 하고 말씀하셨다. 그런데 바로 그 시각에 그 종이 나았다.

(1) 이 시대의 지도자들의 모습

(대부분의 지도자들은 자신의 위치를 이용하여 자신의 이익을 추구한다.)

¹¹ 내가 너희에게 말한다. 많은 사람이 동과 서에서 와서, 하늘 나라에서 아브라함과
   이삭과 야곱과 함께 잔치 자리에 앉을 것이다.

¹² 그러나 이 나라의 아들들은 바깥 어두운 데로 쫓겨나서, 거기에서 울며 이를 갈 것
   이다."

· 이 시대의 지도자들은 어떤 방법을 동원해서라도 높은 자리에 올라가려 한다.
· 이 시대의 지도자들은 그 위치와 자리를 위하여 자신의 업적을 나타내려 한다.
· 이 시대의 지도자들은 자신의 이름을 높이려 한다.
· 이 시대의 지도자들은 자신의 이익을 추구하려 한다.
· 그러나 이것은 참 지도자가 아니다.
· 그들은 언젠가 쫓겨나 울며 이를 갈 날이 있다.

(2) 그러나 백부장, 그는 어떤 지도자였는가?

⁵ 예수께서 가버나움에 들어가셨을 때에, 한 백부장이 다가와서, 그에게 간청하여

⁶ 말하기를 "주님, 내 종이 중풍으로 집에 누워서 몹시 괴로워하고 있습니다" 하였다.

⁷ 예수께서 "내가 가서 고쳐 주마" 하고 말씀하셨다.

⁸ 백부장이 대답하여 말하였다. "주님, 나는 주님을 내 집에 모셔 들일 만한 자격이 없
   습니다. 그저 말씀만 해주십시오. 그러면 내 종이 나을 것입니다.

⁹ 나도 상관을 모시는 사람이고, 내 밑에도 병사들이 있어서, 내가 이 사람더러 가라고
   하면 가고, 저 사람더러 오라고 하면 옵니다. 또 내 종더러 이것을 하라고 하면 합니
   다."

- 그는 높은 위치에 있었지만, 아랫사람을 귀히 여기는 사람이었다.
- 백부장, 그는 그 지역의 지도자와 사람들과도 잘 지내는 사람이었다.
- 그는 높은 위치에 있다고 자만하지 않는 사람이었다.
- 그는 높은 위치에 있으면서도 고통당하는 자에 대하여 불쌍히 여기는 사람이었다.
- 그는 예수님을 인정하고 예수님의 권위를 받아들이는 겸손한 신앙의 소유자였다.
- 그는 믿음의 확신, 즉 예수님이 병을 고쳐 주실 것이라는 확신이 있는 사람이었다.
- 그는 남의 입장을 잘 이해하는 사람이었다.
- 그는 남의 문화를 잘 이해하고, 그 위치에서 어떻게 하면 그들을 도울까 생각하는 사람이었다.

  〈눅 7:4-5〉

  ⁴ 그들이 예수께로 와서, 간곡히 탄원하기를 "그는 선생님에게서 은혜를 받을 만한 사람입니다.

  ⁵ 그는 우리 민족을 사랑하는 사람이고, 우리에게 회당을 지어 주었습니다" 하였다.

- 그는 실로 이방인이면서도 믿음의 사람이었다.

  ¹⁰ 예수께서 이 말을 들으시고, 놀랍게 여기셔서, 따라오는 사람들에게 말씀하셨다. "내가 진정으로 너희에게 말한다. 나는 지금까지 이스라엘 사람 가운데서는 아무에게서도 이런 믿음을 본 일이 없다.

(3) 예수님은 이 사람에 대하여 깜짝 놀라셨고, 그 믿음에 대하여 극찬하셨다. 주님은 그의 모든 행동을 믿음의 행위로 보셨다.

¹⁰ 예수께서 이 말을 들으시고, 놀랍게 여기셔서, 따라오는 사람들에게 말씀하셨다. "내가 진정으로 너희에게 말한다. 나는 지금까지 이스라엘 사람 가운데서는 아무에게서도 이런 믿음을 본 일이 없다.

놀랍게도 백부장이 한 것은 바로 행위, 즉 행동이었다. 그러나 주님은 이 것을 믿음으로 표현하셨다. 주님께서는 '이스라엘 사람 가운데서는 아무에게도 이런 믿음을 본 일이 없다'고 말씀하셨다. 주님은 그의 모든 행동을 믿음의 행위로 보신 것이다.

그렇다. 우리는 믿음이란 어떤 것을 신뢰하는 것으로 이해하지만, 주님은 믿음을 그런 관점에서 이해하지 않으셨다. 우리가 그리스도인으로서 하는 모든 행위가 곧 믿음의 행위인 것이다.

(4) 그의 행위, 즉 그의 믿음의 결과는 실로 대단하였다.

[13] 그리고 예수께서 백부장에게 "가거라. 네가 믿은 대로 일이 될 것이다" 하고 말씀하셨다. 그런데 바로 그 시각에 그 종이 나았다.

(5) 그러므로 이 시대의 지도자는 실천하는 지도자여야 한다.

· 이 시대의 지도자는 높은 위치에 있지만, 아랫사람을 귀히 여기는 사람이어야 한다.
· 이 시대의 참 지도자는 누구와도, 때로는 반대자와도 좋은 관계를 유지할 수 있는 사람이어야 한다.
· 이 시대의 지도자는 그가 높은 위치에 있다고 자만하지 않는 사람이어야 한다.
· 이 시대의 지도자는 높은 위치에 있으면서도 고통당하는 자를 불쌍히 여기는 사람이어야 한다.
· 이 시대의 지도자는 예수님을 인정하고 예수님의 주권과 권위를 받아들이는 겸손한 신앙의 소유자여야 한다.
· 이 시대의 지도자는 믿음의 확신, 즉 예수님이 고쳐 주실 것을 확신하는 사람이여야 한다.

- 이 시대의 지도자는 남의 입장을 잘 이해하는 사람이어야 한다.
- 이 시대의 지도자는 남의 문화를 잘 이해하고, 그 위치에서 어떻게 하면 그들을 도울까 생각하는 사람이어야 한다.
- 이 시대의 지도자는 믿음의 사람이어야 한다.

그렇다. 본문은 단순히 '백부장의 믿음'에 대해서만 말하고 있는 것은 아니다. '백부장의 믿음'이라는 주제는 오히려 예수님이 백부장의 모든 행위를 믿음으로 보실 뿐 아니라 그가 어떠한 지도자였는지를 우리에게 말씀하고 있다는 차원에서 보면 너무 편협한 것이 된다.

15. 마 8:23-27은 단순히 '예수님께서 풍랑을 이기심'이 주제가 아니다

일반적 제목	예수님께서 풍랑을 이기심
통전적 제목	'내가 없더라도 절대 두려워 말고 믿음만은 저버리지 마라, 내 사랑하는 제자들아!'

이 말씀은 우리가 너무나 잘 아는 익숙한 말씀이다. 이 말씀의 제목이야말로 틀림없이 '예수님께서 풍랑을 이기심'이라고 해도 좋을 법하다. 그러나 본문을 깊이 묵상해 보면, 이 제목으로는 본문의 깊이를 다 측정할 수 없다는 생각을 하게 된다. 이 말씀을 통전적으로 묵상해 보면, 우리의 미래를 진정으로 위하는 예수님의 마음을 읽을 수 있다. 이 말씀을 통하여 예수님께서 오늘을 살아가는 우리에게 주시고자 하는 메시지는 '내가 없더라도 절대 두려워 말고 절대 믿음을 저버리지 마라, 사랑하는 내 제자들아!'가 더 정확하다고 본다. 그 이유는 아래와 같다.

²³ 배에 오르시매 제자들이 따랐더니
²⁴ 바다에 큰 놀이 일어나 배가 물결에 덮이게 되었으되 예수께서는 주무시는지라
²⁵ 그 제자들이 나아와 깨우며 이르되 주여 구원하소서 우리가 죽게 되었나이다

²⁶ 예수께서 이르시되 어찌하여 무서워하느냐 믿음이 없는 자들아 하시고 곧 일어나사 바람과 바다를 꾸짖으시니 아주 잔잔하게 되거늘
²⁷ 그 사람들이 놀랍게 여겨 이르되 이 이가 어떠한 사람이기에 바람과 바다도 순종하는가 하더라

막 4:35-41

³⁵ 그 날 저녁이 되었을 때에, 예수께서 제자들에게 "바다 저쪽으로 건너가자" 하고 말씀하셨다.
³⁶ 그래서 그들은 무리를 남겨 두고, 예수께서 배에 계신 그대로 모시고 갔는데, 다른 배들도 함께 따라갔다.
³⁷ 그런데 큰 광풍이 일어나서, 파도가 배 안으로 덮쳐 들어오므로, 물이 배에 거의 가득 찼다.
³⁸ 예수께서는 고물에서 베개를 베고 주무시고 계셨다. 제자들이 예수를 깨우며 "선생님, 우리가 죽게 되었는데, 아무렇지도 않습니까?" 하고 말하였다.

³⁹ 예수께서 깨어나셔서 바람을 꾸짖으시고, 바다더러 "고요하고, 잠잠해져라" 하고 말씀하시니, 바람이 그치고, 아주 고요해졌다.
⁴⁰ 예수께서 그들에게 "왜들 무서워하느냐? 아직도 믿음이 없느냐?" 하고 말씀하셨다.
⁴¹ 그들은 큰 두려움에 사로잡혀서 서로 말하기를 "이분이 누구이기에, 바람과 바다까지도 그에게 복종할까?" 하였다.

(1) 그동안 얼마나 많은 이적을 제자들 앞에서 행하셨는가?

오늘의 사건이 있기 전에도 수많은 이적이 있었다. 일단 주님은 모든 메시아적 절차를 밟으시고, 산에서 천국 시민의 삶을 선포하셨다. 이 사건으로 말미암아 많은 사람들이 예수님을 따르게 되었다. 이때부터 예수님은 본격적으로 제자들 앞에서 이적을 행하심으로 하나님의 권능을 보이셨다.

(2) 너무나 돌발적으로 발생한 사건 – 그러나 알고 보면 돌발적 사건이 아니다.

예수님은 돌발적으로 호수 건너편으로 배를 타고 가자고 제의하셨다. 그

들이 호수를 떠날 때, 분명히 호수는 잠잠했다. 그들은 어부였다. 이 바닥에서 수십 년간 살아왔기 때문에 호수를 건널 때 적어도 기상 이변이 있을지 없을지는 누구보다도 잘 알았다. 그런데 너무나 예기치 않았던 일이 일어났다. 갑자기 큰 너울이 일어나 배가 물에 잠길 정도로 위험한 상황에 처한 것이다. 물론 갈릴리 호수에는 몬순 현상으로 이런 일이 일어나기도 한다. 그러나 어느 정도는 예측할 수 있기 때문에 어부들은 이런 황당한 경우에 휘말린 적은 거의 없었다.

본문의 말씀은 대단히 우연한 상태로 일어난 것 같다. 하지만 사실은 이 사건이 우연히 일어난 것이 아님을 예수님의 여러 가지 행동으로 보아 알 수 있다. 호수 반대편으로 건너가자고 제의하신 분은 예수님이셨다. 또 예수님은 그 깊은 풍랑으로 제자들이 위험할 때도 주무시고 계셨다. 제자들이 모두 죽어 가는데 배에서 주무시는 예수님을 볼 때, 뭔가 이상하다고 느껴지지 않는가? 예수님이 이 사건을 통하여 제자들에게 무언가 중요한 것을 분명히 가르치려고 한다는 것을 우리는 쉽게 짐작해 볼 수 있다. 이 사건은 절대 우연히 발생한 사건이 아니라 예수님께서 제자들을 가르치기 위하여 의도적으로 일으킨 사건임을 이해해야 한다.

(3) 이 사건으로 인하여 패닉 상태에 빠진 제자들 - 그러나 주무시고 계신 주님

제자들은 이 황당한 사건으로 거의 죽음의 상황에 이르렀다. 어부 생활 수십 년 동안에 정말 이런 황당한 일을 경험한 적은 별로 없었다. 제자들은 강도 높은 파도로 인하여 배가 물에 잠기는 거의 죽음의 위기 상태에서 어찌할 바를 모르고 있었다.

여기서 우리는 제자들의 고통이 어느 정도였는지를 짐작할 수 있다. '우리

가 죽겠나이다'로 번역된 '아폴로메다'는 외형적인 파괴를 의미하지만, 나아가서는 육적인 죽음과 함께 영적인 죽음을 의미하는 단어이다. 당시 제자들은 육적인 생명이 위협받는 상황으로부터 구원을 요청한 것으로 보이지만, 예수님께서는 이러한 일을 영적인 측면으로 확대하셨다.

(4) 바다를 꾸짖으시고 풍랑까지 꾸짖으시는 주님

예수님은 즉시 바람과 바다를 꾸짖으시고 또 풍랑을 순식간에 조용하게 만들어 버리셨다. 일순간이었다. 여기서 마태는 바다를 꾸짖으시고 풍랑을 꾸짖으시는 주님의 권능에 대하여 말하고 있다. 자신이 만든 세상의 모든 것을 꾸짖을 수 있는 권세는 오직 주님 외에는 없었다. 주님에게는 이런 권세가 주어졌다. 여기서 우리는 주님의 주권을 다시 한 번 확인해 볼 수 있다. 주님은 한마디로 모든 것을 일순간에 제압해 버린 것이었다.

· 주님은 이 세상의 주인이시다.
· 주님은 이 세상을 만드신 분이시다.
· 이 세상은 모두 주님의 주권 아래에 있다.
· 천하 만물 모든 것이 주님의 거룩한 섭리 안에 있다.

(5) 제자들의 말할 수 없는 두려움과 믿음 없음을 꾸짖으시는 주님

· 왜 두려워하느냐? 이 믿음 없는 자들아!

주님은 첫째로 제자들이 두려워하는 것을 책망하셨다. 그들은 적어도 선택된 12명의 제자들이었다. 12명의 선택된 사람들이라면 그리고 적어도 예수

와 함께 살아온 제자들이라면 예수님이 그들 곁에 계심으로 말미암아 두려워하지 말았어야 했다. 그럼에도 불구하고 그들에게 제일 먼저 찾아온 것은 바로 두려움이었다. 그리고 예수님이 지금까지 그렇게 많은 기적을 행하셨음에도 불구하고, 그들에게는 작은 믿음조차 없었던 것이다. 예수님은 바로 이 점을 심히 걱정하신 것이다. 그래서 '믿음 없는 자들아'라고 책망하셨던 것이다.

(6) 하나님은 왜 이런 일이 일어나게 하셨을까? 우리에게 무엇을 말씀하시려는가?

주님은 이 사건을 통하여 제자들, 즉 오늘을 살아가는 우리들에게 너무나 많은 것을 깨우쳐 주신다. 그것들을 정리해 보자. 일단 주님이 제자들을 향해 염려하는 것이 무엇인지 살펴보자.

· 너희들은 그렇게 많은 이적을 체험하면서도 나를 믿지 않았다.
· 너희들에게는 앞으로도 얼마든지 예기치 않은 이와 같은 위기가 올 수 있다.
· 내가 너희와 함께 있음에도 불구하고, 너희들은 나를 진정으로 믿지 않았다.
· 너희들은 내가 옆에 있음에도 불구하고, 말할 수 없는 두려움에 떨었다.
· 너희들은 내가 옆에 있음에도 불구하고, '죽겠나이다'라고 호소하였다.

이런 관점에서 볼 때, 예수님은 틀림없이 제자들이 시험과 환란을 당할 때 어떻게 대처해야 하는지에 대해 그들을 훈련시키려 하신 것이었다. 그래서 제자들을 갈릴리 바다로 데리고 가셨고, 이러한 폭풍을 만나게 하셨다. 이것은 주님의 철저한 훈련 과정이었다. 그러나 그들은 이 훈련에서 실패하였다. 그럼에도 불구하고 예수님은 제자들에게 적어도 다음과 같은 것들을 가르치고 싶으셨다.

- 앞으로는 내가 너희들과 함께하지 않는다.
- 그럴 때에도 너희들에게 이와 같은 상황은 얼마든지 일어날 수 있다.
- 너희들은 절대 그런 상황을 두려워해서는 안 된다. – 내가 너희와 함께한다.
- 너희들은 절대 그런 상황에서 믿음을 저버려서는 안 된다. – 내가 너희와 함께한다.
- 너희들은 절대 그런 상황에서도 평안을 잃어버려서는 안 된다.

주님은 바로 이런 것을 제자들에게 말씀하고 계신 것이다.

(7) 이 시대를 살아가는 성도들은 삶에 대하여 어떤 태도를 취해야 할 것인가?

- 우리 믿는 자들에게도 예기치 않은 위기와 절망, 그리고 죽을 정도의 고통이 엄습할 수 있다는 것을 항상 기억해야 한다.
- 그럼에도 불구하고 예수님의 제자된 우리는 절대 그 상황을 두려워해서는 안 된다. – 주님이 우리와 반드시 함께하신다는 사실을 잊어버려서는 안 된다.
- 우리가 절대 잊어서는 안 될 것은 주님이 이 세상을 만드셨으며, 우리의 삶의 문제까지도 제압할 수 있는 권세를 가지셨다는 점이다.
- 이런 절대적인 상황이 도래하더라도 우리가 절대 잊어서는 안 될 것은 주님께서 한 그 일, 즉 주님에 대한 믿음을 저버려서는 안 된다는 점이다.
- 이런 돌발적인 상황이 도래하더라도 우리는 절대 그 상황에서 평안을 잃어버려서는 안 된다.
- 이런 돌발적인 상황이 도래하더라도 주님은 그 악을 제거하는 권세를 가지셨다는 것을 기억하고 믿어야 한다.

(8) 이 사건은 결국 다른 사람에게도 엄청난 영향을 미쳤다.

여기서 재미있는 것은 다른 배들도 이 배를 따라갔다는 점이다. 그런데 그들에게는 이런 일이 일어나지 않았다. 예수님의 제자들이 탄 배만 폭풍을 만났고, 이것을 멀리서 따라오던 배들이 보게 된 것이다. 예수님께서 일어나서서 바람과 바다를 꾸짖으시는 장면은 폭풍이 몰아치는 바다 위에 있던 다른 배에서도 보일 만큼 드러나게 행해졌을 가능성이 크다. 여기서 '기이히 여겨'라는 말은 인간의 놀라움을 나타날 때 사용하지만, 더 나아가 존경이나 의아함을 나타내는 표현으로 사용되기도 한다.

그렇다. 그리스도의 제자들이 이러한 위기나 고통을 당할 때 확실한 믿음을 가지고 두려움 없이 주님을 믿고 담대하게 나아간다면, 이것이야말로 다른 사람들에게 경이로운 일이 된다. 그리고 믿음의 산 증거가 된다. 그렇기에 우리는 세상을 두려워하지 말고 믿음을 저버리지 말고 담대하게 살아야 한다.

본문의 말씀을 깊이 생각해 보면, 위에서 언급한 바와 같이 이 사건은 단순히 '예수님께서 풍랑을 이기심'에 대하여 말씀하는 것이 아니라 예수님이 우리 곁을 떠나셔도 우리는 걱정하거나 두려워하지도 말고, 믿음을 잃지 않고 살아가기를 바라시는 예수 그리스도의 사랑의 마음을 드러내고 있는 것이다.

16. 마 9:1-8은 단순히 '중풍병자를 고치심'이 주제가 아니다

일반적 제목	중풍병자를 고치심
통전적 제목	한 영혼에 대한 뜨거운 사랑을 가진 무리와 이를 방해하는 무리들

위의 본문 역시 우리가 익히 알고 있는 말씀이기에 고정관념으로 본문 말씀을 바라볼 가능성이 너무 높다. 우리는 이 말씀을 일반적으로 '중풍병자를 고치심'이라는 주제로 이해한다. 그러나 깊이 묵상해 보면, 이 본문은 결국 단순히 중풍병자를 고치시는 주님의 능력을 나타내는 말씀이 아니다. 우리는 이 말씀을 통해 중풍병자를 메고 온 사람들의 뜨거운 믿음과 사랑의 행위, 그리고 이런 사랑과는 달리 매사에 주님의 구원 사역을 방해하는 부류가 있음을 발견하게 된다. 그러나 문제는 우리가 이 본문을 대할 때 항상 습관적으로 환자를 메고 온 사람들에 대해서만 주목할 뿐, 이것을 방해하는 무리에 대해서는 아예 관심을 갖지 않는다는 것이다. 이것이야말로 말씀을 통전적으로 보지 않는 대표적인 예이다. 그래서 이 본문을 통전적으로 보면, '한 영혼에 대한 뜨거운 사랑을 가진 무리와 이를 방해하는 무리들'로 설정할 수 있다. 그 이유를 살펴보자.

¹ 예수께서 배에 오르셔서, 바다를 건너 자기 마을에 돌아오셨다.
² 사람들이 중풍병 환자 한 사람을 침대에 누인 채, 예수께로 날라 왔다. 예수께서 그들의 믿음을 보시고, 중풍병 환자에게 "기운을 내라. 아들아, 네 죄가 용서함을 받았다" 하고 말씀하셨다.
³ 그래서 율법학자 몇이 '이 사람이 하나님을 모독하는구나' 하고 속으로 말하였다.
⁴ 예수께서 그들의 생각을 아시고 말씀하셨다. "어찌하려고, 너희는 마음 속에 악한 생각을 품고 있느냐?

⁵ '네 죄가 용서함을 받았다' 하고 말하는 것과 '일어나서 걸어가거라' 하고 말하는 것 가운데서, 어느 쪽이 더 말하기가 쉬우냐?
⁶ 그러나 인자가 땅에서 죄를 용서하는 권세를 가지고 있음을 너희들이 알게 하겠다." 그리고 예수께서는 중풍병 환자에게 "일어나서, 네 침대를 거두어 가지고 네 집으로 가거라" 하시니,
⁷ 그가 일어나서, 자기 집으로 돌아갔다.
⁸ 무리가 이 일을 보고서 두려움에 사로잡히고, 이런 권세를 사람들에게 주신 하나님께 영광을 돌렸다.

막 2:1-12 중 일부

¹ 며칠이 지나서, 예수께서 다시 가버나움으로 들어가셨다. 예수께서 집에 계신다는 말이 퍼지니,
² 많은 사람이 모여들어서, 마침내 문 앞에조차도 들어설 자리가 없었다. 예수께서 그들에게 말씀을 전하셨다.
³ 그 때 한 중풍병 환자를 네 사람이 데리고 왔다.

⁴ 무리 때문에 예수께로 데리고 갈 수 없어서, 예수께서 계신 곳 위의 지붕을 걷어 내고, 구멍을 뚫어서, 중풍병 환자가 누워 있는 자리를 달아 내렸다
⁵ 예수께서는 그들의 믿음을 보시고, 중풍병 환자에게 "아들아, 네 죄가 용서함을 받았다" 하고 말씀하셨다.

눅 5:17-26 중 일부

¹⁷ 어느 날 예수께서 가르치시는데, 갈릴리와 유대의 모든 마을과 예루살렘에서 온 바리새파 사람들과 율법교사들이 둘러앉아 있었다. 예수께서는 주의 능력으로 병을 고쳐주고 계셨다.
¹⁸ 그런데 사람들이 중풍병에 걸린 사람을 침대에 눕힌 채로 데려와서는, 안으로 들여서, 예수 앞에 놓으려고 하였다.

¹⁹ 그러나 무리 때문에 그를 안으로 들여놓을 길이 없어서, 지붕으로 올라가서, 기와를 벗기고 그 환자를 침대에 누인 채, 예수 앞 한가운데로 달아 내렸다.
²⁰ 예수께서 그들의 믿음을 보시고 "이 사람아, 네 죄가 용서함을 받았다" 하고 말씀하셨다.

(1) 네 사람이 메고 온 중풍병자는 어떠한 상황에 처해 있었는가?

· 생명에 대한 희망 없이 꺼져가는 인생

· 가족에게 외면당한 인생

· 자신의 힘으로는 아무것도 할 수 없는 상태에 놓인 인생

· 절망과 좌절 가운데 살아갈 수밖에 없는 인생

· 삶의 가치를 찾아볼 수 없는 인생

(2) 중풍병자를 메고 온 사람들의 행동을 처음부터 순서적으로 나열해 보고, 그들이 어떤 마음으로 이 일을 하였는지 생각해 보자.

· 한 사람이 이 영혼에 대하여 불쌍히 여기는 마음이 듦.

· 이 사람도 예수님을 만나면 새 생명을 얻을 수 있겠다는 확신이 듦.

· 혼자서 이 사람을 데리고 갈 수 없어 다른 사람들의 도움을 구함.

· 그 사람들은 선뜻 이 사람의 선한 행동을 받아들이고 참여함.

· 땀을 흘리면서 합심하여 이 사람을 예수님께 인도함.

· 너무나 많은 인파로 인하여 문제에 봉착함.

· 그럼에도 불구하고 그들은 이 영혼을 포기하지 않음.

· 그 상황 가운데 가능한 방법을 연구하여 지붕을 뚫음.

(3) 예수님은 그들의 모든 행동을 믿음으로 표현하셨다.

예수님은 바로 이들의 행동을 칭찬하셨다. 그리고 예수님은 그들의 행동을 믿음으로 여기셨다.

² … 예수께서 그들의 믿음을 보시고, 중풍병 환자에게 "기운을 내라. 아들아, 네 죄가 용서함을 받았다" 하고 말씀하셨다.

그들의 행위는 분명히 행동이었다. 그러나 예수님은 단순히 그들의 사랑의 행동을 행위로 보지 않으시고, 그들의 행위를 믿음으로 보셨다. 물론 그들이 예수님께서 그 병자를 고치실 수 있다는 확신을 갖고 있었다는 것을 아셨다. 그럼에도 불구하고 '예수님께서 그들의 믿음을 보시고'라고 말씀하신 것은 단순히 그들 마음의 병 고치심에 대한 믿음만을 말하는 것이 아니라 그들의 선한 행동 그 자체를 예수님께서는 믿음의 행위로 보신 것이다.

· 우리가 한 영혼을 불쌍히 여기는 그 자체를 주님은 믿음으로 보신다.
· 우리가 혼자 할 수 없어 함께 그 일을 행해 보려는 그들의 행동을 믿음으로 보신다.
· 예수님께서 고쳐 주실 것이라는 그들의 확신 그 자체를 믿음으로 보신다.
· 포기하지 않고 그 사람을 끝까지 주님 앞으로 인도하려는 그 마음을 믿음으로 보신다.
· 손해를 감수하고서라도 그 사람의 생명을 살려보려는 그들의 마음을 믿음으로 보신다.
· 이 모든 행위를 예수님께서는 믿음으로 보신다.

(4) 병을 고치시는 권세, 땅에서도 죄를 용서하시는 권세, 악한 영을 꾸짖으시는 권세

예수님은 바로 이 병자를 고치신다. 이 병자를 고치실 때 주님은 하나님이 자신에게 주신 권세를 사용하신다. 악한 무리들은 바로 이 권세를 사용하는 데 있어서 도전하기 시작한다. 그들은 '무슨 권세로 이런 일을 하는가' 하고 그에게 도전하지만, 주님은 당당하게 하나님이 주신 권세를 사용하신다. 주님이 사용하시는 권세는 다음과 같다.

· 병을 고치시는 권세
· 죄를 용서하시는 권세
· 악한 영들을 과감히 말씀으로 제압하시는 권세

(5) 이 믿음의 사람으로 말미암아 죽음으로부터 완전한 자유함을 얻은 사람

이 사람은 사실 죽은 목숨이었다. 그러나 그 사람의 영혼을 진심으로 사랑하는 사람들의 열정과 예수님의 권세는 이 사람을 완전히 일으켜 죽음 가운데 완전히 자유함을 얻은 사람으로 거듭나게 하였다. 그는 적어도 다음과 같은 상황에서 자유함을 얻었다.

· 죽음으로부터의 자유함
· 지독한 고독으로부터의 자유함
· 말로 다할 수 없는 고통으로부터의 자유함
· 극도의 불안감과 낮은 자존감으로부터의 자유함

· 사회적 분리로부터의 자유함

· 찬양하는 삶으로의 전환

· 고백하는 신앙으로의 전환

· 감사하는 신앙으로의 전환

· 나누는 삶으로의 전환

· 기쁨의 삶으로의 전환

· 남을 이해하는 사람으로의 전환

· 하나님을 경배하는 사람으로의 전환

(6) 이로 인하여 예수님의 권세에 압도당하는 무리와 그들의 찬양

한 영혼을 불쌍히 여기던 사람들의 열심과 예수 그리스도의 권세는 결국 죽어 가던 사람을 살리며 그에게 새로운 삶을 가져다주었다. 그는 예수님의 명령에 따라 자기 자리에서 일어나 스스로 걸어 나갔다. 사람들은 완전히 예수님의 권세에 압도당하고 말았다. 그리고 하나님을 찬양하는 자리로 나아갔다.

⁷ 그가 일어나서, 자기 집으로 돌아갔다.
⁸ 무리가 이 일을 보고서 두려움에 사로잡히고, 이런 권세를 사람들에게 주신 하나님께 영광을 돌렸다.

그랬다. 그들은 이런 예수님의 권세에 대하여 놀랐을 뿐만 아니라 두려움에 사로잡혔다. 이런 권세를 주신 하나님께 큰 영광을 돌리며, 이제는 하나님을 찬양하는 삶을 살게 된 것이다. 예수님의 권세는 실로 대단하였다.

(7) 믿음의 사람의 열심과는 달리 책잡고자 모인 바리새인과 사두개인들의 열심

어떻게 해서든지 그 죽어 가는 영혼을 살리기 위해 할 수 있는 모든 방법을 동원하여 그 영혼을 주 앞으로 나아오게 했던 그들의 열심과는 달리 바리새인과 사두개인의 열심은 영혼을 구원하고자 하는 사람들의 열심과는 전혀 다른 것이었다. 그것은 문제를 삼으려는 열심이었다. 누가복음 5장에 나타난 그들의 열심을 보자.

〈눅 5:17〉

[17] 어느 날 예수께서 가르치시는데, 갈릴리와 유대의 모든 마을과 예루살렘에서 온 바리새파 사람들과 율법교사들이 둘러앉아 있었다.

[2] … 예수께서 그들의 믿음을 보시고, 중풍병 환자에게 "기운을 내라, 아들아, 네 죄가 용서함을 받았다" 하고 말씀하셨다.

[3] 그래서 율법학자 몇이 '이 사람이 하나님을 모독하는구나' 하고 속으로 말하였다.

(8) 그들의 마음속의 악함을 지적하시고 그들을 권세로서 제압하시는 주님

예수님은 그들의 순수하지 못한 마음과 악한 영에 사로 잡혀 모든 것을 문제화하려는 마음을 정확하게 파악하셨다. 그리고 그들을 주님의 권세로 꾸짖으시고 제압하셨다.

[4] 예수께서 그들의 생각을 아시고 말씀하셨다. "어찌하려고, 너희는 마음 속에 악한 생각을 품고 있느냐?

⁵ '네 죄가 용서함을 받았다' 하고 말하는 것과 '일어나서 걸어가거라' 하고 말하는 것 가운데서, 어느 쪽이 더 말하기가 쉬우냐?

⁶ 그러나 인자가 땅에서 죄를 용서하는 권세를 가지고 있음을 너희들이 알게 하겠다." 그리고 예수께서는 중풍병 환자에게 "일어나서, 네 침대를 거두어 가지고 네 집으로 가거라" 하시니,

⁷ 그가 일어나서, 자기 집으로 돌아갔다.

(9) 그들은 결국 믿음의 사람이 받았던 칭찬과는 달리 창피를 당했다.

온 무리는 바로 예수님의 권세에 압도당하였다. 그리고 칭찬 대신 말할 수 없는 창피를 당했다. 성경은 다음과 같이 표현하고 있다.

⁸ 무리가 이 일을 보고서 두려움에 사로잡히고, 이런 권세를 사람들에게 주신 하나님 께 영광을 돌렸다.

우리는 본문을 통하여 다양한 무리들을 만날 수 있다. 첫째는, 죽어 가는 한 영혼을 살리기 위해 할 수 있는 모든 방법을 동원하여 그를 주 앞에 데려온 믿음의 사람들이고, 둘째는 강력한 영적인 권세와 능력으로 죽어 가는 자를 살리시고 영권에 도전하는 자를 권세로서 이기시는 예수님이며, 셋째는 이 두 무리와는 전혀 달리 얄팍한 권위와 지위로서 문제를 삼아 보려하고 시기와 질투에 이끌려 도전하다 큰 창피를 당하는 무리들이다. 따라서 본문을 볼 때, 단순히 예수님께서 중풍병자를 고치신 사건만을 바라보기보다는 예수님과 한 영혼을 불쌍히 여기는 무리들의 마음과는 달리 이 구원 사역을 방해하는 무리들이 있음을 함께 살펴볼 수 있어야 한다.

결론적으로 말해 우리에게는 이 두 가지 마음이 필요하다. 첫째는 죽어 가는 한 영혼을 살려 내기 위하여 그들을 주 앞으로 인도하는 뜨거운 사랑의 마음이고, 둘째는 예수 그리스도의 권능과 권세를 우리도 사용하여 죽어 가는 영혼들을 이 땅에서 살려 내려는 마음이다. 이것이 교회의 사명이요, 우리의 사명인 것이다.

17. 마 9:9-13은 단순히 '모든 것을 버리고 주님을 따르라'가 주제가 아니다

일반적 제목	모든 것을 버리고 주님을 따르라
통전적 제목	나는 의인을 부르러 온 것이 아니라 죄인을 부르러 왔다

이 본문 말씀은 우리가 수없이 듣고 읽은 말씀이다. 이 말씀은 보통 '모든 것을 버리고 주님을 따르라'는 제목으로 선포된다. 그러나 이 말씀을 보다 깊이 묵상하면, 다시 말해 마태복음만이 아니라 다른 복음서를 참고해 묵상하면 결코 이 말씀에 그 제목을 붙일 수 없다는 결론에 이르게 된다. 오히려 '나는 의인을 부르러 온 것이 아니라 죄인을 부르러 왔다'가 더 적절한 제목임을 발견하게 된다. 그 이유는 아래와 같다.

⁹ 예수께서 거기에서 떠나서 길을 가시다가, 마태라는 사람이 세관에 앉아 있는 것을 보시고 "나를 따라오너라" 하고 말씀하셨다. 그는 일어나서, 예수를 따라갔다.
¹⁰ 예수께서 집에서 음식을 드시는데, 많은 세리와 죄인이 와서, 예수와 그 제자들과 자리를 같이하고 있었다.
¹¹ 바리새파 사람들이 이것을 보고, 예수의 제자들에게 "어찌하여 당신네 선생은 세리와 죄인들과 어울려서 음식을 드시오?" 하고 말하였다.

¹² 예수께서 그 말을 듣고 말씀하셨다. "건강한 사람에게는 의사가 필요하지 않으나, 병든 사람에게는 필요하다.
¹³ 너희는 가서 '내가 바라는 것은 자비요, 희생제물이 아니다' 하신 말씀이 무슨 뜻인지 배워라. 나는 의인을 부르러 온 것이 아니라, 죄인을 부르러 왔다."

막 2:13-14

¹³ 예수께서 다시 바닷가로 나가셨다. 무리가 모두 예수께로 나아오니, 그가 그들을 가르치셨다.

¹⁴ 예수께서 길을 가시다가, 알패오의 아들 레위가 세관에 앉아 있는 것을 보시고 "나를 따라오너라" 하고 말씀하셨다. 레위는 일어나서, 예수를 따라갔다.

눅 5:27-29

²⁷ 그 뒤에 예수께서 나가셔서, 레위라는 세리가 세관에 앉아 있는 것을 보시고 "나를 따라오너라" 하고 말씀하셨다.
²⁸ 레위는 모든 것을 버려두고, 일어나서 예수를 따라갔다.

²⁹ 레위가 자기 집에서 예수에게 큰 잔치를 베풀었는데, 많은 세리와 그 밖의 사람들이 큰 무리를 이루어서, 그들과 한 자리에 앉아서 먹고 있었다.

(1) 과연 예수님께서는 마태를 우연히 부르신 것일까? 또한 마태는 우연히 주님을 따른 것일까?

우리는 본문을 읽다 보면, 말씀 중 정말 이해할 수 없는 부분이 한두 군데가 아님을 알 수 있다. 오늘의 말씀을 보면 모든 것이 우연의 연속처럼 보인다. 예를 들어 '예수께서 길을 가시다가…'라는 대목에서나 알패오의 아들 레위가 세관에 앉아 있는 것을 보시고 '나를 따르라'고 하신 말씀이나, 마태가 순순히 예수님을 따라간 사건이나 기타 모든 사건을 그대로 접하다 보면 '어떻게 이런 황당한 일이 있을 수 있으며, 우연한 사건이 있을 수 있는가?'라는 생각을 떨쳐 버릴 수가 없다.

· 길을 가시다가
· 알패오의 아들 레위가 세관에 앉아 있는 것을 보시고 나를 따르라 하셨다.
· 레위는 일어나서 예수님을 따라갔다.
· 레위는 모든 것을 버려두고 예수님을 좇아갔다.

정말 이해할 수 없는 노릇이다. 상식적으로는 도무지 이해가 되지 않는 말씀이다. 예수님은 이렇게 우연히 만난 사람들을 제자로 삼을 분이신가? 그리고 우연히 만난 사람을 자신의 스승으로 모시고 모든 것을 버려두고 예수님을 좇았다니… 이 얼마나 당황스러운 일인가?

(2) 왜 하필 마태를 부르셨을까?

예수님은 왜 느닷없이 세관에 앉아 있는 마태를 부르셨으며, 왜 마태는 느닷없이 예수님을 따랐을까? '그 많은 사람들 중에…' 이것은 위에서 이미 언급한 말씀이다. 정말 이상한 일이다. 그러나 우리는 이에 대한 대답을 바리새인과 예수님의 대화에서 그 실마리를 찾을 수 있다. 예수님은 마태, 즉 죄인과 세리의 대표자로서의 마태를 예수님의 제자에 포함시킴으로써 그가 오신 것의 목적을 분명히 하고 있다. 다시 말해서 분명히 예수님은 세리와 죄인 같은 사람들을 위하여 오셨다는 것을 명백히 하고 있는 것이다.

> [11] 바리새파 사람들이 이것을 보고, 예수의 제자들에게 "어찌하여 당신네 선생은 세리와 죄인들과 어울려서 음식을 드시오?" 하고 말하였다.
> [12] 예수께서 그 말을 듣고 말씀하셨다. "건강한 사람에게는 의사가 필요하지 않으나, 병든 사람에게는 필요하다.

이들이 병든 사람이라는 것이다. 마음의 상처가 많은 사람들이라는 것이다. 그리고 예수님은 여기서 의사에 대하여 말씀하신다. 그들에게는 의사가 필요하며 예수님은 바로 이들을 위해 의사로 오셨다는 것을 분명히 하고 있다. 마태, 즉 세리인 레위는 치료가 필요한 병든 사람이라는 것이다. 그래서 주님은 그 대표자로서 마태를 부르신 것이다.

(3) 그렇다면 과연 마태는 아무 고민 없이 예수님을 좇았을까?

성경은 뜬금없이 마태가 모든 것을 버려두고 예수님을 좇았다고 말한다. 예수님은 아무 고민도 하지 않고 그냥 마태를 부르시고, 마태는 아무 고민도 하지 않고 예수님을 좇고…. 그런 이야기 같다. 그러나 사실을 알고 보면 전혀 그렇지 않다.

〈눅 5:28-29〉
28 레위는 모든 것을 버려두고, 일어나서 예수를 따라갔다.
29 레위가 자기 집에서 예수에게 큰 잔치를 베풀었는데,

우리는 이 대목에서 마태가 심각한 고민을 한 것을 볼 수 있다. 그리고 예수님께서 죄인인 그를 제자로 부르시자 너무나 기뻐 큰 잔치를 베풀었다는 것을 알 수 있다. 여기저기 수많은 죄인들도 있었고 율법교사와 바리새인들도 있었다. 마태가 기뻐 큰 잔치를 베풀었다는 것은 결코 작은 사건이 아니다. 실로 대단히 큰 사건이다. 모든 것을 버려두고 예수님을 좇는데 무엇이 그리 기쁘고 무엇이 잔치할 일인가 하는 생각이 들 수도 있다. 그러나 그가 이런 큰 잔치를 벌였다는 것은 대단히 많은 것을 시사하고 있다. 그리고 모든 것을 버려두고 예수님을 좇았다는 것 역시도…. 그렇다면 그는 다음과 같은 생각을 하고 있었다는 말이다.

· 그가 하고 있는 일에 대하여 심각한 고민을 하고 있었다.
· 그가 하고 있는 일에 대하여 심각한 마음의 고통을 당하고 있었다.
· 언젠가 그가 하고 있는 일, 이 옳지 못한 일을 정리해야 하겠다고 생각하고 있었다.
· 그도 언젠가 인간다운 삶을 살고 싶다는 생각을 했다.

- 이런 그의 마음을 예수님은 알고 계셨다.
- 그는 이미 예수님이 어떤 분임을 알고 있었다.(그의 능력과 권세와 이적, 베푸심 등.)
- 그도 예수님에 대하여, 특히 자기와 같은 죄인도 사랑하신다는 말을 들었다.
- 그도 특별히 마음에 큰 동경을 가지고 예수님에 대하여 평소에 깊은 관심을 가졌다.
- 그런 그를 예수님께서 제자로 부르셨다.
- 그런 상황에서 마태는 예수님을 따르지 않을 이유가 없었다.
- 그는 너무나 기뻐 모든 사람을 불러 놓고 잔치를 베풀 수 있었다.

그는 고민하지 않았던 것이 아니다. 그는 정말 심각하게 고민했다. 그러나 예수님을 알고 그 예수님이 부르시자 그는 예수님을 즉각적으로 따를 수 있었다.

(4) 예수님을 믿고 따르는 마태와는 달리 예수님을 싸잡아 공격하는 종교 지도자 무리들

[11] 바리새파 사람들이 이것을 보고, 예수의 제자들에게 "어찌하여 당신네 선생은 세리와 죄인들과 어울려서 음식을 드시오?" 하고 말하였다.

(5) 세리와 죄인을 불쌍히 여기지 않는 그들이야말로 세리보다 더 나쁘고 죄인보다 더 악하다.

마태는 너무나 기뻐 예수님과 그의 제자, 그리고 수많은 사람들을 위하여 잔치를 베풀었다. 그러나 항상 예수님의 이러한 일에 대하여 반기를 드는 사람들이 있었는데, 그들은 바리새파 사람들이었다. 그들이야말로 종교인으로서 거룩하게 산다면서, 하나님의 뜻대로 산다면서 늘 남을 비판하고 남이

잘 되는 것을 시기하고 질투하였다. 예수님께서는 그들을 향하여 세리보다 나쁘고 죄인들보다 악하다고 하셨다. 주님은 이렇게 말씀하신다.

> 13 너희는 가서 '내가 바라는 것은 자비요, 희생제물이 아니다' 하신 말씀이 무슨 뜻인 지 배워라.

이는 참으로 단호한 말씀이다. 너희 종교인들은 도무지 자비도 없고, 죄 인과 세리를 불쌍히 여기기도 않고, 그저 종교적 규율과 잣대에 얽매여 사람 을 옭아매려고 한다는 말이다. 너희들이야말로 진정한 죄인이며 너희들이야 말로 세리보다 더 독한 놈들이라는 것을 말씀하고 계신 것이다.

(6) 예수님의 명확한 가르침: 나는 의인을 부르러 온 것이 아니라 죄인을 불러 회개시키러 왔다.

주님은 이 대목에서 세리 마태를 그의 제자로 부르신 목적과 이 사건을 통하여 그가 이 세상에 왜 오셨는지를 너무나 분명하게 말씀하고 계신다.

> 12 예수께서 그 말을 듣고 말씀하셨다. "건강한 사람에게는 의사가 필요하지 않으나, 병든 사람에게는 필요하다."
> 13 … 나는 의인을 부르러 온 것이 아니라, 죄인을 부르러 왔다.

그렇다. 주님은 아주 분명하게 말씀하신다. "나는 의인을 부르러 온 것이 아니라 죄인을 부르러 왔다." 그리고 주님은 건강한 사람을 위해서 온 것이 아니라 병든 사람을 위해서 그들을 고치는 의사로 오셨다는 것이다. 주님의 말씀은 아주 단호하다. 이것은 누가복음에서도 분명하게 나타난다.

〈눅 15:7〉

7 내가 너희에게 이르노니 이와 같이 죄인 한 사람이 회개하면 하늘에서는 회개할 것
없는 의인 아흔아홉으로 말미암아 기뻐하는 것보다 더하리라.(개역개정)

〈딤전 1:15〉

15 미쁘다 모든 사람이 받을 만한 이 말이여 그리스도 예수께서 죄인을 구원하시려고
세상에 임하셨다 하였다. 죄인 중에 내가 괴수니라.(개역개정)

(7) 오늘날 한국교회는 도대체 누구를 위하여 존재하며, 과연 예수님의 이러한 가르침을 따르고 있는가?

예수님께서 마태를 부르신 이유는 바로 그가 죄인 중의 죄인이기 때문이었다. 그리고 이 사건을 통하여 주님은 죄인을 부르고 병든 자들을 고치기 위하여 오셨음을 분명하게 말씀하고 있다. 그러나 오늘의 교회는 어떠한가? 이런 예수님의 정신을 고스란히 이어 받고 진정으로 이 일에 몰두하며 이 일을 우선적으로 수행하는가? 그렇지 않다면 우리 교회도 예수님의 비판을 면치 못할 것이다.

만약 우리가 이 본문을 전통적으로 붙이는 제목, 즉 '모든 것을 버리고 주를 따른 마태'라고 한다면 이 역시 본문의 일부분만 가지고 설교했다고 말할 수밖에 없다. 그러므로 이 본문의 제목은 '모든 것을 버리고…'보다는 '나는 의인을 부르러 온 것이 아니라 죄인을 부르러 왔다'가 더 적합한 제목이 된다.

18. 마 9:14-17은 단순히 '새 포도주는 새 틀에'가 주제가 아니다

일반적 제목	새 포도주는 새 틀에
통전적 제목	고리타분한 전통의 틀을 벗어나 새 시대, 즉 복음을 영접하라

이 본문이야말로 목회자들이 성도들에게 전하기를 선호하는 말씀이라고 볼 수 있다. '새 포도주는 새 틀에'라는 제목으로 말이다. 그러나 본문은 결코 이 제목을 중심으로 설교해서는 안 된다. '새 포도주는 새 틀에'는 이 본문이 말씀하고 있는 어떤 한 부분에 지나지 않기 때문이다. 이 본문을 통전적으로 설교하려면 우선 다른 복음서에서 이 본문을 어떻게 바라보고 있는지, 어떤 부분을 강조하고 있는지를 반드시 살펴보아야 한다. 마태복음만이 아니라 다른 복음서를 참고해서 통합적으로 본문을 대할 때는 '고리타분한 전통의 틀을 벗어나 새 시대, 즉 복음을 영접하라'는 주제가 더 확실한 주제가 된다. 그 이유는 아래와 같다.

¹⁴ 그 때에 요한의 제자들이 예수께 와서 물었다. "우리와 바리새파 사람은 자주 금식을 하는데, 왜 선생님의 제자들은 금식을 하지 않습니까?" (다른 고대 사본들에는 '자주'가 없음)

¹⁵ 예수께서 그들에게 말씀하셨다. "혼인 잔치의 손님들이 신랑과 함께 있는 동안에 슬퍼할 수 있느냐? 그러나 신랑을 빼앗길 날이 올 터이니, 그 때에는 그들이 금식할 것이다.

¹⁶ 생베 조각을 낡은 옷에다가 대고 깁는 사람은 없다. 그렇게 하면, 새로 댄 조각이 그 옷을 당겨서, 더욱더 크게 찢어진다.

¹⁷ 새 포도주를 낡은 가죽 부대에 담는 사람은 없다. 그렇게 하면, 가죽 부대가 터져서, 포도주는 쏟아지고, 가죽 부대는 못 쓰게 된다. 새 포도주는 새 가죽 부대에 담아야 둘 다 보존된다."

막 2:18-22

¹⁸ 요한의 제자들과 바리새파 사람들은 금식을 하고 있었다. 사람들이 예수께 와서 물었다. "요한의 제자들과 바리새파 사람의 제자들은 금식을 하는데, 왜 선생님의 제자들은 금식을 하지 않습니까?"

¹⁹ 예수께서 그들에게 말씀하셨다. "혼인 잔치에 온 손님들이, 신랑과 함께 있는 동안에 금식할 수 있느냐? 신랑을 자기들 곁에 두고 있는 동안에는 금식할 수 없다.

²⁰ 그러나 신랑을 빼앗길 날이 올 터인데, 그 날에는 그들이 금식할 것이다."

²¹ 생베 조각을 낡은 옷에다가 대고 깁는 사람은 없다. 그렇게 하면 새로 댄 조각이 낡은 데를 당겨서, 더욱더 심하게 찢어진다.

²² 또 새 포도주를 낡은 가죽 부대에 담는 사람은 없다. 그렇게 하면 포도주가 가죽 부대를 터뜨려서, 포도주도 가죽 부대도 다 버리게 된다. 새 포도주는 새 가죽 부대에 담아야 한다."

눅 5:33-39

³³ 사람들이 예수께 말하였다. "요한의 제자들은 자주 금식하며 기도하고, 바리새파 사람의 제자들도 그렇게 하는데, 당신의 제자들은 먹고 마시는군요."

³⁴ 예수께서 그들에게 말씀하셨다. "너희는 혼인 잔치의 손님들을, 신랑이 자기들과 함께 있는 동안에 금식하게 할 수 없지 않느냐?

³⁵ 그러나 신랑을 빼앗길 날이 올 터인데, 그 날에는 그들이 금식할 것이다."

³⁶ 예수께서는 그들에게 또 비유를 말씀하셨다. "새 옷에서 한 조각을 떼어 내서, 낡은 옷에다가 붙이는 사람은 없다. 그렇게 하면, 그 새 옷은 찢어져서 못 쓰게 되고, 또 새 옷에서 떼어 낸 조각은 낡은 옷에 어울리지도 않을 것이다.

³⁷ 새 포도주를 낡은 가죽 부대에다가 넣는 사람은 없다. 그렇게 하면, 새 포도주가 그 가죽 부대를 터뜨려서, 포도주는 쏟아지고, 가죽 부대는 못 쓰게 된다.

³⁸ 새 포도주는 새 가죽 부대에 넣어야 한다.

³⁹ 묵은 포도주를 마시고 나서, 새 포도주를 원하는 사람은 없다. 묵은 포도주를 마신 사람은 '묵은 것이 좋다'고 한다."

(1) 전통에 따라 자주 금식하는 사람들, 그리고 전통만을 고수하는 원리주의자들

요한의 제자들과 바리새파 사람들 및 대부분의 이스라엘 사람들과 지도자들은 금식하기를 좋아하였다. 그러나 그들은 단순히 종교적 전통으로 금식하였고, 이것이 무슨 대단히 경건한 행위인양 착각하면서 온통 그 전통의 틀에 빠져서 헤어 나오지 못하였다.

그 대표적인 예가 바로 아모스에 나오는 금식이다. 이사야 58장 3-9절를 보면 그들이 얼마나 금식의 의미를 알지 못하고, 습관적이고 전통적으로 금식하고 있었는지를 살펴볼 수 있다. 뿐만 아니라 신약에도 이와 같은 형식적인 금식들이 너무나 성행하고 있었다.

(2) 모든 것을 자신의 잣대와 전통, 그리고 자신의 틀에 맞추어 남을 비판하는 무리들

¹⁴ 그 때에 요한의 제자들이 예수께 와서 물었다. "우리와 바리새파 사람은 자주 금식

을 하는데, 왜 선생님의 제자들은 금식을 하지 않습니까?"

심지어 그들은 예수님의 제자들을 비아냥거리기까지 하였다. 그들은 예수님의 제자들을 보고 '먹고 마신다'는 표현을 스스럼없이 사용하였다.

〈눅 5:33〉

[33] 사람들이 예수께 말하였다. "요한의 제자들은 자주 금식하며 기도하고, 바리새파 사람의 제자들도 그렇게 하는데, 당신의 제자들은 먹고 마시는군요."

(3) 예수님은 새로운 시대가 왔음을 선언하시고, 새로운 사고의 필요성을 설명하셨다.

그들의 어이없는 비판과 도전에 대하여 그냥 넘어가실 예수님이 아니셨다. 예수님은 분명하고 설득력 있게 그들을 향해 정면으로 도전하시고, 아울러 그의 특유한 논리로서 그 사람들을 완전히 제압하셨다. 여기서 우리는 예수님의 논리와 설득력 있는 제압의 형태들을 살펴볼 수 있다.

· 예수님은 새로운 시대가 왔음을 선언하심.
· 그러나 그 전통을 원칙적으로 부인하지 않으심.
· 즉 자신이 신랑으로 오셨음을 선언하심.(신랑이 있는 동안에는 금식하지 않는다고 설득.)
· 낡은 전통만을 의미 없이 고수하는 것은 의미 없음을 선포하심.
· 새로운 시대에는 새로운 사고가 필요함을 역설하심.

[15] 예수께서 그들에게 말씀하셨다. "혼인 잔치의 손님들이 신랑과 함께 있는 동안에 슬퍼할 수 있느냐? 그러나 신랑을 빼앗길 날이 올 타이니, 그 때에는 그들이 금식할 것이다.

이 얼마나 시원한 반격인가? 예수님은 신랑으로 오셨다는 것이다. 혼인 잔치를 치르고 있는데, 그 신랑이 있는 동안에 금식하는 바보가 어디 있겠느냐는 것이다. 그러나 그 신랑을 빼앗길 때가 오면 그때 그들은 금식할 것이라고 말씀하신다.

여기서 예수님은 새로운 시대가 온 것과 자신이 신랑으로 왔음을 선포하신다. 또한 새로운 시대에는 새로운 사고가 필요함을 역설하시면서 동시에 낡은 전통만을 의미 없이 고수하는 일은 의미 없음을 선언하신다. 그렇다고 해서 예수님이 금식 자체를 부인하고 있는 것은 아니다. 다만 의미 없이 습관적으로 되풀이되거나, 아니면 이것이 다른 사람의 신앙을 공격하는 무기로 전락하는 것에 따른 가르침이었다.

(4) 예수님의 기가 막힌, 그리고 설득력 있는 반론들

이들을 반격하는 사람들에 대한 예수님의 설득은 항상 명쾌하고 분명하다. 그리고 너무나 설득력이 있고 신선하다. 그들이 상상할 수 없을 정도의 명쾌하고 분명한 논리를 제시하신다. 이것이 예수님의 논리이다.

· 혼인 잔치의 사람들은 신랑이 자기들과 함께 있는 동안에는 금식하지 않고, 떠난 후에 금식함.
· 새 옷에서 한 조각을 떼어 내어 낡은 조각에 붙이는 어리석은 사람은 없음을 말씀하심.
· 새 포도주를 낡은 가죽 부대에 넣는 어리석은 사람은 없음을 설명하심.
· 묵은 포도주를 마시고 새 포도주를 찾는 어리석은 사람은 없음을 설명하심.

16 생베 조각을 낡은 옷에다가 대고 깁는 사람은 없다. 그렇게 하면, 새로 댄 조각이 그

옷을 당겨서, 더욱더 크게 찢어진다.

¹⁷ 새 포도주를 낡은 가죽 부대에 담는 사람은 없다. 그렇게 하면, 가죽 부대가 터져서, 포도주는 쏟아지고, 가죽 부대는 못 쓰게 된다. 새 포도주는 새 가죽 부대에 담아야 둘 다 보존된다.

〈눅 5:39〉

³⁹ 묵은 포도주를 마시고 나서, 새 포도주를 원하는 사람은 없다. 묵은 포도주를 마신 사람은 '묵은 것이 좋다'고 한다.

이는 너무 재미있고, 아주 적절한 표현이다. 여기에 대해서 새로운 반격을 시도하기란 결코 쉽지 않다. 이것은 바로 예수님의 특유한 논리에서 나온 것이다.

(5) 이런 특유의 설득력과 논리는 어디에서 나오는 것일까?

예수님의 특유의 설득력과 논리는 바로 그의 영성에서 나오는 것이다. 그의 영성이란, 하나님으로부터 오는 지혜인데, 주님은 매일 아침 기도하심으로써 하나님으로부터 이러한 지혜와 능력과 권세를 공급받으셨다. 그는 말씀에 정통하시기에 얼마든지 그들의 공격을 차단할 수 있었다.

그들은 전통에 얽매어 새 포도주인 주님과 복음을 영접하지 못하였다. 우리가 전통의 틀에 매이게 될 때 우리는 주님과 그 새로운 말씀인 복음에 빠지지 못하게 된다. 따라서 우리 역시 전통의 틀을 벗어 버리고, 참되고 새로운 복음 안에서 살아가는 능동적인 삶을 살아야 한다.

이런 점에서 볼 때 본문의 핵심적 내용은 단순히 '새 포도주는 새 부대에'가 아님을 알 수 있다. 이는 정확히 말해서 '고리타분한 전통의 틀을 벗어나 새 시대, 즉 복음을 영접하라'는 주님의 준엄한 명령이다.

19. 마 9:35-38은 단순히 '복음의 추수할 일꾼들을 보내 주소서'가 주제가 아니다

일반적 제목	복음의 추수할 일꾼들을 보내 주소서
통전적 제목	예수님의 심정으로 무리를 불쌍히 여길 일꾼들을 보내 주소서

본문의 말씀이야말로 어떻게 보면 오늘날 설교되는 말씀 중에 가장 그 본래의 의미를 벗어나 설교하는 대표적인 말씀으로 볼 수 있다. 우리는 일반적으로 이 말씀을 항상 전도 설교로 사용하고 있고, 또한 추수할 일꾼에만 국한시키는 경우가 많다. 그러나 본문을 통전적으로 보면, 결코 그렇게 해석해서는 안 될 말씀임을 발견하게 된다. 본문을 통전적으로 묵상하면 '예수님의 심정으로 무리를 불쌍히 여기고 복음을 전할 일꾼들을 보내 주소서'라고 해야 더욱 정확해진다. 일꾼은 일꾼이되 '예수님의 심정으로 무리를 불쌍히 여길 일꾼들을 보내 주소서'라는 간절한 청원이다.

³⁵ 예수께서는 모든 성읍과 마을을 두루 다니시면서, 유대 사람의 여러 회당에서 가르치며, 하늘 나라의 복음을 선포하며, 모든 질병과 모든 아픔을 고쳐 주셨다.
³⁶ 예수께서 무리를 보시고, 그들을 불쌍히 여기셨다. 그들은 마치 목자 없는 양과 같이, 고생에 지쳐서 기가 죽어 있었기 때문이다.

³⁷ 그래서 제자들에게 말씀하셨다. "추수할 것은 많은데, 일꾼이 적다.
³⁸ 그러므로 너희는 추수하는 주인에게 일꾼들을 그의 추수밭으로 보내시라고 청하여라."

오늘의 말씀은 마 4:23과 너무나 흡사하다. 그러나 가만히 살펴보면 마 4:23의 말씀보다는 훨씬 구체적이고 예수님의 마음을 아주 잘 나타내고

있다. 이 본문의 말씀은 교회가 마땅히 해야 할 세 가지의 요소(가르침, 복음전도, 사회봉사)와 이 교회를 움직일 사람들의 자격에 대해 말해 주고 있다.

이 말씀은 첫째, 마태는 예수님의 사역을 어떤 각도에서 보고 있는지, 둘째, 이러한 사역을 하실 때 예수님께서는 어떤 마음으로 임하셨는지, 셋째, 예수님께서 이러한 마음으로 사역하신 이유가 무엇인지, 넷째, 예수님께서는 어떤 목자를 보내 달라고 하셨는지에 대해 나와 있다. 여기서 목자란 어떤 목자인가? 바로 예수님의 심장으로 이들을 불쌍히 여길 목자를 의미한다. 이 말씀은 통으로 보지 않고 부분적으로 보면 가장 오해하기 쉬운 말씀이기에 우리가 눈여겨보지 않으면 안 된다. 다시 말해서 본문을 통으로 보면 어떤 관점에서 예수님께서 이 말씀을 하셨는지를 알 수 있지만, '추수할 것은 많은데 일꾼이 적다. 그러므로 너희는 추수하는 주인에게 일꾼들을 그의 추수 밭으로 보내시라고 청하여라'는 말만 떼어서 생각하면 심각한 오해와 더불어 본문을 심각하게 잘못 이해할 수 있다.

(1) 예수 그리스도의 통전적 사역의 내용은 무엇인가?

마태는 첫 번째로 예수 그리스도의 사역을 통전적으로 이해하고 있다.

· 회당에서 가르치시고(가르침)
· 천국복음을 전파하시며(복음전도)
· 백성 중의 모든 병과 모든 약한 것을 고치시니(사회봉사)

그렇다. 예수님의 사역은 '가르침'(디다케), '천국복음의 전파'(케리그마), 그리고 '사회봉사'(디아코니아)라고 정확하게 명시하고 있다. 예수님의 사역이 바로 오늘날 교회의 본질로 보아야 한다. 교회의 본질은 디다케, 케리그마, 디아

코니아, 이렇게 셋으로 나눌 수 있다. 그리고 반드시 이와 같이 되어야 한다.

(2) 예수님께서는 그의 사역을 어떤 마음으로 수행하셨는가?

예수님은 단순히 그의 사역을 수행하실 때 의무감이나 소위 우리가 강조하는 사명감으로 감당하시지 않았다.

[36] 예수께서 무리를 보시고, 그들을 불쌍히 여기셨다.

· 진정으로 인간을 사랑하셨다.
· 진정으로 그들의 입장에서 감정이입을 하셨다.
· 진정으로 그들의 아픔에 동참하셨다.
· 그들의 아픔을 결코 자신과는 상관없는 일로 보지 않으셨다.

그렇다. 이것이 바로 사역자의 자세요, 교회의 자세가 되어야 한다. 우리가 주님의 사역을 감당하는 데 있어서 이러한 마음이 가장 중요하다. 우리는 예수님의 마음으로 사역에 임해야 한다.

(3) 예수님께서 이러한 마음으로 사역에 임하신 이유가 무엇인가?

세 번째로 마태는 복음을 기록하면서 왜 예수님께서 그렇게 안타깝고, 아픈 마음으로 사역에 임하셨는지에 대한 이유를 설명하고 있다.

[36] … 그들은 마치 목자 없는 양과 같이, 고생에 지쳐서 기가 죽어 있었기 때문이다.

- 그들의 상황이 목자 없는 양과 같이 이리저리 방황하고 있었다.
- 그들의 상황이 말도 못할 고생에 지쳐 있었다.
- 그래서 그들은 기가 죽어 어깨를 펴고 살지 못하고 있었다.

They were confused and helpless, like sheep without a shepherd(cev).

그들은 모두 사회적인 약자를 상징한다. 우리의 복음은 항상 사회적인 약자에서 출발해야 한다. 예수님이 온통 그의 사역을 철저히 사회적인 약자에 초점을 맞추셨다는 것은 부인할 수 없다. 바리새인과 서기관들은 항상 예수님에게 이러한 불만을 토로하였다. 왜 너는 죄인들과 세리들과 창녀들과 함께 노는가? 실제로 예수님의 사역은 틀림없이 이런 잃어버린 양을 위한 것이다. 예수님의 증언을 보자.

- 나는 죄인들을 위하여 왔다.
- 나는 잃어버린 양을 찾으러 왔다.
- 포로된 자를 자유하게 하기 위하여 왔다.

특히 예수님은 잃어버린 양을 위하여 오셨다고 누차 강조하고 있다. 목자 없는 양의 상태는 어떠한가? 고생에 찌든 사람들의 상황은 어떠한가? 기가 죽어 어깨를 펴지 못하고 사는 사람들의 상황은 어떠한가? 이들이 도대체 누구인가? 우리의 교회가 해야 할 일이 무엇인가를 분명하게 설명하고 있는 것이 아닌가?

- 목자 없는 양은 일단 배가 고프다.
- 목자 없는 양은 어디로 갈지 몰라 이리저리 방황한다.

· 목자 없는 양은 항상 두려움에 빠져 있다. 보호해 줄 목자가 없기 때문이다.

· 찌들고 찌든 고생의 상황에 있는 사람은 살아 볼 희망을 가지지 않는다.

· 기가 죽어 있는 사람은 다시 일어날 용기조차 갖지 못한다.

이것이 사회적 약자의 입장이다. 예수님은 바로 이들을 위하여 일하셨다. 우리 교회의 사명을 다시 한 번 생각해 보아야 할 중요하고도 중요한 이유가 아닐 수 없다.

(4) 예수님께서는 어떤 목자를 보내 달라고 하셨는가?

엄청나게 몰려드는 무리, 즉 아무리 고쳐도 또 주 앞으로 나아오는 무리와 아무리 먹여도 꾸역꾸역 주님 앞으로 몰려드는 불쌍한 무리를 보고 예수님은 너무나 가슴이 아프셨다. '할 일은 많은데, 도와주어야 할 사람은 많은데 실제로 이들을 도울 사람이라고는 12명의 제자들밖에 없으니… 이 일을 어찌할꼬? 이 일을 꼭 하긴 해야 하는데 사람이 없으니….' 이것이야말로 주님의 탄식이다.

여기서 우리는 '목자'가 과연 어떤 목자인지를 살펴볼 필요가 있다. 단순히 지금까지 교회가 선포했던 복음을 전파할 그런 목자인가, 아니면 예수님의 마음으로 이들을 불쌍히 여기고 고쳐 주며 가르치는 그런 목자인가? 이 본문이 과연 단순히 복음을 들어야 할 사람은 많은데 복음 전파할 목자가 없다는 말로 해석할 수 있을까? 절대 그렇지 않다. 오늘의 말씀을 부분적으로 보면 그럴지 몰라도 전체적으로 보면 절대 그런 말씀이 아니다.

이 본문처럼 잘못 해석되는 경우도 없고 부분적으로 해석되는 경우도 없다. 예수님의 말씀은 절대 그런 차원에서 하신 말씀이 아니라는 것을 우리는 이해해야 한다. 예수님은 바로 예수님의 심정으로 그들을 불쌍히 여기고 그들에게 다가가 그들과 함께 울고 그들을 위로하고 그들에게 힘을 주고 그들을 먹일 수 있는 그런 목자를 보내 달라고 말씀하시는 것이다. 그러므로 본문의 말씀은 '복음의 추수할 일꾼들을 보내 주소서'라기보다는 '예수님의 심정으로 무리를 불쌍히 여길 일꾼들을 보내 주소서'가 옳다.

20. 마 10:1-4은 단순히 '열두 제자의 선택'이 주제가 아니다

일반적 제목	열두 제자의 선택
통전적 제목	열두 사도의 임직식과 그 임직식의 목적과 특징

우리는 본문 말씀을 '예수님께서 열두 제자를 선택하심'으로 이해하고 있다. 그러나 본문을 자세히 살펴보면 예수님께서 열두 제자를 선택하신 것이 주제가 아니라 예수님께서 그의 제자들을 임직하신 것과 아울러 그 임직식이 갖는 의미에 대하여 말씀하고 있음을 발견하게 된다.

¹ 예수께서 열두 제자를 가까이 부르셔서, 그들에게 악한 귀신을 제어하는 권능을 주시고, 악한 귀신을 내쫓고 온갖 질병과 모든 허약함을 고쳐 주게 하셨다.
² 열두 사도의 이름은 이러하다. 베드로라고 부르는 시몬을 비롯하여, 그의 동생 안드레와 세베대의 아들 야고보와 그의 동생 요한과
³ 빌립과 바돌로매와 도마와 세리 마태와 알패오의 아들 야고보와 다대오와
⁴ 가나안 사람 시몬과, 예수를 넘겨 준 가룟 사람 유다이다.

막 3:13-19

¹³ 예수께서 산에 올라가셔서, 원하시는 사람들을 부르시니, 그들이 예수께로 나아갔다.
¹⁴ 예수께서 열둘을 세우시고 그들을 사도라고 이름하셨다. 이것은, 예수께서 그들을 자기와 함께 있게 하시고, 또 그들을 내보내어서 말씀을 전파하게 하시며,
¹⁵ 귀신을 내쫓는 권능을 가지게 하시려는 것이었다.
¹⁶ 예수께서 열둘을 임명하셨는데, 그들은, [베드로라고 이름을 지어 주신] 시몬과,
¹⁷ '천둥의 아들'을 뜻하는 보아너게라는 이름을 지어 주신 세베대의 아들 야고보와 그의 동생 요한과,
¹⁸ 안드레와 빌립과 바돌로매와 마태와 도마와 알패오의 아들 야고보와 다대오와 가나안 사람 시몬과,
¹⁹ 예수를 넘겨 준 가룟 유다이다.

눅 6:12-16

¹² 그 무렵에, 예수께서 기도하려고 산으로 떠나가서, 밤을 새우면서 하나님께 기도하셨다.
¹³ 날이 밝을 때에, 예수께서 자기의 제자들을 부르시고, 그 가운데서 열둘을 뽑으셨다. 그들을 사도라고도 부르셨는데,
¹⁴ 그들은, 예수께서 베드로라고 이름을 지어주신 시몬과 그의 동생 안드레, 그리고 야고보와 요한과 빌립과 바돌로매와

¹⁵ 마태와 도마와 알패오의 아들 야고보와 열혈당원이라고도 하는 시몬과
¹⁶ 야고보의 아들 유다와 배반자가 된 가룟 유다이다.

(1) 본문은 열두 제자를 선택하는 장면이 아니라 열두 제자의 사도 임명식이다.

이 본문의 주제를 위와 같이 본다면, '부르심'과 '택하심'이 다른 의미를 갖고 있다는 것을 알게 된다. 일단 마가복음에는 예수님께서 제자들을 부르시는 장면이 나온다. 그런데 여기서는 예수님이 제자들을 한번에 부르신 것처럼 되어 있다. 그러나 사실은 그렇지 않다. 예수님께서는 제자들을 각각 다른 방법으로 부르셨다. 베드로와 안드레, 야고보와 요한은 고기를 잡을 때, 마태는 세관에 앉아 있을 때, 빌립과 바돌로매는 또 다른 특별한 방법으로…. 그런데 왜 마가복음에는 예수님께서 산에 올라가셔서 그가 원하는 사람들을 불렀을 때 그들이 예수님께로 나아갔다고 기록하고 있을까? 그리고 이어서 예수님께서 열두 명을 임명하셨다는 내용이 나오는 것일까? 그렇다면 오늘의 이 장면은 바로 열두 제자의 사도 임명식이지, 예수님이 제자들을 부르시는 장면은 아니라고 짐작해 볼 수 있다.

〈막 3:16〉

¹⁶ 예수께서 열둘을 임명하셨는데….

그리고 마 10:1에는 '가까이 부르셔서'라고 기록되어 있다. '가까이 부른 다'는 말은 무슨 말인가? 이것은 그냥 부르심과는 다른 의미를 가지고 있다 고 보아야 한다.

〈막 3:13-15〉

¹³ 예수께서 산에 올라가셔서, 원하시는 사람들을 부르시니, 그들이 예수께로 나아갔 다.

¹⁴ 예수께서 열둘을 세우시고 그들을 사도라고 이름하셨다. 이것은, 예수께서 그들을 자기와 함께 있게 하시고, 또 그들을 내보내어서 말씀을 전파하게 하시며,

¹⁵ 귀신을 내쫓는 권능을 가지게 하시려는 것이었다.

막 3:13에는 '원하시는 사람을 부르시니'라고 기록되어 있다. 그리고 그들 이 예수님께로 나아갔다고 전하고 있다. 그렇다면 그 주변에 다른 많은 사 람들도 있었다는 말이고, 예수님께서 그들의 이름을 부르셨을 때 그들이 예 수님 앞에 나아갔다는 말이다. 분명히 각각의 복음서에는 개인적으로 부르 신 장면을 묘사하고 있지만, 또 각각의 복음서에는 전체적인 부르심에 대하 여 분명히 언급하고 있다. 이것으로 보아 예수님은 각각의 제자들을 부르셨 다가 오늘에야 열두 제자를 완성하신 것으로 볼 수 있다.

(2) 열두 사도 임직의 목적

그렇다면 열두 사도의 임직의 목적은 무엇일까? 마태복음 10장의 임직 사건은 마태복음 9장 35절의 말씀과 연결되는 구절이다.

¹ 예수께서 열두 제자를 가까이 부르셔서, 그들에게 악한 귀신을 제어하는 권능을 주

시고, 악한 귀신을 내쫓고 온갖 질병과 모든 허약함을 고쳐 주게 하셨다.

마태복음에는 그 목적이 분명하게 등장한다.

· 가까이 부르셔서
· 그들에게 악한 귀신을 제어하는 권능을 주시고
· 귀신을 내쫓고 온갖 질병과 모든 허약함을 고쳐 주게 하셨다.

그리고 마가복음에는 열둘을 세우시고 드디어 그들을 사도라고 부르셨다. 그리고 그 목적을 기술하고 있다.

· 자기와 함께 있게 하시고
· 그들을 내보내서 말씀을 전파하게 하시며
· 귀신을 내쫓는 권능을 갖게 하시려는 것이었다.

(3) 열둘을 사도로 임직하신 예수님의 방법

예수님은 열둘을 세워 사도의 직분을 주시는 데 있어서 신중에 신중을 기하시고 절대적으로 하나님의 허가를 받아 이 사람들을 세우셨다.

〈눅 6:12-13〉

¹² 그 무렵에, 예수께서 기도하려고 산으로 떠나가서, 밤을 새우면서 하나님께 기도하셨다.

¹³ 날이 밝을 때에, 예수께서 자기의 제자들을 부르시고, 그 가운데서 열둘을 뽑으셨다. 그들을 사도라고도 부르셨는데,

· 밤을 새워 기도하시면서

· 아버지의 뜻을 물어

· 열둘을 뽑아 사도로 세우셨다.

(4) 왜 하필 열둘이며, 왜 이러한 구성일까? 그들에게는 독특한 특징이 있었다.

우리가 제일 먼저 질문을 던져야 할 것은 '왜 열두 명이었는가?'이다. 그리고 그 열두 명은 어떤 특징들을 가지고 있으며, 이러한 사람들을 부르신 주님의 의도는 무엇이었는지를 살펴볼 필요가 있다.

1) 그들은 대단한 특징을 가진 사람들이었다.

마가복음에는 열두 사도의 특징들을 잘 묘사하고 있다.

〈막 3:16-19〉
[16] 예수께서 열둘을 임명하셨는데, 그들은, [베드로라고 이름을 지어 주신] 시몬과,
[17] '천둥의 아들'을 뜻하는 보아너게라는 이름을 지어 주신 세베대의 아들 야고보와 그의 동생 요한과,
[18] 안드레와 빌립과 바돌로매와 마태와 도마와 알패오의 아들 야고보와 다대오와 가나안 사람 시몬과,
[19] 예수를 넘겨 준 가룟 유다이다.

누가복음에서도 이와 비슷한 기록을 하고 있다.

〈눅 6:14-16〉

14 그들은, 예수께서 베드로라고 이름을 지어 주신 시몬과 그의 동생 안드레, 그리고 야고보와 요한과 빌립과 바돌로매와

15 마태와 도마와 알패오의 아들 야고보와 열혈당원이라고도 하는 시몬과

16 야고보의 아들 유다와 배반자가 된 가룟 유다이다.

· 베드로라고 이름을 지어 주신 시몬

· '천둥의 아들'을 뜻하는 보아너게라는 이름을 지어 주신 세베대의 아들 야고보

· 열혈당원이라고 하는 시몬

· 알패오의 아들 야고보

· 세 성경 모두에서 예수님을 넘겨준 가룟 유다(배반자가 된 가룟 유다라는 것을 꼭 기록하고 있음)

2) 그들은 대부분 친분관계를 유지하고 있었다.

또 하나의 특징은 열두 명의 사도가 형제나 친구 관계를 형성하고 있다는 것이다. 베드로와 안드레, 야고보와 요한, 빌립과 바돌로매(돌로매의 아들 나다나엘) 등.

〈마 10:3〉

3 빌립과 바돌로매와 도마와 세리 마태와 알패오의 아들 야고보와 다대오와

〈막 3:18〉

18 안드레와 빌립과 바돌로매와 마태와 도마와 알패오의 아들 야고보와 다대오와 가나안 사람 시몬과,

〈눅 6:14〉

14 그들은, 예수께서 베드로라고 이름을 지어 주신 시몬과 그의 동생 안드레, 그리고 야고보와 요한과 빌립과 바돌로매와

〈행 1:13〉

13 들어가 그들이 유하는 다락방으로 올라가니 베드로, 요한, 야고보, 안드레와 빌립, 도마와 바돌로매, 마태와 및 알패오의 아들 야고보, 셀롯인 시몬, 야고보의 아들 유다가 다 거기 있어

3) 또 하나의 특징은 그들의 성격적 특징들이 너무나 대조적이라는 것이다.

· 베드로는 즉흥적이고 저돌적인 사람이다.
· 안드레는 부지런한 사람이다.
· 야고보는 우레의 아들이라고 할 만큼 격한 사람이다.
· 요한은 그야말로 사랑이 많고 자신을 나타내지 않는 사람이다.
· 빌립은 상당히 계산적인 사람이다.
· 도마는 무엇이든 꼼꼼히 따지는 성격의 사람이다.
· 마태는 모든 것을 버리고 주를 따르는 결단력 있는 사람이다.
· 가룻 유다는 계산에 밝은 사람이다.

그야말로 오합지졸이 아닌가? 이런 성격의 사람들이 한 자리에 모이면 그야말로 풍비박산이 날 텐데, 예수님을 중심으로 하나가 되었다는 것은 정말 불가사의한 일이 아닐 수 없다. 따라서 이것은 예수님이 바로 이들의 성격을 통해서도 주님의 일들을 감당하셨다는 말이 된다. 예수님 안에서는 모두 하나가 될 수 있고, 예수님 안에서는 서로 다름이 오히려 가장 이상적인 형

태가 될 수 있다.

이처럼 오늘의 본문은 예수님께서 그들을 선택하시고 제자로 부르셨는데, 그들의 임직 방법은 어떠했고 임직 목적은 무엇이었는지, 그리고 제자들의 특징은 무엇이었는지를 세밀하게 말씀하고 있다는 측면에서 단순한 제자로서의 부르심이 아님을 알 수 있다.

21. 마 10:34-39은 단순히 '내가 검을 주러 왔노라'가 주제가 아니다

일반적 제목	내가 검을 주러 왔노라
통전적 제목	그럼에도 불구하고 제자의 길을 가려느냐?

본문의 말씀은 대체적으로 '내가 검을 주러 왔노라'는 주제로 선포된다. 그러나 본문의 말씀을 보다 정밀하고 전체적으로 살펴보면 단순히 검을 주러 왔다는 말씀을 하시고자 함이 아님을 발견하게 된다. 이 말씀 전체를 아우를 수 있는 통전적인 제목은 '그럼에도 불구하고 제자의 길을 가려느냐?'라고 물으시는 예수님이라 할 수 있다. 그 이유는 아래와 같다.

³⁴ "너희는 내가 땅 위에 평화를 주러 온 줄로 생각하지 말아라. 평화가 아니라 칼을 주러 왔다.
³⁵ 나는 '아들이 제 아버지를, 딸이 제 어머니를, 며느리가 제 시어머니를 거슬러서 갈라서게' 하러 왔다.
³⁶ '사람의 원수가 제 집안 식구'일 것이다.
³⁷ 나보다 아버지나 어머니를 더 사랑하는 사람은 내게 적합하지 않고, 나보다 아들이나 딸을 더 사랑하는 사람도 내게 적합하지 않다.

³⁸ 또 자기 십자가를 지고 나를 따르지 않는 사람도 내게 적합하지 않다.
³⁹ 제 목숨을 얻으려는 사람은 목숨을 잃을 것이요, 나를 위하여 제 목숨을 잃는 사람은 목숨을 얻을 것이다."

눅 12:49-52

⁴⁹ "나는 세상에다가 불을 지르러 왔다. 불이 이미 붙었으면, 내가 바랄 것이 무엇이 더 있겠느냐?
⁵⁰ 그러나 나는 받아야 할 세례가 있다. 그 일이 이루어질 때까지, 내가 얼마나 괴로움을 당할는지 모른다.

⁵¹ 너희는, 내가 세상에 평화를 주러 온 줄로 생각하느냐? 내가 너희에게 말한다. 그렇지 않다. 도리어, 분열을 일으키러 왔다.
⁵² 이제부터 한 집안에서 다섯 식구가 서로 갈라져서, 셋이 둘에게 맞서고, 둘이 셋에게 맞설 것이다.

눅 14:25-27

²⁵ 많은 무리가 예수와 동행하였다. 예수께서 돌아서서 그들에게 말씀하셨다.
²⁶ "누구든지 내게로 오는 사람은, 자기 아버지나 어머니나, 아내나 자식이나, 형제나 자매뿐만 아니라, 심지어 자기 목숨까지도 미워하지 않으면, 내 제자가 될 수 없다.

²⁷ 누구든지 자기 십자가를 지고 나를 따라오지 않으면, 내 제자가 될 수 없다.

위의 본문을 읽을 때 10장 전체를 보지 않고 이 부분만을 떼어서 읽으면 엄청난 오해의 소지가 발생할 수 있다. 또한 마태복음뿐만 아니라 다른 복음서에 있는 내용도 함께 살펴보지 않으면 정확한 의미를 알 수 없다. 즉, 본문의 제목을 정할 때는 이와 관련된 모든 배경을 다 종합해야만 한다.

본문은 그리스도의 제자가 받아야 할 미움과 박해가 얼마나 심한지를 말하고 있다. 특히 이 사건에 대한 누가복음서의 설명은 바로 이 말씀의 열쇠라고 볼 수 있는데, 누가복음도 12장의 내용과 14장의 내용을 서로 연결해야 비로소 이 말씀의 전말을 이해하게 된다. 이런 측면에서 성경의 말씀을 단편적으로 보면 안 되고, 통전적으로 보아야 한다. 본문은 예수님의 제자가 되는 것은 가장 최우선적인 일이며, 이것으로 인하여 가족과 문제가 생기더라도 이를 감수하고서라도 따라야 한다는 것을 말씀하고 있다. 또한 이것이 바로 우리가 져야 할 십자가라는 것을 말씀하신다. 이것은 박해 중의 박해요 고난 중의 고난인데, 10장 전절의 박해와는 비교할 수 없는 또 다른 심각한 선택의 길이다. 예수님을 선택한다는 것은 가족이 분열되고 심지어 가족을 죽음의 자리에까지 내어 놓을 수도 있음을 의미한다. 그럼에도 불구하고 너희는 나를 선택하겠느냐는 극단적인 선택에 관한 말씀이다.

(1) 정말 오해의 소지가 많은 부분 – 난해한 부분 중 하나

본문은 잘못 해석하는 경우가 참으로 많다. 본문을 영적으로 해석하려는 사람들도 적지 않다.
예) 검 – 복음

(2) 본문의 배경 – 전절 연구

우리가 본문을 정확하게 해석하기 위해서는 본문을 통전적으로 접근해야 한다. 서론에서 밝힌 바와 같이 본문의 사건 하나만을 조명하게 되면 말씀이 통째로 흐트러진다. 그러나 10장 전체의 말씀과 이와 말씀을 같이 하는 다른 성경을 참고하여 전체적이고 통전적인 시각으로 본문을 본다면 말씀을 정확하게 해석할 수 있다. 이런 의미에서 본문이 어떤 상황에서 말씀되었는지를 살펴보아야 하는데, 이는 10장 전체 내용을 통해 알 수 있다.

10장에서는 예수님의 제자가 되는 길, 박해의 길, 고난의 길에 대하여 말씀하고 있다. 그리고 본문은 바로 그 연속적인 사건에 속한다. 만약 이 본문 하나만을 떼어 생각한다면 엄청난 오해가 발생할 수 있다. 이것은 철저히 위의 본문과의 연장선에서 생각해야지 본문만을 따로 구분하여 이해해서는 안 된다. 따라서 본문의 배경, 즉 전절에는 어떤 것을 다루고 있는지를 자세히 살펴볼 필요가 있다. 즉, 10장 전체를 배경으로 삼아야 한다. 10장 전체의 내용은 다음과 같다.

- 밤새 기도하심으로써 열두 제자를 선정하셨다(누가복음).
- 그들을 복음 현장에 보내시면서 양을 이리 가운데 보내는 것 같다고 하셨다.
- 복음 때문에 제자인 너희들은 사람들의 미움을 받을 것이라고 하셨다.
- 너희들은 지독한 박해를 경험할 것이라고 하셨다.
- 그러나 사람을 두려워하지 말고, 두려워할 자를 두려워하라고 하셨다.
- 예수님을 좇는 일로 인하여 심지어 가족과의 불화가 생길 수도 있다고 하셨다.
- 이것이 너희들이 져야 할 십자가라고 하셨다.
- '그럼에도 불구하고 너희들은 나를 따르겠느냐?'라고 하셨다.

이것이 바로 10장 전체의 내용이다. 그러므로 10장의 결론적인 말씀만을 가지고 접근하면 매우 곤란한 상태에 빠지게 된다.

(3) 최종적으로 예수님을 따르기 위해서는 가족의 불화도 감수해야 한다는 말이다.

주님은 이 말씀의 결론으로서 예수님을 주로 고백하고 따르는 데 있어서 최후에는 가족과의 문제도 발생할 수 있고, 가족과의 불화도 감수해야 할 일이 있음을 예견하신다.

[34] "너희는 내가 땅 위에 평화를 주러 온 줄로 생각하지 말아라. 평화가 아니라 칼을 주러 왔다.
[35] 나는 '아들이 제 아버지를, 딸이 제 어머니를, 며느리가 제 시어머니를 거슬러서 갈라 서게' 하러 왔다.
[36] '사람의 원수가 제 집안 식구'일 것이다.

결국 본문의 주제는 '칼을 주러 왔다'가 아니라 '그럼에도 불구하고 나를 따르겠느냐'이다. 그리고 계속 이어서 예수님을 따르는 것이 어떤 것인지에 대하여 말씀하고 있다. 예수님을 따르는 것은 모든 것을 포기해야 하는 상황에 처하게 할 수도 있는데, 이때 이것을 막는 사람들이 집안 식구 중에 있다는 말이다. 즉, 집안 식구들의 반대를 무릅쓰고 예수님을 따르는 것은 결코 쉽지 않다는 것을 말씀하고 있는 것이다.

마 10:21-22이 바로 이 장면에 등장해야 한다.

²¹ 장차 형제가 형제를, 아버지가 자식을 죽는 데에 내주며 자식들이 부모를 대적하여 죽게 하리라

²² 또 너희가 내 이름으로 말미암아 모든 사람에게 미움을 받을 것이나 끝까지 견디는 자는 구원을 얻으리라

다시 말해서 예수님을 따르는 사람들은 10장 전체의 내용처럼 엄청난 박해와 고난을 받게 될 것이라는 것이다. 그리고 그 고난과 박해 중에 가장 큰 것은 바로 가족으로부터 버림받는 것이다. 복음을 위해서 가족이 서로 반목하고 불화가 일어날 수도 있으며, 심지어 죽음으로 내몰릴 수도 있다는 극단적인 말씀을 하고 계신 것이다.

(4) 이것이 바로 예수님의 제자가 마땅히 져야 할 십자가라는 것이다.

〈눅 14:25-27〉

²⁵ 많은 무리가 예수와 동행하였다. 예수께서 돌아서서 그들에게 말씀하셨다.

²⁶ "누구든지 내게로 오는 사람은, 자기 아버지나 어머니나, 아내나 자식이나, 형제나 자

매뿐만 아니라, 심지어 자기 목숨까지도 미워하지 않으면, 내 제자가 될 수 없다.
 ²⁷ 누구든지 자기 십자가를 지고 나를 따라오지 않으면, 내 제자가 될 수 없다.

예수님의 말씀은 아주 단호하다. 누구든지 예수님의 제자가 된다는 것은 하나님께서 그렇게 귀하게 여기라고 말씀하신 부모마저도, 그의 삶을 지탱해 주는 형제마저도, 심지어 자기 목숨까지도 내어놓아야 한다는 것을 의미한다. 그렇지 않으면 진정한 제자가 될 수 없다는 것이다. 따라서 그만큼 강력한 결단 없이는 이 길을 갈 수 없다는 것을 강조하고 있는 것이다.

(5) 결론적으로 예수님을 따르는 것을 가장 최우선 자리에 두어야 한다는 말이다.

이 말씀은 결국 예수님을 따르는 것을 가족보다 더 우선시 해야 한다는 의미이다.

³⁷ 나보다 아버지나 어머니를 더 사랑하는 사람은 내게 적합하지 않고, 나보다 아들이
나 딸을 더 사랑하는 사람도 내게 적합하지 않다.
³⁸ 또 자기 십자가를 지고 나를 따르지 않는 사람도 내게 적합하지 않다.
³⁹ 제 목숨을 얻으려는 사람은 목숨을 잃을 것이요, 나를 위하여 제 목숨을 잃는 사람
은 목숨을 얻을 것이다.

그렇다. 이 말씀은 위의 말씀과 일맥상통하는 말이다. 부모와 형제보다도 아니 자신의 목숨을 내어놓는 일보다도 예수님을 따르는 일이 가장 최우선적인 자리에 있어야 하고, 이것을 가장 값지게 여길 수 있는 사람만이 진정한 제자의 자격을 갖출 수 있다고 선언하시는 것이다.

(6) 주님의 마지막 질문 - 그럼에도 불구하고 너는 나를 따르겠느냐?

물론 본문은 예수님께서 제자들에게 질문하는 형식으로 되어 있지 않다. 그러나 본문은 반드시 질문으로 끝나야 한다. 예수님의 진정한 제자가 되는 길은 결코 쉬운 길도 출세의 길도 아니다. 이것은 고난의 길이요 박해의 길이다. 심지어 가족을 죽음으로 내몰 수도 있고, 가족으로부터 버림받을 수도 있으며, 가족 간의 분란도 일어날 수 있다. 따라서 예수님께서 '그럼에도 불구하고 너희들은 진정 나를 따르겠는가?'라고 물으신다. 이것이 바로 본문의 핵심인 것이다. 따라서 본문은 '네가 검을 주러 왔다'가 아니라 '그럼에도 불구하고 너는 나의 제자가 되겠느냐'가 그 주제가 된다.

22. 마 11:1-19은 단순히 '천국은 침노하는 자가 차지한다'가 주제가 아니다

일반적 제목	천국은 침노하는 자가 차지한다
통전적 제목	복음을 영접하고 복음에 참여한 자가 요한보다 크다

우리는 말씀에 대한 깊이 있는 묵상으로 정확한 구도를 형성하기도 전에 고정관념이나 본문의 특정한 부분만을 내세워 제목을 정하려는 경향이 있다. 이럴 경우 본문 해석에 상당한 문제를 가져올 수 있다. 본문이 바로 그런 경우라고 하겠다. 본문은 일반적으로 '천국은 침노하는 자가 차지한다'고 제목을 붙일 수 있으나 그것보다는 '복음을 영접하고 복음에 참여한 자가 요한보다 크다'는 내용을 우리에게 전달해 주고 있다.

¹ 예수께서 열두 제자에게 지시하기를 마치고 거기에서 떠나셔서, 그들의 여러 도시에서 가르치시고, 복음을 선포하셨다.

² 그런데 요한은, 그리스도께서 하신 일들을 감옥에서 듣고, 자기 제자들을 보내어,

³ 예수께 "오실 그분이 당신이십니까? 그렇지 않으면, 우리가 다른 분을 기다려야 합니까?" 하고 물어 보게 하였다.

⁴ 예수께서 대답하여 그들에게 말씀하셨다. "가서, 너희가 듣고 본 것을 요한에게 알려라.

⁵ 눈먼 사람이 보고, 저는 사람이 걷고, 나병 환자가 깨끗해지고, 귀먹은 사람이 듣고, 죽은 사람이 살아나고, 가난한 사람이 복음을 듣는다.

⁶ 나에게 걸려 넘어지지 않는 사람은 복이 있다.

⁷ 이들이 떠나갈 때에, 예수께서 요한을 두고 무리에게 말씀하시기 시작하였다. "너희는 무엇을 보러 광야에 나갔더냐? 바람에 흔들리는 갈대냐?

⁸ 아니면, 무엇을 보러 나갔더냐? 화려한 옷을 입은 사람이냐? 화려한 옷을 입은 사람은 왕궁에 있다.

⁹ 아니면, 무엇을 보러 나갔더냐? 예언자를 보러 나갔더냐? 그렇다. 내가 너희에게 말한다. 그는 예언자보다 더 위대한 인물이다.

¹⁰ 이 사람에 대하여 성경에 기록하기를 '보아라, 내가 내 심부름꾼을 너보다 먼저 보낸다. 그가 네 앞에서 네 길을 닦을 것이다' 하였다. (말 3:1)

¹¹ 내가 진정으로 너희에게 말한다. 여자가 낳은 사람 가운데서 세례자 요한보다 더 큰 인물은 없었다. 그러나 하늘 나라에서는 아무리 작은 이라도 요한보다 더 크다.

¹² 세례자 요한 때로부터 지금까지, 하늘 나라는 힘을 떨치고 있다. 그리고 힘을 쓰는 사람들이 그것을 차지한다.

¹³ 모든 예언자와 율법서는 요한에 이르기까지, 하늘 나라가 올 것을 예언하였다.

¹⁴ 너희가 그 예언을 받아들이고자 하면, 요한 바로 그 사람이 오기로 되어 있는 엘리야이다.

¹⁵ 들을 귀가 있는 사람은 들어라."

¹⁶ "이 세대를 무엇에 비길까? 마치 어린 아이들이 장터에 앉아서, 다른 아이들에게 이렇게 말하는 것과 같다.

¹⁷ '우리가 너희에게 피리를 불어도 너희는 춤을 추지 않았고, 우리가 애곡을 해도 너희는 울지 않았다.'

¹⁸ 요한은 와서, 먹지도 않고 마시지도 않았다. 그러니까, 사람들이 말하기를 '그는 귀신이 들렸다' 하고,

¹⁹ 인자는 와서, 먹기도 하고 마시기도 하니, 그들이 말하기를 '보아라, 저 사람은 먹기를 탐하는 자요, 포도주를 즐기는 자요, 세리와 죄인의 친구다' 한다. 그러나 지혜는 그것이 한 일로 그 옳음이 증명된다.

눅 7:18-35 중 일부

¹⁸ 요한의 제자들이 이 모든 일을 요한에게 알렸다. 요한은 자기 제자 가운데서 두 사람을 불러,

²³ 나에게 의심을 품지 않는 사람은 복이 있다.

²⁹ 요한의 선포를 들은 모든 백성은 물론, 심지어는 세리들까지도, 요한의 세례를 받고서, 하나님을 의로우시다고 하였다.

³⁰ 그러나 바리새파 사람과 율법학자들은 요한에게서 세례를 받지 않고, 자기들을 향한 하나님의 계획을 물리쳤다.

³¹ "그러니, 이 세대 사람을 무엇에 비길까? 그들은 무엇과 같은가?

³² 그들은 마치 어린 아이들이 장터에 앉아서, 서로 부르며 말하기를 '우리가 너희에게 피리를 불어도, 너희는 춤추지 않았고, 우리가 애통하게 울어도, 너희는 울지 않았다' 하는 것과 같다.

³³ 세례자 요한이 와서, 빵도 먹지 않고 포도주도 마시지 않으니, 너희가 말하기를 '그는 귀신이 들렸다' 하고,

³⁴ 인자는 와서, 먹기도 하고 마시기도 하니, 너희가 말하기를 '보아라, 저 사람은 먹보요, 술꾼이요, 세리와 죄인의 친구로구나' 한다.

³⁵ 그러나 지혜의 자녀들이 지혜가 옳다는 것을 드러냈다."

본문은 대단히 어렵고 이해하기 힘든 말씀이 아닐 수 없다. 왜냐하면 너무나 난해한 구절들이 많기 때문이다. 그러나 본문의 구조를 자세히 살펴보면, 이 말씀 역시 부분적으로 떼어서 설교할 수 없는, 전체를 가지고 설교해야 할 본문이다. 이러한 본문의 구조를 마태복음과 누가복음을 바탕으로 순서대로 정리해 보면 다음과 같다.

- 예수님에 대한 세례 요한의 깊은 주시와 관심
- 메시아에 대하여 깊이 고민하는 요한, 그리고 왜?
- 요한의 잘못된 메시아관에 대한 예수님의 수정
- 수정 직후 요한에 대한 진정한 평가를 내리시는 예수님
- 그러나 이러한 세례 요한보다도 더 위대한 자는 예수 복음을 받고 천국 시민이 되는 자들임을 말씀하시는 예수님
- 그 천국은 강한 반발에 부딪힘에도 불구하고 힘차게 뻗어 나가고 있음을 말하심
- 그럼에도 불구하고 복음을 버리고 요한과 예수님을 싸잡아 비난하는 교권주의자들
- 그러나 진실은 그 사역과 열매, 그리고 제자들로 인하여 인정받는 법임을 말씀하시는 예수님

그러므로 본문은 단순히 '천국은 침노하는 자가 차지한다'나 '세례 요한의 의심'을 말하는 것이 절대 아니다. 어떻게 보면 세례 요한보다 더 위대한 자는 바로 복음을 받아들이는 자이며, 이러한 자들로 인하여 천국은 확장되고 있다는 주님의 말씀인 것이다. 그러므로 단순히 '천국은 침노하는 자가 차지한다'는 주제는 너무나 편협한 주제가 아닐 수 없다.

23. 마 11:25-30은 단순히 '수고하고 무거운 짐 진 자들아 다 내게로 오라'가 주제가 아니다

일반적 제목	수고하고 무거운 짐 진 자들아 다 내게로 오라
통전적 제목	말씀을 듣고 믿는 자가 진정으로 복 있는 사람

'수고하고 무거운 짐 진 자들아 다 내게로 오라'는 제목은 참으로 멋있고 매력 있어 보인다. 그래서 수많은 사람들이 이 본문에서 그러한 주제를 잡아 나간다. 그러나 안타깝게도 본문은 결코 이 작은 강조가 주제가 될 수 없다. 왜냐하면 '수고하고 무거운 짐 진 자들아'라는 대목은 이 본문의 보조적 문구에 불과하기 때문이다. 차라리 이 주제는 '말씀을 듣고 믿는 자가 진정으로 복 있는 사람'이라는 큰 주제를 돕는 소주제임을 인식할 필요가 있다.

²⁵ 그 때에 예수께서 대답하여 이렇게 아뢰었다. "하늘과 땅의 주재자이신 아버지, 이 일을 지혜 있고 똑똑한 사람에게는 감추시고, 철부지 어린 아이들에게는 드러내 주셨으니, 감사합니다.
²⁶ 그렇습니다. 아버지, 이것이 아버지의 은혜로우신 뜻입니다.
²⁷ 내 아버지께서 모든 것을 내게 맡겨 주셨습니다. 아버지 밖에는 아들을 아는 이가 없으며, 아들과 또 아들이 계시하여 주고자 하는 사람 밖에는 아버지를 아는 이가 없습니다."

²⁸ "수고하며 무거운 짐을 진 사람은 모두 내게로 오너라. 내가 너희를 쉬게 하겠다.
²⁹ 나는 마음이 온유하고 겸손하니, 내 멍에를 메고 내게 배우라. 그러면 너희는 마음에 쉼을 얻을 것이다.
³⁰ 내 멍에는 편하고, 내 짐은 가볍다."

눅 10:21-24

²¹ 그 때에 예수께서 성령으로 기쁨에 넘쳐 이렇게 아뢰었다. "하늘과 땅의 주님이신 아버지, 이 일을 지혜 있고 총명한 사람에게는 감추시고, 철부지 어린 아이들에게는 드러내 주셨으니, 감사합니다. 그렇습니다. 아버지! 이것이 아버지의 은혜로우신 뜻입니다.
²² 내 아버지께서 모든 것을 내게 맡겨 주셨습니다. 아버지 밖에는 아들이 누구인지 아는 이가 없으며, 아들과 또 아들이 계시하여 주고자 하는

사람 밖에는 아버지가 누구인지 아는 이가 없습니다."
²³ 예수께서 돌아서서 제자들에게 따로 말씀하셨다. "너희가 보고 있는 것을 보는 눈은 복이 있다.
²⁴ 내가 너희에게 말한다. 많은 예언자와 왕이, 너희가 지금 보고 있는 것을 보고자 하였으나 보지 못하였고, 너희가 지금 듣고 있는 것을 듣고자 하였으나 듣지 못하였다."

(1) 아무리 외쳐도 도무지 믿지 않는 그 사람들, 기적만을 바라는 그 안타까움을 뒤로 하고….

본문은 '그 때'로 시작하고 있다. 그 때란 바로 앞 절에서 예수님께서 도무지 그를 믿지 않는 그 악함에 대하여 분노를 터뜨렸을 때를 말하고 있다. 그 사건 직후 예수님의 말씀은 계속된다. 그들은 정말로 악했다. 얼마나 예수님의 분노가 하늘을 찔렀으면 두로와 시돈(구약에서 예언된)과 고모라까지 언급하셨을까? 이 세 도시 모두가 가버나움과 고라신과 벳세다가 받을 심판보다 덜할 것이라고 표현할 정도로 예수님의 분노는 견딜 수 없는 상태에까지 이르렀다.

(2) 지혜 있는 자들에게는 이 비밀을 숨기시고 어린아이들에게는 밝히 보임이 하나님의 뜻

25 그 때에 예수께서 대답하여 이렇게 아뢰었다. "하늘과 땅의 주재자이신 아버지, 이 일을 지혜 있고 똑똑한 사람에게는 감추시고, 철부지 어린 아이들에게는 드러내 주셨으니, 감사합니다."

오히려 주님은 이것을 하나님의 뜻이라고까지 표현하고 있다.

26 그렇습니다. 아버지, 이것이 아버지의 은혜로우신 뜻입니다.

주님은 이것이 아버지의 은혜로운 뜻이라는 것이다. 이는 우리가 신앙의 경륜이 쌓이면 쌓일수록 신앙의 순수성을 유지하기 어려워 더욱 말씀을 받아들이기가 쉽지 않음을 말하고 있는 것이다.

(3) 아들과 아버지께서 계시해 주신 자들만이 이 비밀에 참석할 수 있다.

주님은 하나님의 비밀인 이 놀라운 복음은 아무에게나 열려 있지 않다는 것을 말씀하신다. 이 놀라운 비밀은 아들과 또 아들이 계시하여 주고자 하는 사람밖에는 아는 이가 없다고 단정한다. 다시 말해서 모든 사람에게 천국 복음의 비밀이 알려지는 것이 아니라, 제한적인 사람에게만 베풀어지고 있음을 말하고 있는 것이다.

> 27 내 아버지께서 모든 것을 내게 맡겨 주셨습니다. 아버지 밖에는 아들을 아는 이가 없으며, 아들과 또 아들이 계시하여 주고자 하는 사람 밖에는 아버지를 아는 이가 없습니다.

(4) 이 복음의 비밀을 보고 듣는 너희야말로 진정으로 복된 사람이다.

예수님께서는 계속해서 말씀하고 계신다. 이 복음의 비밀을 많은 사람들이 알려고 하였지만 결국 아무에게나 계시되지 않았다고. 특히 구약의 많은 왕들과 선지자들도 이 복음의 비밀에 대하여 알려고 하였지만 그들에게는 허락되지 않았다.

〈눅 10:23-24〉
> 23 예수께서 돌아서서 제자들에게 따로 말씀하셨다. "너희가 보고 있는 것을 보는 눈은 복이 있다.
> 24 내가 너희에게 말한다. 많은 예언자와 왕이, 너희가 지금 보고 있는 것을 보고자 하였으나 보지 못하였고, 너희가 지금 듣고 있는 것을 듣고자 하였으나 듣지 못하였다."

(5) 비록 너희가 수고하고 무거운 짐을 지고 있지만 믿는 너희에게 내가 복음을 통하여 쉼과 평안을 주겠다.

마태복음의 문맥만 보고서는 이 말씀이 정확하게 이해될 수 없다. 누가 복음의 말씀과 마태복음의 말씀을 연결 지을 때, 이 말씀의 논리는 살아나게 된다. 사실 예수님의 '수고하고 무거운 짐 진 자들아'라는 말이 돌출된 것이 아니라 마태는 이것을 강조한 것이고, 누가는 '보고 듣는 자들이 복이 있다'는 것을 강조한 것뿐이다. 다만 보고 듣는 자들이 이 땅에서는 가난한 자들과 수고하는 자들이라는 전제를 깔고 말하고 있는 것이다. 이렇게 두 말씀이 이어진다. 그러므로 본문을 단순히 '수고하고 무거운 짐 진 자들아'라고만 해석해서는 안 된다. 주님은 비록 그들이 가난에 찌들어 있고 무거운 짐을 지고 있지만 그들은 복을 받은 자들, 다시 말해서 말씀과 복음의 비밀을 아는 자들이라는 것과 그들에게 진정한 복, 즉 예수님이 함께하셔서 그들에게 참된 평안과 기쁨을 주시겠다고 말씀하고 있는 것이다.

[28] "수고하며 무거운 짐을 진 사람은 모두 내게로 오너라. 내가 너희를 쉬게 하겠다.

[29] 나는 마음이 온유하고 겸손하니, 내 멍에를 메고 내게 배워라. 그러면 너희는 마음에 쉼을 얻을 것이다.

[30] 내 멍에는 편하고, 내 짐은 가볍다."

· 수고하며 무거운 짐을 진 사람은 모두 내게로 오너라.
· 내가 너희를 복음 안에서(말씀 안에서) 쉬게 해 줄 수 있다.
· 왜냐하면 나는 마음이 온유하고 겸손한 사람이기 때문이다.
· 나는 너희들이 메는 멍에를 같이 지고 가겠다.
· 그렇기 때문에 너희는 마음에 쉼을 얻을 수 있다.

- 왜냐하면 내 멍에는 편하고, 내 짐은 가볍기 때문이다. - 내가 너희들의 멍에와 짐을 가볍게 해 주기 때문이다.

결국 본문의 말씀은 비록 가난하고 어렵고 인생의 무거운 짐이 많지만 그럼에도 불구하고 예수님을 진심으로 받아들이고 그와 함께 동행하는 사람들을 주님께서는 진심으로 받아들이시고, 그들을 사랑하시겠다는 것이다. 단순히 수고하고 무거운 짐 진 자들만을 말하는 것은 아니다.

24. 마 12:15-21은 단순히 '상한 갈대를 꺾지 않는 주님'이 주제가 아니다

일반적 제목	상한 갈대를 꺾지 않는 주님
통전적 제목	이 시대에 예수님처럼 산다는 것의 의미는 무엇인가?

이 본문 역시 설교자들이 '상한 갈대를 꺾지 않는 주님'이라는 주제로 말씀 전하기를 좋아하는 구절이다. 물론 이 본문에서 '상한 갈대를 꺾지 않는 주님'에 대하여 언급하지 않는 것은 아니다. 그럼에도 불구하고 이 구절이 본문의 주제가 될 수 없는 것은 통전적으로 말씀을 볼 때 이 구절은 '이 시대에 예수님처럼 산다는 것의 의미는 무엇인가?'를 보충하는 소주제에 불과하기 때문이다. 그러나 대부분의 사람들은 이 문구가 눈에 띈다는 이유로 이 구절을 주제로 삼는 실수를 범할 때가 많다. 엄밀히 말해서 본문은 너무나 심오한 말씀을 우리에게 가르쳐 주고 있다. 우리로 하여금 고민하게 만들고 있다. 이 시대에 예수님처럼 산다는 것의 의미는 무엇인지를….

¹⁵ 그러나 예수께서 이 일을 아시고서, 거기에서 떠나셨다. 그런데 많은 무리가 예수를 따랐다. 예수께서는 그들을 모두 고쳐 주셨다.
¹⁶ 그리고 자기를 세상에 드러내지 말라고, 단단히 당부하셨다.
¹⁷ 이것은 예언자 이사야를 시켜서 하신 말씀을 이루려고 하신 것이었다.
¹⁸ "보아라. 내가 뽑은 나의 종. 내 마음에 드는 사랑하는 자. 내가 내 영을 그에게 줄 것이니, 그는 이방 사람들에게 정의를 선포할 것이다.
¹⁹ 그는 다투지도 않고, 외치지도 않을 것이다. 거리에서 그의 소리를 들을 사람이 없을 것이다.
²⁰ 정의가 이길 때까지, 그는 상한 갈대를 꺾지 않고, 꺼져 가는 심지를 끄지 않을 것이다.
²¹ 이방 사람들이 그 이름에 희망을 걸 것이다."

(1) 예수님은 말씀을 바르게 전한다는 이유로 늘 고난과 핍박을 당했지만 언제나 인내하는 삶을 사셨다.

성경은 '이 일을 아시고서 거기를 떠나셨다'라고 기록하고 있다. '이 일을 알고'라는 말은 도대체 무엇을 말하는가? 이것은 바로 앞 절, 즉 바리새파 사람들이 그를 죽일 모의를 한다는 사실을 아시고서 이곳을 떠나셨다는 의미이다. 예수님은 단순히 도망가시는 것이 아니었다. 앞에서 이미 정의한 바와 같이, 예수님은 복음을 끝까지 받아들이지 않는 그들을 향해 정면도전하지 않으시고 다른 곳으로 가서 복음을 전하신 것이었다.

¹⁵ 그러나 예수께서 이 일을 아시고서, 거기에서 떠나셨다.

(2) 예수님은 철저히 백성들의 눈물을 닦아 주셨다. 그리고 그 무리 속에서 사셨다.

바리새파인 사람들이 그렇게 괴롭히고, 고통을 주고, 핍박을 하는데도, 그리고 당신은 나쁜 사람이라고, 당신은 신성모독자라고, 그리고 당신은 선동자라고, 온갖 올가미를 뒤집어씌움에도 주님은 거기에 일절 동조하지 않으셨다. 백성들도 거기에 동조할 법한데 전혀 그렇지 않았다. 성경에서는 그 무리가 끊임없이 예수님을 따랐다(끊임없이 따르는 사람들)고 분명히 기록하고 있다.

¹⁵ … 그런데 많은 무리가 예수를 따랐다.

(3) 예수님께서는 그들을 일일이 고쳐 주시고 깊은 사랑과 관심을 주셨다.

그 당시 얼마나 한 맺힌 사람들이 많았겠는가? 얼마나 가난한 사람들이 많았겠는가? 얼마나 질병으로 인하여 고통 받는 사람들이 많았겠는가? 그러나 주님은 이들의 친구가 되셨다. 그리고 그들의 아픔을 모두 고쳐 주셨다. 여기서 '모두 고쳐 주셨다'는 말은 무엇으로 해석할 수 있는가?

¹⁵ … 예수께서는 그들을 모두 고쳐 주셨다.

그들을 결코 외면하지 않으셨다는 얘기다. 그들의 아픔을 전부 들어주셨다는 얘기다. 실제로 환자들을 전부 안으셨다는 얘기다. 세상 사람들이 져야 할 질고를 친히 그가 담당하셨다는 얘기다. 공동번역 개정판에는 열 번이나 모두 고쳐 주셨다고 말하고 있다. 특히 예수님을 '꺼져 가는 심지를 끄지 않으시고 상한 갈대를 꺾지 않는 분'으로 묘사하고 있다.

(4) 그러면서도 예수님은 결코 자신을 세상에 드러내려 하지 않는 겸손과 분명한 목적의식의 삶을 사셨다.

주님은 위대한 일을 하시면서도 결코 자신을 세상에 드러내지 않기 위해서 늘 노력하고 사셨다. 주님은 절대로 자기를 세상에 드러내지 말라고 단단히 당부하셨다.

¹⁶ 그리고 자기를 세상에 드러내지 말라고, 단단히 당부하셨다.

(5) 오직 예수님의 목적은 하나님의 영광과 하나님의 뜻을 이루기 위한 것이었다.

본문에는 이 모든 것이 예언자 이사야를 시켜서 하신 말씀을 이루기 위한 것이었다고 기록하고 있다. 이는 다른 말로 오직 그의 삶의 목적이 하나님께 영광을 돌리고 하나님의 뜻을 이루기 위하여 사셨다는 말이다.

¹⁷ 이것은 예언자 이사야를 시켜서 하신 말씀을 이루려고 하신 것이었다.

(6) 예수님은 이처럼 사람에게 인정받는 것이 아니라 하나님께 인정받는 삶을 사셨다.

본문의 말씀은 그가 얼마나 하나님이 기뻐하시는 삶을 사셨는지를 증언하고 있다. 성경은 '보아라'로 시작하고 있는데, 이는 얼마나 아름다운 삶을 살았는지를 분명히 보라는 말이다.

¹⁸ "보아라, 내가 뽑은 나의 종, 내 마음에 드는 사랑하는 자, 내가 내 영을 그에게 줄 것이니, 그는 이방 사람들에게 정의를 선포할 것이다.

¹⁹ 그는 다투지도 않고, 외치지도 않을 것이다. 거리에서 그의 소리를 들을 사람이 없을 것이다.

²⁰ 정의가 이길 때까지, 그는 상한 갈대를 꺾지 않고, 꺼져 가는 심지를 끄지 않을 것이다.

²¹ 이방 사람들이 그 이름에 희망을 걸 것이다."

하나님은 예수님에 대하여 이렇게 평가하고 계신다. 예수님은 하나님이 참으로 사랑하시는 종이라는 것이다. 즉, 예수님은 하나님께 인정받는 삶을 사신 것이다.

- 그는 내가 뽑은 종
- 내 마음에 드는 사랑하는 자
- 내가 내 영을 그에게 준 자
- 그는 이방 사람들에게 정의를 선포할 것이다(사 42:1-3).
- 그는 다투지도 않고 외치지도 않을 것이다.
- 거리에서 그의 소리를 들을 사람이 없을 것이다.
- 정의가 이길 때까지, 그는 상한 갈대를 꺾지 않고, 꺼져 가는 심지를 끄지 않을 것이다.
- 이방 사람들이 그 이름에 희망을 걸 것이다(사 42:4).

그렇다. 이 본문은 결코 '상한 갈대를 꺾지 않고, 꺼져 가는 심지를 끄지 않는 분'이 주제가 아니다. 본문 전체는 예수님이 어떤 삶을 사셨는지를 조명하고 있다. 그런 의미에서 본문의 제목은 '이 시대에 예수님처럼 산다는 것의 의미는 무엇인가?'가 적절하다.

25. 마 13:18-23은 단순히 '30배, 60배, 100배의 열매 맺는 신앙'이 주제가 아니다

일반적 제목	30배, 60배, 100배의 열매 맺는 신앙
통전적 제목	당신은 어떤 유형의 그리스도인이십니까?

만약 우리가 이 본문을 읽고 설교를 한다면 우리는 틀림없이 위의 제목, 즉 '30배, 60배, 100배의 열매를 맺는 신앙'이라는 제목을 선택하고 싶을 것이다. 그러나 매우 안타깝게도 이 본문은 30배, 60배, 100배의 열매를 맺는 신앙에 대해서만 말하고 있는 것이 아니다. 이 본문은 보다 다양한 의미의 말씀을 내포하고 있기 때문에 이 제목은 적절하지 않다. 이 본문을 깊이 묵상하고 통전적으로 본문을 보면, 오히려 '당신은 어떤 유형의 그리스도인이십니까?'라는 제목이 더 적합할지 모른다. 그 이유를 밝혀 보자.

[18] "너희는 이제 씨를 뿌리는 사람의 비유가 무슨 뜻을 지녔는지를 들어라.
[19] 누구든지 하늘 나라를 두고 하는 말씀을 듣고도 깨닫지 못하면, 악한 자가 와서, 그 마음에 뿌려진 것을 빼앗아 간다. 길가에 뿌린 씨는 그런 사람을 두고 하는 말이다.
[20] 또 돌짝밭에 뿌린 씨는 이런 사람이다. 그는 말씀을 듣고, 곧 기쁘게 받아들이기는 하지만,
[21] 그 속에 뿌리가 없어서 오래 가지 못하고

그 말씀 때문에 환난이나 박해가 일어나면, 곧 걸려 넘어진다.
[22] 또 가시덤불 속에 뿌린 씨는 이런 사람이다. 그는 말씀을 듣기는 하지만, 세상의 염려와 재물의 유혹이 말씀을 막아, 열매를 맺지 못한다.
[23] 그런데 좋은 땅에 뿌린 씨는 말씀을 듣고서 깨닫는 사람을 두고 하는 말인데, 그 사람이야말로 열매를 맺되, 백 배 혹은 육십 배 혹은 삼십 배의 결실을 낸다."

막 4:13-20

[13] 그리고 예수께서 그들에게 말씀하셨다. "너희가 이 비유를 알아듣지 못하면서, 어떻게 모든 비유를 이해하겠느냐?
[14] 씨를 뿌리는 사람이 뿌린 씨는 말씀을 가리킨다.
[15] 길가에 뿌려지는 것들이란 이런 사람들이다. 그들에게 말씀이 뿌려질 때에 그들이 말씀

을 듣기는 하지만, 바로 사탄이 와서, 그들 속에 뿌려진 그 말씀을 빼앗아 간다.
[16] 돌짝밭에 뿌려지는 것들이란 이런 사람들이다. 그들은 말씀을 들으면 곧 기쁘게 받아들이기는 하지만,
[17] 그들 속에 뿌리가 없어서 오래가지 못하고, 그 말씀 때문에 환난이나 박해가 일어나면 곧 걸려 넘어진다.

¹⁸ 가시덤불 속에 뿌려지는 것들이란 달리 이런 사람들을 가리키는데, 그들은 말씀을 듣기는 하지만,
¹⁹ 세상의 염려와 재물의 유혹과 그 밖에 다른 일의 욕심이 들어와 말씀을 막아서 열매를 맺지 못한다.

눅 8:11-15

¹¹ "그 비유의 뜻은 이러하다. 씨는 하나님의 말씀이다.
¹² 길가에 떨어지는 것들은, 말씀을 듣기는 하였으나, 그 뒤에 악마가 와서, 그들의 마음에서 말씀을 빼앗아 가므로, 믿지 못하고 구원을 받지 못하게 되는 사람들이다.
¹³ 돌짝밭에 떨어지는 것들은, 들을 때에는 그 말씀을 기쁘게 받아들이지만, 뿌리가 없으므로 잠시 동안 믿다가, 시련의 때가 오면 떨어져 나가는 사람들이다.

²⁰ 좋은 땅에 뿌려지는 것들이란 이런 사람들이다. 그들은 말씀을 듣고 받아들여서, 삼십 배, 육십 배, 백 배의 열매를 맺는다."

¹⁴ 가시덤불에 떨어지는 것들은, 말씀을 들었으나, 살아가는 동안에 근심과 재물과 인생의 향락에 사로잡혀서, 결실하는 데에 이르지 못하는 사람들이다.
¹⁵ 그리고 좋은 땅에 떨어지는 것들은, 바르고 착한 마음으로 말씀을 듣고서, 그것을 굳게 간직하여, 참는 가운데 열매를 맺는 사람들이다."

(1) 본문에서 말하는 씨란 무엇을 말하는가?

말씀을 입체적으로 보면, 이 본문의 말씀은 참으로 재미있고 독특하게 구성되어 있다. 각각 저자마다 예수님이 말씀하신 것을 다르고 재미있게 표현하고 있기 때문이다. 본문에서는 먼저 각각의 밭에 뿌려진 씨앗이 그 주제가 되고 있는데, 이 씨앗이 무엇인지에 대하여 주님은 말씀하신다. 이 씨앗이 곧 말씀이라는 것이다. 그렇다. 오늘의 본문 주제는 바로 말씀인 것이다.

〈막 4:14〉
¹⁴ 씨를 뿌리는 사람이 뿌린 씨는 말씀을 가리킨다.

(2) 말씀을 깨닫지 못하여 사탄의 포로가 되어 버린 신앙: 사탄의 접근 대상 1호

예수님은 이 비유의 설명을 통하여 우리 신앙인들을 네 가지 사람들로 분류하셨다. 길가에 뿌려진 씨앗, 돌짝밭에 뿌려진 씨앗, 가시덤불에 뿌려진 씨앗, 그리고 좋은 밭에 뿌려진 씨앗이 그것이다. 그리고 각각의 밭에 뿌려진 씨앗은 다 좋은 것이고 엄청난 능력을 갖고 있다. 이 씨앗은 말씀을 의미하는데 어떤 사람은 이 말씀을 전혀 듣지도 않고 깨닫지도 못하는가 하면, 또 어떤 사람은 받기는 받고 듣기는 들어도 결국 결실하지 못하기도 하고, 또 어떤 사람은 이 말씀을 기쁨으로 받아 잘 견뎌서 큰 열매를 맺기도 한다.

　1) 특징: 이 사람들은 하늘 나라를 두고 하는 말씀을 듣고도 깨닫지 못한다.
　2) 문제: 이 사람들에게는 악한 자가 접근한다.
　3) 결과
　　① 이 사람들의 마음에 뿌려진 것을 빼앗아 간다.
　　② 이 사람들은 믿지 못하고 결국 구원을 받지 못하게 된다.

〈막 4:15〉
[15] … 바로 사탄이 와서, 그들 속에 뿌려진 그 말씀을 빼앗아 간다.

〈눅 8:12〉
[12] … 악마가 와서, 그들의 마음에서 말씀을 빼앗아 가므로, 믿지 못하고 구원을 받지 못하게 되는 사람들이다.

· 사탄이 접근함.
· 그 마음에 뿌려진 것을 빼앗아 감.
· 사탄에 의하여 점령됨.
· 결국 믿지 못하고 구원에 이르지 못하게 됨.

(3) 말씀을 받아도 시련 앞에 무릎 꿇는 신앙: 사탄의 접근대상 제2호

1) 특징: 그는 말씀을 듣고, 곧 기쁘게 받아들이기는 한다.

2) 문제

　① 그 속에 뿌리가 없다.(신앙의 뿌리가 없다.)

　② 말씀을 오래 간직하지 못한다.(상황에 따라 얼마든지 변할 수 있다.)

3) 결과: 그 말씀 때문에 환난이나 박해가 일어나면, 곧 걸려 넘어진다.(사탄의 밥)

〈눅 8:13〉

¹³ … 잠시 동안 믿다가, 시련의 때가 오면 떨어져 나가는 사람들이다.

(4) 말씀을 듣기는 해도 온갖 세상일에 사로잡혀 있는 신앙: 사탄의 접근대상 제3호

1) 특징: 그는 말씀을 듣기는 한다.

2) 문제

　① 세상의 근심에 사로잡혀 있다.

　② 세상의 염려에 사로잡혀 있다.

　③ 재물의 유혹을 뿌리치지 못한다.

　④ 인생의 향락을 추구하고 유혹을 뿌리치지 못한다.

　⑤ 그 밖에 다른 일의 욕심이 있다.

3) 결과: 이것들이 말씀을 막아 결국 열매를 맺지 못한다.

〈막 4:19〉

¹⁹ 세상의 염려와 재물의 유혹과 그 밖에 다른 일의 욕심이 들어와 말씀을 막아서 열

매를 맺지 못한다.

〈눅 8:14〉
[14] … 근심과 재물과 인생의 향락에 사로잡혀서,

〈눅 8:14〉
[14] … 결실하는 데에 이르지 못하는 사람들이다.

· 날마다 근심한다: 평안이 없다.
· 날마다 염려한다: 기쁨이 없다.
· 날마다 유혹에 빠진다: 능력이 없다.
· 날마다 재물 때문에 유혹 당한다: 만족함이 없다.
· 날마다 욕심에 사로잡힌다: 만족함이 없다.

(5) 말씀 안에서 삶을 누리고 풍성한 열매를 맺어 아낌없이 베푸는 신앙: 절대 사탄에게 점령되지 않는 신앙

1) 특징: 말씀에 대한 태도
   ① 말씀을 듣고서 깨닫는 사람
   ② 바르고 착한 마음으로 말씀을 듣는 사람
   ③ 그것을 굳게 간직하는 사람
   ④ 말씀 때문에 어려움이 있더라도 그 어려움을 굳게 참는 사람
2) 문제: 문제없음
3) 결과
   ① 다른 모든 사람들은 열매를 맺지 못하되 그 사람은 열매를 맺는다.

② 백 배 혹은 육십 배 혹은 삼십 배의 결실을 낸다.

③ 아낌없이 나누어 준다.

〈눅 8:15〉

[15] 그리고 좋은 땅에 떨어지는 것들은, 바르고 착한 마음으로 말씀을 듣고서, 그것을 굳게 간직하여, 참는 가운데 열매를 맺는 사람들이다."

우리는 위의 본문을 대할 때 습관적으로 30배, 60배, 100배의 결실을 생각한다. 이것은 우리가 그만큼 말씀에 고착화되어 있다는 것을 의미한다. 이 본문은 바로 우리가 어떤 종류의 씨앗이며, 어떤 종류의 그리스도인인가에 초점을 맞추고 있다.

26. 마 13:31-33은 단순히 '겨자씨 비유'가 주제가 아니다

일반적 제목	겨자씨 비유
통전적 제목	자라서 네 있는 곳을 천국으로 만들어라

본문은 겨자씨 비유로 잘 알려진 말씀이다. 그러나 안타깝게도 우리는 본문을 깊이 묵상하지 못함으로써 이 말씀이 함축하고 있는 깊은 진리를 발견하지 못하는 경우가 너무 많다. 본문은 참으로 작다고 느끼는 겨자씨 같은 우리가 예수 그리스도라는 밭을 만나 한없이 자라서 결국 세상을 변화시키는 존재가 된다는 것이 그 주제이다. 이를 좀 더 자세히 살펴보면 아래와 같다.

³¹ 예수께서 또 다른 비유를 들어서, 그들에게 말씀하셨다. "하늘 나라는 겨자씨와 같다. 어떤 사람이 그것을 가져다가, 자기 밭에 심었다. ³² 겨자씨는 어떤 씨보다 더 작은 것이지만, 자라면 어떤 풀보다 더 커져서 나무가 되며, 공중의 새들이 와서, 그 가지에 깃들인다."

³³ 예수께서 또 다른 비유를 그들에게 말씀하셨다. "하늘 나라는 누룩과 같다. 어떤 여자가 그것을 가져다가, 가루 서 말 속에 섞어 넣었더니, 마침내 온통 부풀어올랐다."

(1) 존재의 발견 단계: 당신은 이미 출생 때부터 엄청난 능력을 소유하고 있었다.

본문에서 그 많은 씨앗 가운데서 유독 겨자씨를 사용한 것은 천국은 겨자씨처럼 미약하게 보이는 것에서 시작되나 나중에는 놀랍게 성장하기 때문이다. 이 겨자의 씨앗은 비록 눈에 잘 띄지 않을 만큼 작지만, 그것이 땅에 심어져 완전히 다 자라면 3미터가 더 될 만큼 커지게 된다.

³² 겨자씨는 어떤 씨보다 더 작은 것이지만,

(2) 만남의 단계: 아무리 좋은 씨앗이라도 훌륭한 땅을 만나야 그 능력을 키울 수 있다.

³¹ … 어떤 사람이 그것을 가져다가, 자기 밭에 심었다.

겨자씨는 씨앗 가운데 가장 작으나 그 가운데는 엄청난 능력이 있다. 그러나 이러한 씨앗은 좋은 땅을 만나야지만 크고 아름답게 자랄 수 있다. 성경에서는 옥토에 떨어진 씨는 30배, 60배, 100배의 결실을 맺는다고 말하고 있다.

(3) 성장의 단계: 옥토를 만난 씨앗은 이제 큰 나무로 자라나게 된다.

³² … 자라면 어떤 풀보다 더 커져서 나무가 되며,

겨자씨는 너무나 작은 것이지만 우리가 상상할 수 없는 능력을 가졌다. 그러나 아무리 좋은 능력을 가진 씨앗이라도 어떤 땅을 만나느냐에 따라 그 운명은 달라질 수 있다. 결국 우리의 삶에서 만남이란 소중한 것이다. 그리스도를 만나게 될 때 우리는 큰 나무로 자랄 수 있고, 비로소 인생의 목적을 가질 수 있게 된다. 큰 나무로 자란다는 것은 결국 우리가 비전을 갖는다는 것이다.

(4) 결실과 나눔의 단계: 큰 나무가 되어 모든 사람들의 안식처가 되는 것이 내 인생의 목적이다.

³² … 공중의 새들이 와서, 그 가지에 깃들인다.”

그렇게 작은 겨자씨가 좋은 땅을 만나 자람으로써 이제는 수많은 새들의 보금자리가 되었다. 새들뿐만이 아니라 수많은 동물들도 그 나무 그늘에서 쉰다. 피곤한 인생들도 그 그늘에서 쉬며 안식을 취한다.

주님이 우리에게 큰 나무가 되라고 말씀하신 이유는 우리의 삶을 위한 것이 아니라 이 세상에서 고통스럽게 살아가는 모든 사람을 위한 피난처와 안식처가 되어 주라는 의미에서였다. 결국 자신을 위한 삶이 아니라 타인을 위한 삶을 사는 것이 우리 삶의 목적이라는 것을 알려 준다.

(5) 천국을 확장하여, 네 있는 곳을 천국으로 만들라.

[33] 예수께서 또 다른 비유를 그들에게 말씀하셨다. "하늘 나라는 누룩과 같다. 어떤 여자가 그것을 가져다가, 가루 서 말 속에 섞어 넣었더니, 마침내 온통 부풀어올랐다."

위의 본문을 통해 보면 예수님은 하나님 나라가 이제 전 세계적으로 확장되기를 고대하고 있음을 알 수 있다. 그리고 우리가 있는 그곳이 바로 천국이 되기를 원하신다. 이런 의미에서 본문의 주제를 단순히 '겨자씨 비유'라고 잡는다면, 결코 본문이 의미하는 바를 정확하게 나타낼 수 없다. 따라서 '자라서 네 있는 곳을 천국으로 만들어라'가 그 주제가 된다.

27. 마 13:54-58은 '선지자가 고향에서 대접을 받지 못한다'가 주제가 아니다

일반적 제목	선지자가 고향에서 대접을 받지 못한다
통전적 제목	예수님에 대하여 잘 안다는 이유 하나만으로 우리가 예수님을 진정으로 영접하기는 쉽지 않다.

우리는 이 본문을 잘 안다는 이유만으로 '선지자가 고향에서 대접을 받지 못한다'라고 제목을 설정하고픈 유혹을 느낀다. 그러나 단지 이 문단만을 가지고 전체의 제목을 잡는다면, 본문 전체에 흐르고 있는 그 깊은 의미를 제대로 파악할 수 없다. 사실 이 본문은 '예수님에 대하여 잘 안다는 이유 하나만으로 우리가 예수님을 진정으로 영접하기는 쉽지 않다'는 중요한 교훈을 우리에게 던져 주고 있다.

⁵⁴ 예수께서 고향에 가셔서, 회당에서 사람들을 가르치셨다. 그들은 놀라서 말하였다. "이 사람이 어디에서 이런 지혜와 놀라운 능력을 얻었을까?

⁵⁵ 이 사람은 목수의 아들이 아닌가? 그의 어머니는 마리아이고, 그의 아우들은 야고보와 요셉과 시몬과 유다가 아닌가?

⁵⁶ 또 그의 누이들은 모두 우리와 같이 살고 있지 않은가? 그런데 이 사람이 이 모든 것을 어디에서 얻었을까?"

⁵⁷ 그러면서 그들은 예수를 달갑지 않게 여겼다. 예수께서 그들에게 말씀하셨다. "예언자는 자기 고향과 자기 집 밖에서는, 존경을 받지 않는 법이 없다."

⁵⁸ 예수께서는 그들의 믿지 않음 때문에, 거기에서는 기적을 많이 행하시지 않으셨다.

눅 4:16-30

¹⁶ 예수께서는, 자기가 자라나신 나사렛에 가셔서, 늘 하시던 대로, 안식일에 회당에 들어가셨다. 성경을 읽으려고 일어서서

¹⁷ 예언자 이사야의 두루마리를 건네 받아 그것을 펴시어, 이런 말씀이 있는 데를 찾으셨다.

¹⁸ "주의 영이 내게 내리셨다. 주께서 내게 기름을 부으셔서, 가난한 사람들에게 기쁜 소식을 전하게 하셨다. 주께서 나를 보내셔서, 포로된 사람들에게 자유를, 눈먼 사람들에게 다시보게 함을 선포하고, 억눌린 사람들을 풀어 주고,

¹⁹ 주의 은혜의 해를 선포하게 하셨다."

²⁰ 예수께서 두루마리를 말아서, 시중드는 사람에게 되돌려주시고, 앉으셨다. 회당에 모인 모든 사람의 눈이 예수에게로 쏠렸다.

²¹ 예수께서 그들에게 말씀하셨다. "이 성경말씀은 너희가 듣는 가운데서 오늘 이루어졌다."

²² 사람들은 모두 감탄하고, 그의 입에서 나오는 그 은혜로운 말씀에 놀라서 "이 사람은 요셉의 아들이 아닌가?" 하고 말하였다.

²³ 그래서 예수께서는 그들에게 말씀하셨다. "너희는 틀림없이 '의사야, 네 병이나 고쳐라' 하는 속담을 내게다 대고 말하려고 한다. 너희가 나더러 '우리가 들은 대로 당신이 가버나움에서 했다는 모든 일을, 여기 당신의 고향에서도 하시오' 하고 말하는 줄 안다."

²⁴ 예수께서 또 말씀하셨다. "내가 진정으로 너희에게 말한다. 어떤 예언자도 자기 고향에서는 환영을 받지 못한다.

²⁵ 내가 진정으로 너희에게 말한다. 엘리야 시대에 삼 년 육 개월 동안 하늘이 닫혀서 온 땅에 기근이 심했을 때에, 이스라엘에 과부들이 많이 있었지만,

²⁶ 하나님께서 엘리야를 그 많은 과부 가운데서 다른 아무에게도 보내지 않으시고, 오직 시돈 지방의 사렙다의 한 과부에게만 보내셨다.

²⁷ 또 예언자 엘리사 시대에 이스라엘에 나병환자가 많이 있었지만, 그들 가운데서 아무도 깨끗함을 받지 못하고, 오직 시리아 사람 나아만만이 깨끗함을 받았다."

²⁸ 회당에 모인 사람들은 이 말씀을 듣고서, 모두 잔뜩 화가 났다.

²⁹ 그래서 그들은 들고 일어나서 예수를 동네밖으로 쫓아냈다. 그들의 동네가 산 위에 있었으므로, 그들은 예수를 산 벼랑에까지 끌고 가서, 거기에서 밀쳐 떨어뜨리려고 하였다.

³⁰ 그러나 예수께서는 그들의 한가운데를 지나서 떠나가셨다.

(1) 처음으로 고향을 방문하여 말씀을 전하시는 예수님

예수님은 가버나움을 중심으로 활동하셨기 때문에 나사렛에 가신 적은 거의 없었다. 이번이 첫 방문이었다. 그래서 예수님은 그 감회가 새로웠을 것이다. 또한 사랑하는 마음으로 그들을 대하고, 고향에서 말씀을 전하실 때도 남다른 마음으로 말씀을 골라 그들에게 선포하기를 원하셨을 것이다. 이런 이유 때문에 누가는 이 사건이 충격적인 일로 받아들여질 수밖에 없었다. 누가는 마태와 마가와는 달리 이 사건을 대단히 장황하게, 마치 이 일을 눈으로 보듯 선명하게 그려 내고 있다. 다시 말해서 이 사건의 전모를 정확하게 그려 내고 있다. 어쨌든 이것은 예수님께서 고향을 처음으로 방문하여 생긴 일임은 틀림없다. 누가복음 4장에서는 예수님이 어떤 애정으로 그들에게 다가서셨는지를 말하고 있다.

〈눅 4:16〉
[16] 예수께서는, 자기가 자라나신 나사렛에 가셔서, 늘 하시던 대로, 안식일에 회당에 들어가셨다. 성경을 읽으려고 일어서서

왜 하필 이 말씀을 고향에서 선포하셨을까? 이는 고향에 대한 애정 때문이었다. 이 말씀은 바로 그의 사역의 핵심이었기 때문에, 이 귀중한 말씀을 그들에게 선포하셨다.

(2) 예수님의 가르침에 대하여 놀라움을 금치 못하는 무리

고향 사람들은 예수님의 가르침에 대하여 놀라움을 금치 못하였다. 그들은 이렇게 권위 있고 논리적인 말씀을 들어보지 못했기 때문이다. 마태복

음은 이러한 모습을 아래와 같이 표현하고 있다.

> [54] 예수께서 고향에 가셔서, 회당에서 사람들을 가르치셨다. 그들은 놀라서 말하였다. "이 사람이 어디에서 이런 지혜와 놀라운 능력을 얻었을까?"

누가는 이런 무리들의 반응을 보다 명확하게 표현하고 있는데, 그들의 반응은 실로 대단하였다. 얼마나 말씀이 재미있고, 얼마나 말씀이 좋았던지 그들의 눈은 휘둥그레졌다.

〈눅 4:20-22〉

> [20] 예수께서 두루마리를 말아서, 시중드는 사람에게 되돌려주시고, 앉으셨다. 회당에 모인 모든 사람의 눈이 예수에게로 쏠렸다.
> [21] 예수께서 그들에게 말씀하셨다. "이 성경 말씀은 너희가 듣는 가운데서 오늘 이루어 졌다."
> [22] 사람들은 모두 감탄하고, 그의 입에서 나오는 그 은혜로운 말씀에 놀라서 "이 사람은 요셉의 아들이 아닌가?" 하고 말하였다.

마태는 무리들이 놀라서 "이 사람이 어디서 이런 지혜와 놀라운 능력을 얻었을까?" 하고 궁금해했다고 말했다. 또한 회당에 모인 모든 사람들의 눈이 예수님께 쏠렸다고 했고, 사람들은 모두 감탄하고 그 입에서 나오는 은혜로운 말씀에 놀랐다고 분명하게 기록하고 있다. 그렇다면 예수님의 말씀은 종합적으로 어떠했다는 말인가?

· 예수님의 말씀에 놀랐다.
· 예수님의 말씀은 지혜와 능력이 있었다.

- 예수님의 말씀은 모든 사람들의 눈을 집중시키는 능력이 있었다.
- 예수님의 말씀은 감탄을 자아내게 했다.
- 예수님의 말씀은 너무나 은혜로웠다.

즉, 예수님의 말씀은 너무나 재미있고 놀랍고 은혜롭고 감격스러워서 그들을 한 곳으로 집중시키는 능력이 있었다는 말이다. 그렇다. 오늘의 설교가 그러해야 한다. 이처럼 강력한 흡인력이 있어야 한다. 어쨌든 주님의 설교는 대단한 것이었다.

(3) 예수님과 예수님의 가족을 잘 안다는 이유로 예수님을 철저히 무시하는 무리들

이쯤 되면 이제 이 사람들이 일어나 예수님을 찬양하고 그를 칭찬하며 우리 고향에서 이러한 사람이 나왔다는 사실에 대하여 자부심을 느낄 만하다. 그러나 그 사람들의 반응은 전혀 달랐다. 두 성경 모두 문제의 핵심은 '이 사람이 목수 요셉의 아들이 아닌가?'에서 발단한다. 그리고 이 일을 엄청나게 확대하게 된다. 특히 누가는 그들이 얼마나 예수님을 무시했는가를 잘 나타내고 있다. 마태는 재미있게도 이 동네 사람들의 반응을 굉장히 정밀하게 관찰하였다. 그들의 반응을 살펴보자.

[55] 이 사람은 목수의 아들이 아닌가? 그의 어머니는 마리아이고, 그의 아우들은 야고보와 요셉과 시몬과 유다가 아닌가?

[56] 또 그의 누이들은 모두 우리와 같이 살고 있지 않은가? 그런데 이 사람이 이 모든 것을 어디에서 얻었을까?"

[57] 그러면서 그들은 예수를 달갑지 않게 여겼다.

⁵⁸ 예수께서는 그들의 믿지 않음 때문에, 거기에서는 기적을 많이 행하시지 않으셨다.

- 그들은 예수님을 목수의 아들이라고 비하한다.
- 그 어머니 마리아를 들먹인다.
- 그 아우 야고보와 요셉과 시몬과 유다를 들먹인다.
- 그 누이들을 들먹인다.
- 그리고 예수님을 달갑게 여기지 않는다.
- 그들은 예수님을 전혀 믿지 않았다.

그렇게 말씀에 은혜를 받고 예수님의 권능에 놀라면서도 그들은 예수님을 인정하기를 너무 싫어하였다. 그 이유가 무엇인지를 살펴보면 결국 '예수님'에 대하여 우리가 잘 안다는 이유였다. 그의 아버지도 우리가 알고 그 어머니도 우리가 알고 그 형제들도 우리가 알고 그 누이들도 우리가 아는데, 이 사람은 특별한 존재가 아니라는 것이다. 그래서 일부러 인정하지 않고 무시하였다.

- 내 옆에 가까이 있다는 이유로 형제자매를 인정하기가 쉽지 않다.
- 내가 그를 잘 안다는 이유로 형제자매를 인정하기가 쉽지 않다.
- 내가 형제자매의 가족과 성장 배경 등을 잘 안다는 이유로 그를 인정하기가 쉽지 않다.
- 내가 형제자매의 약점을 안다는 이유로 그를 인정하기가 쉽지 않다.

이렇게 우리에게는 형제자매를 이해하는 데 많은 방해물들이 존재한다. 그러나 분명한 것은 하나님은 나름대로 그 사람에게 독특한 은사를 주셨기에 반드시 인정받아야 할 귀중한 존재라는 점이다.

(4) 그들의 악한 마음을 정확하게 간파하시는 예수님

예수님은 그들의 마음에 악함이 있음을 아셨다. 그리고 그들의 악한 생각을 정확하게 드러내 보이면서 그들을 지적하셨다.

〈눅 4:23-27〉

²³ 그래서 예수께서는 그들에게 말씀하셨다. "너희는 틀림없이 '의사야, 네 병이나 고쳐라' 하는 속담을 내게다 대고 말하려고 한다. 너희가 나더러 '우리가 들은 대로 당신이 가버나움에서 했다는 모든 일을, 여기 당신의 고향에서도 하시오' 하고 말하는 줄 안다."

²⁴ 예수께서 또 말씀하셨다. "내가 진정으로 너희에게 말한다. 어떤 예언자도 자기 고향에서는 환영을 받지 못한다.

²⁵ 내가 진정으로 너희에게 말한다. 엘리야 시대에 삼 년 육 개월 동안 하늘이 닫혀서 온 땅에 기근이 심했을 때에, 이스라엘에 과부들이 많이 있었지만,

²⁶ 하나님께서 엘리야를 그 많은 과부 가운데서 다른 아무에게도 보내지 않으시고, 오직 시돈 지방의 사렙다의 한 과부에게만 보내셨다.

²⁷ 또 예언자 엘리사 시대에 이스라엘에 나병 환자가 많이 있었지만, 그들 가운데서 아무도 깨끗함을 받지 못하고, 오직 시리아 사람 나아만만이 깨끗함을 받았다."

이러한 예수님의 말씀은 무슨 의미인가? 여기에 대한 해석은 아래와 같다.

· 너희는 틀림없이 '의사야, 네 병이나 고쳐라' 한다. — 예수님에 대한 무시

· 너희가 나더러 '우리가 들은 대로 당신이 가버나움에서 했다는 모든 일을, 여기 당신의 고향에서도 하시오' 하고 말하는 줄 안다. — 너희들은 오직 기적만을 바란다.

· 어떤 예언자도 자기 고향에서는 환영을 받지 못한다. — 너희들은 나를 인정하지 않

고 환영하지 않는다.

· 하나님께서 엘리야를 그 많은 과부 가운데서 다른 아무에게도 보내지 않으시고, 오직 시돈 지방의 사렙다의 한 과부에게만 보내셨다. – 하나님께서는 오직 택하신 백성에게만 그의 뜻을 보이신다.

· 오직 시리아 사람 나아만만이 깨끗함을 받았다. – 하나님께서는 택하신 백성에게만 그의 뜻을 보이신다.

(5) 마음의 찔림이 있자 악한 무리로 돌변하여 예수님을 죽이려는 무리들

그들의 마음은 들통 나고 말았다. 완벽하게 드러나고 말았다. 그러자 그들은 돌변하여 예수님을 공격하고 심지어 죽음의 자리에까지 몰고 가려 하였다. 사람들은 이렇게 악했다. 하나님이 택하지 않은 백성들은 이렇게까지 악해질 수 있다.

〈눅 4:28-30〉
²⁸ 회당에 모인 사람들은 이 말씀을 듣고서, 모두 잔뜩 화가 났다.
²⁹ 그래서 그들은 들고 일어나서 예수를 동네 밖으로 쫓아냈다. 그들의 동네가 산 위에 있었으므로, 그들은 예수를 산 벼랑에까지 끌고 가서, 거기에서 밀쳐 떨어뜨리려고 하였다.
³⁰ 그러나 예수께서는 그들의 한가운데를 지나서 떠나가셨다.

이 말씀을 보면 얼마나 사태가 심각했는지를 알 수 있다. 예수님께서는 기대감을 가지고 고향에 가셨으나 실망만 하게 되었고, 또한 존경을 받기는커녕 말할 수 없는 고난으로 죽음의 자리에까지 나아가게 되었다. 얼마나 씁쓸하셨을까?

- 그들은 모두 잔뜩 화가 났다.
- 그들은 들고 일어나서 예수님을 동네 밖으로 쫓아냈다.
- 그들은 예수를 산벼랑에까지 끌고 가서, 거기에서 밀쳐 떨어뜨리려고 하였다.

(6) 과연 우리에게는 이러한 요소가 없는가? 우리에게 어떤 교훈을 주는 가?

'선지자는 고향에서 환영받지 못한다'는 탄식 어린 목소리가 오늘도 들리는 듯하다. 특별히 예수님과 그 가족에 대하여 잘 안다는 이유로 그를 폄하하고 비하하고 무시하고 인정하지 않으려는 것이 오늘의 삶인 듯하다. 정말로 우리 안에 서로에 대한 이런 마음이 없는지를 분명히 살펴볼 필요가 있다.

- 형제자매가 나와 가까이 있다는 이유로 그를 귀히 여기지 못함은 올바른 신앙이 아니다.
- 형제자매에 대해서 우리가 잘 안다는 이유로 그를 귀히 여기지 못함은 올바른 신앙이 아니다.
- 우리가 이런 삶을 살게 된다면 우리 자신이 주님께 인정받지 못하게 된다.
- 나와 가까이 있을수록 더욱 그를 귀중한 사람으로 인식함이 올바른 신앙이다.
- 내가 그 사람을 잘 알수록 그 사람의 장점을 인정하고 그 자신을 인정하는 것이 참 신앙인이다.

위의 본문을 깊이 묵상하다 보면 이 말씀이 결코 '선지자가 고향에서는 대접받지 못한다'는 단편적인 내용이 아님을 쉽게 알 수 있다. 본문은 예수 그리스도를 그저 잘 안다는 이유 하나만으로 예수님을 진정으로 영접할 수 없다는 것을 성도들에게 말해 주고 있는 것이다.

28. 마 14:13-21은 단순히 '5천 명을 먹이심'이 주제가 아니다

일반적 제목	5천 명을 먹이심(너희가 먹을 것을 주라)
통전적 제목	대체 너희들이 정말 나를 믿기나 하는 것이냐?

이 본문도 우리가 너무나 잘 알고 있기 때문에 실수를 범하는 대표적인 말씀이다. 우리는 이 본문을 대할 때 습관적으로 '5천 명을 먹이심' 또는 '너희가 먹을 것을 주라'고 제목을 정하기 쉽지만, 말씀을 묵상하여 전체를 이해하게 되면 이러한 제목들이 결코 본문에 맞지 않는다는 것을 쉽게 발견할 수 있다. 본문은 예수님께서 그의 제자들을 책망하시며 그들의 믿음 없는 것을 보시고 '대체 너희들이 정말 나를 믿기나 하는 것이냐?'란 문제를 제기하시는 것으로 믿음에 관한 것임을 분명히 해 둘 필요가 있다.

¹³ 예수께서 그 말을 들으시고, 거기에서 배를 타고, 따로 외딴 곳으로 물러가셨다. 이 소문이 퍼지자, 무리가 여러 동네에서 몰려나와서, 걸어서 예수를 따라왔다.
¹⁴ 예수께서 배에서 내려서, 큰 무리를 보시고, 그들을 불쌍히 여기시고, 그들 가운데서 앓는 사람들을 고쳐 주셨다.
¹⁵ 저녁때가 되니, 제자들이 예수께 다가와서 아뢰었다. "여기는 빈 들이고, 날도 이미 저물었습니다. 그러니 무리를 흩어 보내서, 제각기 먹을 것을 사먹게 마을로 보내시는 것이 좋겠습니다."
¹⁶ 예수께서 말씀하셨다. "물러갈 필요가 없다. 너희가 그들에게 먹을 것을 주어라."

¹⁷ 제자들이 말하였다. "우리에게는 빵 다섯 개와 물고기 두 마리밖에 없습니다."
¹⁸ 이 때에 예수께서 말씀하셨다. "그것들을 이리로 가져 오너라."
¹⁹ 그리고 예수께서는 무리를 풀밭에 앉게 하시고서, 빵 다섯 개와 물고기 두 마리를 손에 드시고, 하늘을 우러러 감사 기도를 드리신 뒤에, 떼어서 제자들에게 주시니, 제자들이 이를 무리에게 나누어 주었다.
²⁰ 그들은 모두 배불리 먹었다. 남은 빵 부스러기를 모으니, 열두 광주리에 가득 찼다.
²¹ 먹은 사람은 여자들과 어린 아이들 밖에, 남자 어른만도 오천 명쯤 되었다.

막 6:30-40

30 사도들이 예수께로 모여와서, 자기들이 한 일과 가르친 일을 다 보고하였다.

31 그 때에 예수께서 그들에게 "너희는 따로 외딴 곳으로 가서, 좀 쉬어라" 하고 말씀하셨다. 거기에는 오고가는 사람이 하도 많아서 음식을 먹을 겨를조차 없었기 때문이다.

32 그래서 그들은 배를 타고, 따로 외딴 곳으로 떠나갔다.

33 그런데 많은 사람이 보고서, 그들인 줄 알고, 여러 성읍에서 길을 따라 그 곳으로 함께 달려가서, 그들보다 먼저 그 곳에 이르렀다.

34 예수께서 배에서 내려서 큰 무리를 보시고, 그들이 마치 목자 없는 양과 같으므로, 그들을 불쌍히 여기셨다. 그래서 그들에게 여러 가지로 가르치기 시작하셨다.

35 날이 이미 저물었으므로, 제자들이 예수께 다가와서 아뢰었다. "여기는 빈 들이고 날도 이미 저물었습니다.

36 이 사람들을 흩어, 제각기 먹을 것을 사 먹게 근방에 있는 농가나 마을로 보내시는 것이 좋겠습니다."

37 예수께서 "너희가 그들에게 먹을 것을 주어라" 하시니, 제자들이 "그러면 우리가 가서 빵 이백 데나리온 어치를 사다가 그들에게 먹이라는 말씀입니까?" 하였다.

40 그들은 백 명씩 또는 쉰 명씩 떼를 지어 앉았다.

눅 9:10-17 중 일부

10 사도들이 돌아와서, 자기들이 한 모든 일을 예수께 말씀드렸다. 예수께서는 그들을 데리고, 따로 벳새다라고 하는 성읍으로 물러가셨다.

11 그러나 무리는 그것을 알고서, 그를 따라갔다. 예수께서는 그들을 맞이하셔서, 하나님의 나라를 말씀해 주시고, 또 병 고침을 받아야 할 사람들을 고쳐 주셨다.

12 그런데 날이 저물기 시작하니, 열두 제자가 다가와서, 예수께 아뢰었다. "무리를 흩어 보내서, 주위 마을과 농가로 찾아가서 잠자리도 구하고 먹을 것도 구하게 하십시오. 우리가 있는 여기는 빈 들입니다."

13 그러나 예수께서는 그들에게 말씀하셨다. "너희가 그들에게 먹을 것을 주어라." 그들은 말하였다. "우리에게는 빵 다섯 개와 물고기 두 마리밖에 없습니다. 우리가 나가서, 이 모든 사람이 다 먹을 수 있을 만큼 먹을 것을 사지 않으면, 안 되겠습니다."

요 6:1-14 중 일부

5 예수께서 눈을 들어서, 큰 무리가 자기에게로 모여드는 것을 보시고 "우리가 어디에서 빵을 사다가, 이 사람들을 먹이겠느냐?" 하고 빌립에게 말씀하셨다.

6 예수께서는 빌립을 시험해 보시고자 이렇게 말씀하신 것이었다. 예수께서는 자기가 하실 일을 잘 알고 계셨던 것이다.

7 빌립이 예수께 대답하였다. "이 사람들에게 모두 조금씩이라도 먹게 하려면, 빵 이백 데나리온 어치를 가지고서도 충분하지 못합니다."

8 제자 가운데 하나이며 시몬 베드로의 동생인 안드레가, 예수께 말하였다.

9 "여기 한 아이가 보리빵 다섯 개와 물고기 두 마리를 가지고 있습니다. 그러나 이렇게 많은 사람에게, 그것이 무슨 소용이 있겠습니까?"

10 예수께서 "사람들을 앉혀라" 하고 말씀하셨다. 그 곳에는 잔디가 많았다. 사람들이 앉았는데, 그 수가 오천 명쯤 되었다.

(1) 끊임없이 몰려드는 무리

무리들은 예수님께로 계속해서 몰려왔다. 그만큼 이 시대의 사람들은 예수님을 의지하는 것밖에는 다른 방법이 없었다. 그들의 고통은 심해서 유리되고 방황하며 길을 잃은 양과 같은 존재였다. 그렇다. 어느 시대 사람들이든지 어려운 상황에 부딪히면 얼마든지 방황하고 또 방황한다.

(2) 인간에 대한 예수님의 깊은 이해와 배려, 사랑과 관심

주님은 언제나 다른 사람을 위해 배려와 사랑의 삶을 사셨다. 특별히 본문에서는 그의 사랑하는 제자들을 위하여 예수님께서 배려하는 장면이 나온다. 또 방황하는 무리들에 대하여 그들을 물리치지 않고 도와주며 먹이시는 모습을 볼 수 있다. 이것이 예수님의 모습이었다.

[14] 예수께서 배에서 내려서, 큰 무리를 보시고, 그들을 불쌍히 여기시고, 그들 가운데서 앓는 사람들을 고쳐 주셨다.

〈막 6:34〉

[34] 예수께서 배에서 내려서 큰 무리를 보시고, 그들이 마치 목자 없는 양과 같으므로, 그들을 불쌍히 여기셨다. 그래서 그들에게 여러 가지로 가르치기 시작하셨다.

〈눅 9:11〉

[11] 그러나 무리는 그것을 알고서, 그를 따라갔다. 예수께서는 그들을 맞이하셔서, 하나님의 나라를 말씀해 주시고, 또 병 고침을 받아야 할 사람들을 고쳐 주셨다.

〈요 14:14〉

[14] 예수께서 배에서 내려서, 큰 무리를 보시고, 그들을 불쌍히 여기시고, 그들 가운데서
  앓는 사람들을 고쳐 주셨다.

(3) 수많은 무리에 대하여 걱정하는 제자들, 끼니 때문에 걱정에 휩싸인
제자들

놀랍게도 세 복음서 즉 마태, 마가, 누가복음 모두에서 제자들은 저녁이
되어 많은 사람들이 잠잘 곳이 없고 먹을 것이 없자 깊은 고민과 근심에 빠
졌다. 그래서 세 복음서 모두 제자들이 먼저 예수님께 나아와 이 일을 어떻
게 해결할지에 대한 방안을 내놓는다. 이 상황을 자세히 살펴보자.

[15] 저녁때가 되니, 제자들이 예수께 다가와서 아뢰었다. "여기는 빈 들이고, 날도 이미
  저물었습니다. 그러니 무리를 흩어 보내서, 제각기 먹을 것을 사먹게 마을로 보내시
  는 것이 좋겠습니다."

이것으로 보아 그들의 고민이 얼마나 깊었는지를 이해할 수 있다. 수천
명, 아니 수만 명이 예수님을 따르고 있었다. 밤은 가까워 오는데 무리들은
잠잘 곳도 없고 먹을 것도 없었다. 제자들은 이런 상황이 매우 당황스러웠
다. 이런 상황이 그들에게는 얼마나 부담스러웠을까?

(4) 주님의 너무나 황당하고 엉뚱한 반응 – 너희들이 먹을 것을 주라.

주님은 이들이 무엇을 걱정하는지 다 아셨다. 그러나 이에 대한 주님의
반응은 너무나 엉뚱하였다. 제자들은 그들을 마을로 보내 먹을 것을 사 먹

게 하거나 민가에서 잠자게 하자고 했다. 이것은 제자들의 일정한 반응이었다. 그러나 예수님의 반응 역시 너무 분명하고 동일하며 명백하였다. '그럴 것 없다. 너희들이 먹을 것을 주면 될게 아니냐'는 것이었다.

[16] 예수께서 말씀하셨다. "물러갈 필요가 없다. 너희가 그들에게 먹을 것을 주어라."

(5) 도대체 주님은 왜 이 엄청난 사건을 제자들에게 접하게 하신 것인가?

이 사건 역시 상당한 의도성을 갖고 있다. 예수님의 사역은 의도성이 없는 것이 없다. 결국 이 사건의 목적이 제자들을 훈련시키고 가르치는 것이었음을 볼 때 주님의 의도성을 의심해 볼 만하다. 결정적인 단서가 바로 요한복음에 나온다. 이것을 통하여 빌립을 시험하기 위한 것, 다시 말해서 제자들을 시험해 보기 위한 것임이 분명해진다.

〈요 6:5-6〉

[5] 예수께서 눈을 들어서, 큰 무리가 자기에게로 모여드는 것을 보시고 "우리가 어디에서 빵을 사다가, 이 사람들을 먹이겠느냐?" 하고 빌립에게 말씀하셨다.

[6] 예수께서는 빌립을 시험해 보시고자 이렇게 말씀하신 것이었다. 예수께서는 자기가 하실 일을 잘 알고 계셨던 것이다.

그렇다면 예수님이 하신 '너희들이 먹을 것을 주라'는 말씀은 진실로 제자들에게 먹을 것을 주라는 의미가 아니었다. 즉, '이 일은 내가 해야만 하는 일이다. 너희들은 나를 믿어라, 나에게 맡겨 두라'는 말씀이었다. 결론적으로는 '너희들은 나를 믿어라'는 말씀이었다.

(6) 이에 대한 제자들의 또 다른 반응 – 이것은 저희들로서는 도저히 불가능한 일입니다.

주님은 제자들에게 '너희들이 먹을 것을 주라'고 말씀하셨다. 이 말이 떨어지기가 무섭게 제자들은 난리가 났다. 아니 이런 황당한 말씀이 어디 있는가? 걱정이 되어 예수님께 말씀드렸더니 고작 주님은 '걱정할 것 없다. 너희들이 먹을 것을 주라'고 말씀하셨다. 제자들의 반응을 살펴보자.

〈막 6:37〉
³⁷ 예수께서 "너희가 그들에게 먹을 것을 주어라" 하시니, 제자들이 "그러면 우리가 가서 빵 이백 데나리온 어치를 사다가 그들에게 먹이라는 말씀입니까?" 하였다.

〈요 6:7〉
⁷ 빌립이 예수께 대답하였다. "이 사람들에게 모두 조금씩이라도 먹게 하려면, 빵 이백 데나리온 어치를 가지고서도 충분하지 못합니다."

제자들의 반응은 '안 된다'는 일색이었다. 전부 안 된다고 했다. 이것은 불가능한 일이라고 했다. 전부 부정적인 생각 속에 빠져 있었다. 그 이유도 각각 너무나 달랐다

· 우리에게 가진 것이 너무 적어 안 됩니다(마태).
· 우리에게 돈이 없어 그들을 먹일 수 없습니다(마가).
· 우리가 나서서 될 일이 아닙니다(누가).
· 우리가 가진 돈으로는 충분하지 못합니다(요한).

(7) 놀랍게도 결국 주님이 그들을 먹이셨다. - 먹이시는 방법

그렇다. 주님은 이 일이 자기가 해야 할 일임을 알고 계셨다. 분명히 알고 계셨다. 그래서 결국 주님께서 이 문제를 해결하셨다. 그 해결하신 방법을 자세히 살펴보자.

· 그 작은 떡 덩어리를 가지고 오라 하셨다.
· 주님은 하늘을 향하여 기도하시고 축사하셨다.
· 무리를 50씩 100씩 앉게 하셨다.
· 제자들로 하여금 골고루 나누어 주게 하셨다.
· 그들은 떡을 충분히 먹었다.
· 먹고 남은 것이 12바구니에 가득 찼다.
· 그 남은 떡을 버리지 못하게 하셨다.

분명히 주님은 제자들에게 먹을 것을 그들에게 주라고 말씀하셨지만, 결국 이 일을 스스로 해결하셨다. 왜냐하면 이 일은 자신이 해야 할 일임을 알고 계셨기 때문이다.

(8) 이 말씀은 오늘을 살아가는 우리들에게 무엇을 말하는가?

이 본문에 대한 진정한 접근은 요한이 하고 있다. 요한은 이 사건의 목적을 정확하게 간파하고 있다.

〈요 6:5-6〉

5 예수께서 눈을 들어서, 큰 무리가 자기에게로 모여드는 것을 보시고 "우리가 어디에서

빵을 사다가, 이 사람들을 먹이겠느냐?" 하고 빌립에게 말씀하셨다.

[6] 예수께서는 빌립을 시험해 보시고자 이렇게 말씀하신 것이었다. 예수께서는 자기가 하실 일을 잘 알고 계셨던 것이다.

결국 예수님께서는 이들을 먹이는 것이 자신이 해야 할 임을 잘 알고 계셨다. 그리고 제자들은 이런 예수님을 믿으면 되었다. 주님은 본문을 통하여 우리에게 말씀하신다.

· 천국 백성들이 왜 그리도 걱정들이 많으냐?
· 지금까지 나를 주님이라고 불렀으면서도 너희들은 정작 나를 믿지 못하느냐?
· 지금까지 나를 주님이라고 따랐으면서도 정작 내가 옆에 있는데도 너희들은 나를 인정하지 않느냐?
· 내가 그렇게까지 기적을 행했음에도 불구하고 너희들은 왜 나를 믿지 않느냐?
· 나를 믿어라. 내가 한다. 그것은 너희들이 해결할 문제가 아니라 내가 해결할 문제다. 나를 믿어라.

바로 이 말씀을 하고 계신 것이다.

우리는 얼마나 인생을 어리석게 살아가는가? 얼마나 쓸데없는 걱정에 휩쓸려 살아가는가? 주님을 믿으면서도 우리는 얼마나 믿음 없는 행동을 하는가? 결국 모든 것은 주님이 하시는 것이다.

29. 마 15:21-31은 단순히 '수로보니게 여인의 믿음'이 주제가 아니다

일반적 제목	수로보니게 여인의 믿음
통전적 제목	쓰라린 외면과 냉대와 모욕에도 불구하고 목적을 포기하지 않는 것이 참 믿음

일반적으로 우리는 이 본문 말씀의 제목을 '수로보니게 여인의 믿음'이라고 정하는 경우가 많다. 물론 이 말씀이 '수로보니게 여인의 믿음'에 대하여 말씀하고 있는 것은 틀림없는 사실이다. 그러나 문제는 보다 더 구체적이고 명확한 제목을 붙여야 한다는 것이다. 그래야 이 본문을 통전적으로 이해할 수 있기 때문이다. 본문에 대하여 보다 명확하게 제목을 붙인다면 오히려 '쓰라린 외면과 냉대와 모욕에도 불구하고 목적을 포기하지 않는 것이 참 믿음'이라고 하는 것이 훨씬 강렬하고 분명하다고 할 수 있겠다. 그 이유는 아래와 같다.

²¹ 예수께서 거기에서 떠나서, 두로와 시돈 지방으로 가셨다.
²² 마침, 가나안 여자 한 사람이 그 지방에서 나와서 외쳐 말하였다. "다윗의 자손이신 주님, 나를 불쌍히 여겨 주십시오. 내 딸이, 귀신이 들려 괴로워하고 있습니다."
²³ 그러나 예수께서는 한 마디도 대답하지 않으셨다. 그 때에 제자들이 다가와서 "저 여자가 우리 뒤에서 외치고 있으니, 그를 돌려보내 주십시오" 하고 청하였다.
²⁴ 그러나 예수께서 대답하여 말씀하시기를 "나는 오직 이스라엘 집의 길을 잃은 양들에게 보내심을 받았을 따름이다" 하셨다.
²⁵ 그러나 그 여자는 와서, 예수께 무릎을 꿇고 "주님, 나를 도와주십시오" 하고 간청하였다.
²⁶ 예수께서 대답하시기를 "아이들이 먹을 빵을 집어서, 개들에게 던져 주는 것은 옳지 않다" 하시니.

²⁷ 그 여자가 말하였다. "주님, 그렇습니다. 그러나 개들도 주인의 상에서 떨어지는 부스러기는 얻어먹습니다."
²⁸ 그제서야 예수께서 그 여자에게 말씀하셨다. "여자야, 참으로 네 믿음이 크다. 네 소원대로 될 것이다." 바로 그 때에 그 여자의 딸이 나았다.
²⁹ 예수께서 거기에서 떠나서, 갈릴리 바닷가에 가셨다. 그리고 산에 올라가서, 거기에 앉으셨다.
³⁰ 많은 무리가, 일어서지 못하는 이와 맹인과 지체 장애자와 말 못하는 이와 그 밖에 아픈 사람들을 많이 데리고 예수로 와서, 그 발 앞에 놓았다. 예수께서는 그들을 고쳐 주셨다.
³¹ 그래서 무리는, 말 못하는 이가 말을 하고, 지체 장애자가 성한 몸이 되고, 일어서지 못하는 이가 걸어다니고, 맹인이 보는 것을 보면서 놀랐고, 이스라엘의 하나님께 영광을 돌렸다.

막 7:24-30 중 일부

²⁴ 예수께서 거기에서 일어나셔서, 두로 지역으로 가셨다. 그리고 어떤 집에 들어가셨는데, 아무도 그것을 모르기를 바라셨으나, 숨어 계실 수가 없었다.
²⁵ 악한 귀신 들린 딸을 둔 여자가 곧바로 예수의 소문을 듣고 와서, 그의 발 앞에 엎드렸다.

²⁶ 그 여자는 그리스 사람으로서, 수로보니게 출생인데, 자기 딸에게서 귀신을 내쫓아 주시기를 예수께 간청하였다.
²⁷ 예수께서 그 여자에게 말씀하셨다. "아이들을 먼저 배불리 먹여야 한다. 아이들이 먹을 빵을 집어서 개들에게 던져 주는 것은 옳지 않다."

(1) 주님의 사역이 얼마나 힘드셨으면…

주님께서는 가는 곳마다 교권자들과 논쟁하시고, 엄청나게 몰려드는 무리, 특히 예수님을 그들의 왕으로 삼겠다고 아우성치며 따라다니는 무리를 상대하시고, 병들어 신음하고 있는 자들을 고치시는 등, 이루 말로 표현할 수 없는 힘든 사역을 하고 계셨다. 그런데 마가복음에 보면, 이러한 현장에서 잠시라도 벗어나 쉬기를 바라는 주님의 마음이 담겨 있다.

〈막 7:24〉

²⁴ 예수께서 거기에서 일어나셔서… 두로 지역으로… 아무도 그것을 모르기를 바라셨으나.

주님은 5천 명을 먹이신 사건, 장로들의 전통에 대한 깊은 토론 등으로 말로 표현할 수 없을 정도로 지치신 것 같다. 주님이 급히 자신의 제자들을 다른 곳으로 도피시키시고 그들을 흩으신 후 합류하신 것을 보면, 그 피곤이 얼마나 심했는지를 이해할 수 있다. 정말로 예수님께서는 잠시라도 숨어 쉬고 싶으셨던 것이다. 가는 곳마다 논쟁을 해야 했으니 얼마나 힘들고 고통스러우셨을까?

(2) 놀랍게도 그곳에까지 소문이 퍼져 귀신 들린 딸을 위하여 간구하는 수로보니게 여인

²² … "다윗의 자손이신 주님, 나를 불쌍히 여겨 주십시오."

참으로 딱한 일이다. 이 여자가 어떤 운명으로 그 멀리 그리스 수로보니게에서 여기까지 와서 사는지는 알 수 없으나 분명히 특별한 사연이 있을 것이다. 마가는 이 사건이 하도 특이하여 그냥 지나칠 수 없었던 모양이다. 그래서 그는 이 여인의 사정에 대하여 알아보았다. 이 여인이 멀리서 시집을 와서 두로라는 곳에 살고 있는데, 그의 희망이요 그의 생명 같은 딸이 귀신에 들려 고통 받고 있었다. 그녀는 얼마나 힘들고 절망스러웠을까?

· 외국인으로서 먼 이국땅에 시집을 와서 산다는 자체가 큰 고통이 아닐 수 없다.
· 자신의 딸은 자신의 생명 같은 존재인데, 이 딸이 귀신 들려 고통을 당하고 있으니 이 병을 고치기 위해서라면 그가 모든 방법을 동원했음은 말할 나위도 없다.
· 예수님이라는 사람의 소문을 듣긴 했어도 만날 방법이 없었다.
· 이 여인이 이 자리에 갑자기 나타난 것은 예수님의 동향에 대하여 끈질기게 추적하고 있었다는 얘기다.

(3) 이 여인을 돌려보내자는 제자들과 차가운 외면과 거절로 이 여인을 대하는 예수님

예수님께서는 이 여인이 '다윗의 자손이여 나를 불쌍히 여기소서'라고 말했어도 이에 대해 한마디도 대꾸하지 않으셨다. 그런데 이 여인은 계속하여 간구하였다. 마태복음에서는 어떤 집에서 발생한 것이 아니라 두로와 시돈

으로 내려가는 길에 이 사건이 발생한 것으로 보고 있고, 이 여인이 필사적으로 예수님께 딸에 대하여 구한 것으로 나타나고 있다. 여인이 하도 시끄럽게 하니 제자들은 귀찮아졌고 예수님께 돌려보내라고 하였다. 이 말은 시끄러우니 병이나 고쳐서 돌려보내 조용히 좀 지내자는 투가 아니었겠는가?

> [23] 그러나 예수께서는 한 마디도 대답하지 않으셨다. 그 때에 제자들이 다가와서 "저 여자가 우리 뒤에서 외치고 있으니, 그를 돌려보내 주십시오" 하고 청하였다.
>
> [24] 그러나 예수께서 대답하여 말씀하시기를 "나는 오직 이스라엘 집의 길을 잃은 양들에게 보내심을 받았을 따름이다" 하셨다.

(4) 자존심 따위는 상관없이 오직 딸의 회복을 위하여 최선을 다하는 여인

이 얼마나 자존심 상하는 일인가? "나는 너희들을 위하여 오지 않았다. 나는 오직 이스라엘을 위하여 왔다. 나는 너희들 이방인들에게는 사랑을 나누어 줄 수 없다. 너희는 우리와 상관없는 사람이어서 나의 사랑을 나누어 줄 수도 없고, 너의 청원을 들어줄 수도 없다." 이것은 소위 자존심에 대한 문제였다. 이것은 그야말로 치명적인 모독이었다. 이 정도면 사람들은 포기하기 마련이다. 그러나 그 여인은 달랐다. 더욱 적극적인 자세로 예수님에게 매달린다.

> [25] 그러나 그 여자는 와서, 예수께 무릎을 꿇고 "주님, 나를 도와주십시오" 하고 간청하였다.

이 여인은 세 번이나 깊은 상처를 받았다.

- 그렇게 간청했는데도 예수님께서는 한마디도 하지 않으셨다.
- 제자들마저 귀찮다고 하며 이 여인을 돌려보내자고 하였다.
- 예수님은 '이방인을 위해 온 것이 아니라 이스라엘을 위해 왔으므로 너희에게 관심을 둘 수 없다'고 말씀하셨다.

실로 이는 자존심을 건드리는 문제임이 틀림없다. 그러나 이 여인은 자신의 목적과 소원을 이루려는 뜻이 너무 강하여 자존심 따위는 상관없었다. 그녀는 필사적으로 예수님께 접근했다. 이번에는 무릎을 꿇고 "주님, 나를 도와주십시오!"라고 말하였다. 자존심 따위는 문제가 아니었다. 그가 받은 상처 따위는 안중에도 없었다. 그가 진정으로 이루고자 하는 일에는 자존심이라는 방해물도, 그리고 상처받는 일쯤은 얼마든지 참고 또 참을 수 있다는 강한 집념을 갖고 있었다.

(5) 너무나 모욕적인 예수님의 발언 – 과연 이 분이 우리가 믿고 있는 그 친절하고 자비로운 예수님이신가?

이쯤 되면 아무리 예수님이라도 마음을 돌이켜 그에게 관심을 줄 만하다. 그런데 주님의 말씀은 더 나아가서 뱀처럼 차갑게 이 여인을 대한다. 이 분이 과연 우리가 믿는 예수님이 맞는지 싶을 정도로 차가운 말씀을 쏟아내고 있다. 마태복음과 마가복음은 이를 각각 다르게 표현하고 있다.

[26] 예수께서 대답하시기를 "아이들이 먹을 빵을 집어서, 개들에게 던져 주는 것은 옳지 않다" 하시니,

〈막 7:27〉

²⁷ 예수께서 그 여자에게 말씀하셨다. "아이들을 먼저 배불리 먹여야 한다. 아이들이 먹을 빵을 집어서 개들에게 던져 주는 것은 옳지 않다."

(6) 상처의 차원을 떠나 모욕의 단계에서도 지혜로써 목적을 포기하지 않는 여인

이것은 인간으로서 참을 수 없는 모욕이었다. '아이들이 먹을 빵을 집어서 개들에게 던져 주는 것은 옳지 않다'는 예수님의 말씀은 '너희들은 개다'라는 의미로 볼 수 있다. 마가복음에서는 '우리 아이들이 먼저 배불리 먹어야 한다. 그런데 우리 아이들이 먹을 빵을 집어 너희 같은 개들에게 던져 주는 것은 옳지 않다'라고 말하고 있는데, 예수님께서는 '옳지 않다'라는 말까지 스스럼없이 내뱉으신 것을 볼 수 있다. 그렇게 살려 달라고 아우성치는 이 불쌍한 여인에게 한마디도 하지 않은 예수님, 이 불쌍한 여인을 내치자는 제자들, '나는 너희들을 위하여 오지 않았다'는 냉혈적인 말씀, 상처를 받을 대로 받고 포기하고 싶을 정도의 절망스러운 상태, 이제는 나아가 아예 주님께 '개'라는 모욕적인 말까지 들은 여인. 참 기가 막힌 일이다. 그러나 이 여인에게 포기란 없었다. 그에게는 목적을 이루는 데 있어서 이까짓 냉대와 외면, 상처와 모욕은 아무것도 아니었다. 이처럼 그는 강한 여인이었다.

- 무시와 냉대
- 외면당함
- 상처 받음
- 모욕

²⁷ 그 여자가 말하였다. "주님, 그렇습니다. 그러나 개들도 주인의 상에서 떨어지는 부스러기는 얻어 먹습니다."

· 주님의 말씀이 맞습니다.
· 그렇습니다. 저는 개입니다.
· 그럼에도 불구하고 개들도 주인의 상에서 떨어지는 부스러기는 얻어먹습니다.
· 그 부스러기를 개와 같은 나에게 하나만 던져 주십시오.

정말 무서운 여자다. 정말 끈질긴 여자다. 딸의 병을 고치기 위해서라면 무슨 일이든 못하랴? 이 여인은 절박하게 매달린다. 마 15:25에서 여인은 '주님, 나를 도와주십시오.'라고 하소연한다. 그리고 마 15:27에서는 '개들도'라는 표현을 사용한다. 이 대답은 이방인들 역시 유대인에 이어 하나님의 은혜에 동참할 수 있다는 소신을 밝힌 것이다. 당시 유대인이 이방인에 대하여 심한 배타적 감정을 가졌다는 사실을 비추어 볼 때 하나님 은혜의 보편성에 대한 가나안 여인의 고백은 실로 놀라운 영적 지각을 지닌 믿음의 고백이라고 할 수 있다.

(7) 그제서야 상황 끝

²⁸ 그제서야 예수께서 그 여자에게 말씀하셨다. "여자야, 참으로 네 믿음이 크다. 네 소원대로 될 것이다." 바로 그 때에 그 여자의 딸이 나았다.

성경은 '그제서야'라고 말씀하고 있다. '그제서야'라는 말은 매우 중요하다. 그렇다면 지금까지 문자적으로는 주님이 이 여인의 딸을 고쳐 줄 마음이 있다는 것을 알려 준다. 예수님께서는 이렇게 끈질긴 믿음을 가지고 자존심과 상처와 모욕까지 덮어 두고서 자신의 딸을 사랑하는 마음을 보시고 이 여인에게 관심을 가지신 것이다. 결국 이 여인이 해 낸 것이다. 이루어질 수 없는 일이었는데도 여인의 믿음과 열정으로 이 일을 해 냈다. 결국 예수님의 마음을 움직였다. 결국 예수님께 감동을 주었다.

사실 주님은 처음부터 이 여인을 냉대하셨다. 그러나 그것은 의도된 냉대였고 의도된 무시였다. 예수님이 왜 이것을 모르시겠는가? 이것을 바라보고 있던 제자들은 놀라움을 금치 못했을 것이다. 그리고 이 사건을 통해서 그들도 어떠한 마음으로 세상을 살아야 하는지를 생각했을 것이다.

(8) 이 말씀은 오늘을 살아가는 우리에게 어떤 교훈을 주는가?

· 먼저 우리에게 자신의 아픔과 문제를 해결하고자 하는 무서운 열정이 있어야 한다.
· 그리고 이에 대한 엄청난 시련과 자존심, 모욕, 외면, 그리고 무시라는 방해물을 극복해야 한다.
· 이러한 방해물에도 포기하지 않고 지혜로써 도전하고 또 도전해야 한다.
· 결국 그 목적을 이룸으로써 행복한 삶과 차원이 다른 삶에 이르게 된다.

그렇다. 본문은 이렇게 단순히 '수로보니게 여인의 믿음'에 대하여 말하지 않는다. 본문은 너무나 강렬한 믿음, 처절한 믿음, 포기하지 않는 믿음에 대하여 말하고 있다. 다시 말해서 본문은 '쓰라린 외면과 냉대와 모욕에도 불구하고 목적을 포기하지 않는 것이 참 믿음'임을 우리에게 알려 주고 있는 것이다.

30. 마 16:21-28은 단순히 '사탄아 네 뒤로 물러가라'가 주제가 아니다

일반적 제목	사탄아 네 뒤로 물러가라.
통전적 제목	이 세상에서 나를 부끄럽게 여겨 영광의 날에 창피를 당할래, 아니면 당당한 그리스도인이 되어 주 앞에 설래?

본문의 말씀은 베드로가 예수님께 책망 받는 장면으로서 보통 우리는 '사탄아 네 뒤로 물러가라'는 제목으로 설교를 한다. 그러나 본문은 이 제목과는 너무나 거리가 먼 이야기를 다루고 있다. 본문을 전체적으로 묵상해 보면, '이 세상에서 나를 부끄럽게 여겨 영광의 날에 창피를 당할래, 아니면 이 죄악의 세상에서도 '당당한 그리스도인이 되어 영광의 날에 주 앞에 설래?'가 그 주제가 된다. 제목이 다소 아니 상당히 길지만 그럼에도 불구하고 본문의 전체적인 내용은 위와 같다. 이와 같은 제목이 형성될 수밖에 없는 이유는 아래와 같다.

²¹ 그 때부터 예수께서는, 자기가 반드시 예루살렘에 올라가고, 장로들과 대제사장들과 율법학자들에게 많은 고난을 받고 죽임을 당하고, 사흘째 되는 날에 살아나야 한다는 것을, 제자들에게 밝히기 시작하셨다.
²² 이에 베드로가 예수를 꼭 붙들고 "주님, 안 됩니다. 절대로 이런 일이 주님께 일어나서는 안 됩니다" 하면서, 예수께 항의하였다.
²³ 그러나 예수께서는 돌아서서, 베드로에게 말씀하시기를 "사탄아, 내 뒤로 물러가라. 너는 나에게 걸림돌이다. 너는 하나님의 일을 생각하지 않고, 사람의 일만 생각하는구나!" 하셨다.
²⁴ 그 때에 예수께서는 제자들에게 말씀하셨다. "누구든지 나를 따라오려거든, 자기를 부인하고 제 십자가를 지고 나를 따라오라.

²⁵ 누구든지 제 목숨을 구하고자 하는 사람은 잃을 것이요, 누구든지 나를 위하여 제 목숨을 잃는 사람은 찾을 것이다.
²⁶ 사람이 온 세상을 얻고도 제 목숨을 잃으면, 무슨 이득이 있겠느냐? 또, 사람이 제 목숨을 되찾는 대가로 무엇을 내놓겠느냐?
²⁷ 인자가 자기 아버지의 영광에 싸여, 자기 천사들을 거느리고 올 터인데, 그 때에 그는 각 사람에게 그 행실대로 갚아 줄 것이다.
²⁸ 내가 진정으로 너희에게 말한다. 여기에 서 있는 사람들 가운데 죽음을 맛보지 않고 살아서, 인자가 자기 왕권을 차지하고 오는 것을 볼 사람들도 있다."

눅 9:22-27 중 일부

²³ 그리고 예수께서 모든 사람에게 말씀하셨다. "누구든지 내 뒤를 따라오려거든, 자기를 부인하고, 날마다 자기 십자가를 지고 나를 따라오너라.

(1) '그 때부터'는 언제부터를 말하는가?

마 16:21의 '그 때'는 앞 절의 사건을 말하는데, 이는 베드로가 신앙고백을 한 사건을 말한다. 그리고 예수님께서 자신이 그리스도라는 사실을 아무에게도 알리지 말라고 엄히 경고한 사건을 말한다. 이는 누가복음 9장의 사실과 일치한다. 그렇다면 왜 '그 때부터'라는 말로 본문이 시작하는가? 어떤 의도로 이렇게 말씀하셨으며, 그 앞의 말씀들이 왜 그렇게 중요한 것인가? 우리는 그 이유를 반드시 찾아내야 한다. 그것은 예수님께서 단순히 그를 따르던 사람들과는 달리, 제자들이 이제야 자신을 메시아와 그리스도임을 인식하고 확실하게 아는 단계에 이르렀다고 생각하고, 앞으로 다가올 엄청난 이야기를 해도 괜찮겠다고 생각하셨다는 것을 의미한다.

따라서 이 시간 이후부터 예수님께서 비로소 고난에 대한 구체적인 예언을 하셨다는 것과 예수님의 수난의 그림자가 점점 더 짙어졌다는 것을 보여주기 위하여 이러한 표현이 사용되었다. 또한 예수님께서는 지금까지 자신이 메시아인 것과 고난을 받게 될 것을 숨기셨으나 지금 이 시점으로부터는 배척받고 죽은 후 사흘 만에 다시 부활하리라는 메시아 사역의 비밀을 명백하게 가르치기 시작하셨다는 것을 보여 준다.

(2) 그 때부터 제자들에게 밝힌 내용은 무엇인가?

예수님은 '예루살렘에 올라가고, 장로들과 대제사장들과 율법학자들에게 많은 고난을 받고 죽임을 당하고, 사흘째 되는 날에 살아나야 한다는 것'을 제자들에게 밝히기 시작하셨다

· 예루살렘에 올라가고,

- 장로들과 대제사장들과 율법학자들에게 많은 고난을 받고
- 죽임을 당하고,
- 사흘째 되는 날에 살아나야 한다는 것을, 제자들에게 밝히기 시작하셨다.

(3) 이에 대한 베드로의 대단히 적극적인 행동은 무엇인가?

[22] 이에 베드로가 예수를 꼭 붙들고 "주님, 안 됩니다. 절대로 이런 일이 주님께 일어나
서는 안 됩니다" 하면서, 예수께 항의하였다

- 베드로가 나섬.
- 예수님을 꼭 붙듦.
- 절대로 이런 일이 주님께 일어나서는 안 된다고 말함.
- 예수님께 항의함.

우리가 볼 때 베드로의 행동에는 아무 잘못이 없는 것 같다. 그러나 문제는 그가 그렇게 예수님을 오래 따라 다니고, 주님께 계속 '이렇게도 믿음이 없느냐'고 계속 책망 받고, '이제는 믿음으로 행동하고 하나님의 일을 생각해야 할 것'이라고 수차례 경고 받았음에도 아직 그 예수님의 말씀을 알아듣지 못한 것이었다.

(4) 베드로에게 섬뜩함을 느낄 정도로 돌변한 예수님의 행동

예수님은 바로 이 사건 전, 즉 베드로가 진정으로 멋있는 신앙고백을 하였을 때 그를 두고 얼마나 놀랍게 칭찬하셨던가? 베드로는 진심으로 예수님께서 그렇게 되어서는 안 된다는 충성스러운 마음으로 이 말씀을 드렸는데,

예수님께서는 베드로를 칭찬하던 모습과는 대조적으로 차디찬 시선과 섬뜩함으로 베드로의 말을 사탄으로 몰아붙이는 그야말로 이해하기 힘든 행동을 하신다.

> [23] 그러나 예수께서는 돌아서서, 베드로에게 말씀하시기를 "사탄아, 내 뒤로 물러가라. 너는 나에게 걸림돌이다. 너는 하나님의 일을 생각하지 않고, 사람의 일만 생각하는구나!" 하셨다.

- 그러나
- 예수님께서는 돌아서서,
- 베드로에게 말씀하시기를
- 사탄아 내 뒤로 물러가라.
- 너는 나에게 걸림돌이다.
- 너는 하나님의 일을 생각하지 않고, 사람의 일만 생각하는구나!

아, 이 얼마나 놀랍고 베드로에게는 치명적인 말인가? 베드로의 말이 정말 예수님께서 이렇게까지 화낼 일이고, 베드로가 사탄이라고 칭함을 받아야 할 일인가? 베드로의 입장에서는 너무 억울한 일이 분명했으나 주님의 입장에서는 그러해야 했다. 베드로가 주님을 그리스도시요 살아 계신 하나님의 아들이라고 고백했다면, 적어도 주님께서 말씀하시는 것에 대하여 비록 그것이 자신의 생각과는 다를지라도 받아들여야 했기 때문이다.

예수님의 이러한 반응은 '이것이 사탄을 돕는 길이요, 이 사람이 바로 사탄의 도구가 된다'는 무시무시한 경고였던 것이다. 그리고 이런 일은 결국 주님의 마음을 아프게 하고 주님의 사역에 걸림돌이 된다는 초강경한 주님의 말씀이었던 것이다.

(5) 이 말씀을 하신 후, 이 음란한 세대에서 이제 주님의 천국 백성은 어떻게 살아야 할지를 제시하신다.

이 일이 있고 나서(베드로에게 심각한 책망을 하시고 나서) 이제 예수님께서는 제자들에게 주님의 제자, 즉 천국 백성이 된 자들은 과연 이 땅에서 어떠한 태도로 살아야 하는지 말씀하신다.

〈마 8:34-38〉

[34] 그리고 예수께서 제자들과 함께 무리를 불러 놓고 그들에게 말씀하셨다. "누구든지, 나를 따라오려거든, 자기를 부인하고, 자기 십자가를 지고 나를 따라오너라.

[35] 누구든지 제 목숨을 구하고자 하는 사람은 잃을 것이요, 누구든지 나와 복음을 위하여 제 목숨을 잃는 사람은 구할 것이다.

[36] 사람이 온 세상을 얻고도 제 목숨을 잃으면, 무엇이 유익하겠느냐?

[37] 사람이 제 목숨을 되찾는 대가로 무엇을 내놓겠느냐?

[38] 음란하고 죄가 많은 이 세대에서, 누구든지 나와 내 말을 부끄럽게 여기면, 인자도 자기 아버지의 영광에 싸여 거룩한 천사들을 거느리고 올 때에, 그를 부끄럽게 여길 것이다."

주님의 말씀은 이렇게 요약된다.

· 누구든지, 나를 따라오려거든, 자기를 부인하고, 자기 십자가를 지고 나를 따라와야 한다.
· 누구든지 제 목숨을 구하고자 하는 사람은 잃을 것이요, 누구든지 나와 복음을 위하여 제 목숨을 잃는 사람은 구할 것이다.
· 사람이 온 세상을 얻고도 제 목숨을 잃으면, 무엇이 유익하겠느냐·

- 사람이 제 목숨을 되찾는 대가로 무엇을 내놓겠느냐?

- 음란하고 죄가 큰 이 세대에서, 누구든지 나와 내 말을 부끄럽게 여기면, 인자도 자기 아버지의 영광에 싸여 거룩한 천사들을 거느리고 올 때에, 그를 부끄럽게 여길 것이다.

(6) 결론적으로 말하면 이와 같다.

음란하고 죄 많은 이 세대에서, 누구든지 나와 내 말을 부끄럽게 여기면, 인자도 자기 아버지의 영광에 싸여 거룩한 천사들을 거느리고 올 때에, 그를 부끄럽게 여길 것이다.

(7) 그러므로 이 본문은 이런 질문으로 끝난다.

"이 세상에서 나를 부끄럽게 여기고 영광의 날에 창피를 당할래, 아니면 당당한 그리스도인이 되어 주 앞에 설래?"

31. 마 17:1-13은 단순히 '예수님의 변화하심'이 주제가 아니다

일반적 제목	예수님의 변화하심
통전적 제목	예수님의 고난과 죽음 뒤에 올 그 큰 영광을 예고하심

안타깝게도 이 본문 역시 그 정확한 의미를 파악하지 못하고 단순히 '예수님의 변화하심'이라는 통속적인 제목으로 설교되고 있다. 그러나 본문은 결코 예수님의 변화하심에 초점이 맞추어지고 있는 것이 아니다. 본문을 읽을 때 왜 예수님이 변화하셨으며 그 목적이 무엇이었는지를 파악하지 않으면 이 본문에서 말씀하려는 의도를 놓치게 된다. 그런 측면에서 본문을 깊

이 묵상해야 하는데 본문은 놀랍게도 예수님의 고난과 죽음, 그리고 그 뒤에 올 영광에 대하여 집중적으로 거론하고 있다. 따라서 본문의 주제를 단순히 '주님의 변화하심'에 초점을 맞출 것이 아니라 '예수님의 고난과 죽음 뒤에 올 그 큰 영광을 예고하심'이라고 설정할 때 본문 전체를 아우를 수 있는 주제가 될 수 있다.

¹ 그리고 엿새 뒤에, 예수께서는 베드로와 야고보와 그의 동생 요한을 데리시고, 따로 높은 산으로 가셨다.
² 그런데 그들이 보는 앞에서 그의 모습이 변하였다. 그의 얼굴은 해와 같이 빛나고, 옷은 빛과 같이 희게 되었다.
³ 그리고 마침 모세와 엘리야가 그들에게 나타나더니, 예수와 더불어 말을 나누었다.
⁴ 베드로가 예수께 말하였다. "주님, 우리가 여기에 있는 것이 좋겠습니다. 원하시면, 내가 여기에다가 초막 셋을 지어, 하나에는 주님을, 하나에는 모세를, 하나에는 엘리야를 모시겠습니다.
⁵ 베드로가 아직도 말을 채 끝내지 않았는데, 갑자기 빛나는 구름이 그들을 뒤덮었다. 그리고 구름 속에서 "이는 내 사랑하는 아들이다. 내가 그를 좋아한다. 너희는 그의 말을 들어라" 하는 소리가 들려 왔다.
⁶ 제자들은 이 말을 듣고, 얼굴을 땅에 대고 엎드려, 몹시 두려워하였다.

⁷ 예수께서 가까이 오셔서, 그들에게 손을 대시고 "일어나거라. 두려워하지 말아라" 하고 말씀하셨다.
⁸ 그들이 눈을 들어 보니, 예수 밖에는 아무도 없었다.
⁹ 그들이 산에서 내려올 때에, 예수께서 그들에게 명하시기를 "너희는 인자가 죽은 사람들 가운데서 살아날 때까지는, 본 광경을 아무에게도 말하지 말아라" 하셨다.
¹⁰ 제자들이 예수께 물었다. "그런데 어찌하여 율법학자들은 엘리야가 먼저 와야 한다고 합니까?"
¹¹ 예수께서 대답하셨다. "확실히, 엘리야가 와서, 모든 것을 회복시킬 것이다.
¹² 내가 너희에게 말한다. 엘리야는 이미 왔다. 그러나 사람들이 그를 알지 못하고, 그를 함부로 대하였다. 인자도 이와 같이, 그들에게 고난을 받을 것이다."
¹³ 그제서야 비로소 제자들은, 예수께서 세례자 요한을 두고 하신 말씀인 줄을 깨달았다.

막 9:2-13

² 그리고 엿새 뒤에 예수께서 베드로와 야고보와 요한만을 데리시고, 따로 높은 산으로 가셨다. 그런데, 그들이 보는 앞에서, 그의 모습이 변하였다.
³ 그 옷은 세상의 어떤 빨래꾼이라도 그렇게 희게 할 수 없을 만큼, 새하얗게 빛났다.
⁴ 그리고 엘리야가 모세와 함께 그들에게 나타나더니, 예수와 말을 나누었다.
⁵ 베드로가 대답하여 예수께 말하였다. "랍비님, 우리가 여기에 있는 것이 좋겠습니다. 우리

가 초막 셋을 지어서, 하나에는 랍비님을, 하나에는 모세를, 하나에는 엘리야를 모시겠습니다."
⁶ 사실, 베드로는 무슨 대답을 해야 좋을지 몰랐던 것이다. 제자들이 겁에 질렸기 때문이다.
⁷ 그런데 구름이 일어나서, 그들을 뒤덮었다. 그리고 구름 속에서 소리가 났다. "이는 내 사랑하는 아들이다. 너희는 그의 말을 들어라."
⁸ 그들이 바로 둘러보았으나, 아무도 없었고, 예수만 그들과 함께 계셨다.

⁹ 그들이 산에서 내려올 때에, 예수께서는 그들에게 명하시어, 인자가 죽은 사람들 가운데서 살아날 때까지는, 본 것을 아무에게도 이야기하지 말라고 하셨다.

¹⁰ 그들은 이 말씀을 간직하고, 죽은 사람들 가운데서 살아난다는 것이 무슨 뜻인가를 서로 물었다.

¹¹ 그들이 예수께 묻기를 "어찌하여 율법학자들은 엘리야가 먼저 와야 한다고 합니까?" 하니,

¹² 예수께서 그들에게 말씀하셨다. "확실히 엘리야가 먼저 와서, 모든 것을 회복한다. 그런데, 인자가 많은 고난을 받고 멸시를 당할 것이라고 기록한 것은, 어찌 된 일이냐?

¹³ 내가 너희에게 말한다. 엘리야는 이미 왔다. 그런데, 그를 두고 기록한 대로, 사람들은 그를 함부로 대하였다."

눅 9:28-36

²⁸ 이 말씀을 하신 뒤에, 여드레쯤 되어서, 예수께서는 베드로와 요한과 야고보를 데리고 기도하러 산으로 올라가셨다.

²⁹ 예수께서 기도하고 계시는데, 그 얼굴 모습이 변하고, 그 옷이 눈부시게 희고 빛났다.

³⁰ 그런데 마침 두 사람이 예수와 말을 나누고 있었는데, 그들은 모세와 엘리야였다.

³¹ 그들은 영광에 싸여 나타나서, 예수께서 예루살렘에서 이루실 일, 곧 그의 죽으심에 대하여 말하고 있었다.

³² 베드로와 그 일행은 잠을 이기지 못해서 졸다가, 깨어나서 예수의 영광을 보고, 또 그와 함께 서 있는 두 사람을 보았다.

³³ 그 두 사람이 예수에게서 떠나갈 때에, 베드로가 예수께 말하였다. "선생님, 우리가 여기에 있는 것이 좋겠습니다. 우리가 초막 셋을 지어서, 하나에는 선생님을, 하나에는 모세를, 하나에는 엘리야를 모시겠습니다." 베드로는 자기가 무슨 말을 하는지도 모르고, 그렇게 말하였다.

³⁴ 그가 이렇게 말하고 있는데, 구름이 일어나서 그들을 뒤덮었다. 그들은 구름 속으로 들어갔을 때에, 두려움에 사로잡혔다.

³⁵ 그리고 구름 속에서 소리가 나기를 "이는 나의 아들, 곧 내가 택한 자다. 너희는 그의 말을 들어라" 하셨다.

³⁶ 그 소리가 났을 때에, 예수만이 거기에 계셨다. 제자들은 입을 다물고, 그들이 본 것을 얼마 동안 아무에게도 이야기하지 않았다.

(1) '엿새 뒤에'라는 말은 어떤 일을 염두에 두고 말하는 것이며, 앞의 사건과 어떤 연관성을 갖고 있는 것인가?

마태는 이 사건과 앞의 사건을 연결시킨다. 다시 말해서 이 두 사건 사이에 일정한 연관성이 있다는 것을 말하고 있다. 그렇다면 본문 앞에서는 어떤 일이 있었고, 본문에서는 어떤 일이 있었는지를 살펴볼 필요가 있다.

마태복음 16장은 예수님께서 부활과 죽음을 예고하신 사건이다. 그리고 나서 엿새 뒤의 일이므로 마태는 '이 사건'과 '부활과 죽음'을 일련의 연관성을 가지고 보려는 의도를 살펴볼 수 있다.

한편 누가는 마태와는 달리 변화산 사건이 일어난 시점을 "이 말씀을 하신 후 팔일 쯤"으로 기록하고 있다(눅 9:28). 이러한 차이가 일어난 이유는 숫자의 정확성을 추구하였던 마태는 사건이 일어났던 두 날들을 제외하고 가이사랴 빌립보에서 변화산까지의 여행 기간만을 기록한 반면, 누가는 사건이 일어났던 두 날 모두를 포함시켰기 때문이다.

(2) 높은 산에는 왜 올라가셨는가?

본문은 예수님이 베드로와 야고보와 형제 요한을 데리고 높은 산에 따로 올라갔다고 기록하고 있다. 마태와 마가는 그 이유에 대하여 설명하지 않지만, 누가는 상당히 특이하게 이 사건을 조명하고 있다. 그는 예수님이 기도하기 위해 높은 산에 세 제자를 데리고 오르셨다고 말하고 있다.

⟨눅 9:28⟩

²⁸ 이 말씀을 하신 뒤에, 여드레쯤 되어서, 예수께서는 베드로와 요한과 야고보를 데리고 기도하러 산으로 올라가셨다.

누가는 유난히 기도하던 중을 강조하고 있다. 기도하러 가셨고 또 기도하는 중에 이런 변화가 있었다고 말한다. 그리고 모세와 엘리야가 나타나 예수님과 얘기를 하고 있었다고 전하고 있다. 이런 점에서 누가는 특별하게 예수님의 성령충만한 모습과 기도하는 모습을 많이 기리고 있다. 이처럼 주님은 수시로 기도하셨다. 늘 기도 가운데 사셨다.

(3) 그런데 왜 베드로와 야고보와 요한만을 데리고 가셨을까?

예수님께서 베드로와 야고보와 요한만을 데리고 따로 산에 올라가 기도하셨다는 것은 뭔가 좀 이상한 일이다. 그런데 더 이상한 것은 이러한 현상이 성경 여러 곳에서 등장하고 있다는 것이다. 그렇다면 어떠한 경우에 예수님께서는 이 세 명을 따로 데리고 가셨는가? 그리고 그 이유는 무엇인가? 이것을 해결하기 위하여 우리는 다음의 성경들 막 5:37, 막 13:3, 막 14:33을 참고해 볼 필요가 있다. 이 셋를 종합해 보면 나름대로 아주 중요한 사건들이다. 한 번은 죽은 사람을 살리는 사건이었고, 한 번은 예루살렘의 멸망에 관한 사건이었고, 또 한 번은 죽음을 앞둔 사투의 기도의 사건이었다. 이것으로 보아 예수님께서는 열두 명의 제자들 가운데서도 이 셋은 특별히 신뢰하고 마음에 두셨음을 알 수 있다. 물론 인간이었지만 그래도 예수님과 마음을 나눌 수 있는 제자들이었다고 볼 수 있다.

(4) 왜 하필 모세이고 엘리야인가?

이 질문 역시 중요한 질문이 아닐 수 없다. 아브라함도 있고 다윗도 있는데 왜 하필 모세와 엘리야인가? 안타깝게도 주님은 모세에 대해서는 말씀하지 않으시고 엘리야에 대해서는 말씀하신 바 있다. 엘리야는 세례 요한을 말한다.

[10] 제자들이 예수께 물었다. "그런데 어찌하여 율법학자들은 엘리야가 먼저 와야 한다고 합니까?"

[11] 예수께서 대답하셨다. "확실히, 엘리야가 와서, 모든 것을 회복시킬 것이다.

[12] 내가 너희에게 말한다. 엘리야는 이미 왔다. 그러나 사람들이 그를 알지 못하고, 그

를 함부로 대하였다. 인자도 이와 같이, 그들에게 고난을 받을 것이다."

¹³ 그제서야 비로소 제자들은, 예수께서 세례자 요한을 두고 하신 말씀인 줄을 깨달았다.

엘리야, 즉 세례 요한이 고난을 받은 것 같이 인자도 이제 고난을 받게 될 것이라고 하셨다. 그런데 모세는 왜 등장한 것일까? 이것은 추정할 수밖에 없는데, 모세가 율법을 대표한다고 볼 때 예수님께서는 이제 구약의 모든 율법을 고난을 통하여 이루어 가신다는 의미를 가지고 있다. 다시 말해서 이제 이 순간이 예수님의 고난의 순간이며, 또한 모세의 율법을 완전히 완성하시는 또 다른 계기가 된다는 것이다.

예수님께서 세례를 받으실 때는 성부와 성자와 성령이 함께 하셨지만, 이제 예수님께서 고난 받으시는 것은 완성을 의미하기 때문에 엘리야와 모세가 등장한 것으로 볼 수 있다.

(5) 그렇다면 왜 이렇게 영광스러운 모습으로 변하셨을까? 이는 무엇을 의미하는가?

누가는 예수님께서 기도하는 중에 그가 그야말로 영광스런 모습으로 변화되었다고 기록하고 있다. 뿐만 아니라 세 명의 기자 모두 그 영광에 대하여 소개하고 있는데, 이 영광은 보통 영광이 아니라 인간이 형언할 수 없는 영광이었다.

² 그런데 그들이 보는 앞에서 그의 모습이 변하였다. 그의 얼굴은 해와 같이 빛나고, 옷은 빛과 같이 희게 되었다.

〈막 9:3〉

³ 그 옷은 세상의 어떤 빨래꾼이라도 그렇게 희게 할 수 없을 만큼, 새하얗게 빛났다.

분명히 이 사건은 예수님의 고난과 죽음에 관련된 것이었다. 그런데 마태는 주님의 얼굴이 해와 같이 빛났고 옷은 빛과 같이 희게 되었다고 설명한다. 또 마가는 이 옷이 세상의 어떤 빨래꾼이라도 그렇게 희게 할 수 없을 만큼 새하얗게 빛났다고 말하고 있다. 대단한 영광이었다. 이것은 주님의 고난과 죽음이 인간적인 측면에서는 실패로 보이고 비참하게 보일지 몰라도 온 인류를 구원하는 하나님의 입장에서는 그 무엇과도 비교할 수 없는 영광 중의 영광이었음을 보여 주는 것이다. 그리고 예수님께서 이 영광을 미리 체험하셨기 때문에 그 무서운 질고와 고통과 죽음도 참으시고 십자가의 길을 가셨던 것이다.

(6) 왜 베드로는 하필이면 이 상황에서 초막 셋을 지어 그들을 모시겠다는 이상한 말을 한 것인가?

오늘의 말씀은 미궁 그 자체다. 베드로는 엉뚱하게도 초막 셋을 지어 그들을 모시겠다고 하였다. 어떤 마음과 어떤 상황에서 이러한 말을 한 것인가? 이를 해결하기 위해서는 다른 성경을 참고할 필요가 있다. 눅 9:32-33, 막 9:6을 종합해 한마디로 말하면 베드로는 제정신이 아니었던 것이다. 잠을 자다가 이런 일을 당했고, 겁에 질려 이런 말을 하였다. 소위 비몽사몽이었다. 세 명의 기자 모두가 바로 이 상황이 인간이 정상적으로 정신 활동을 할 수 있는 상황이 아니었음을 말하고 있다. 그래서 겁에 질려서 아무 의미 없이 내뱉은 말이었다. 그리고 그 광경이 너무 황홀하고 아름다워 그대로 있었으면 좋겠다는 생각이 들었던 것은 말할 것도 없다. 그만큼 그 자리가 영광스러웠다는 것이고 황홀했다는 것이다. 이로 보건데 베드로가 초막 셋을 짓겠다는 의도는 이곳에서 아주 오래 머물고 싶지만 그렇지 못하다면 조금이라도 황홀한 이 순간을 연장하고자 하는 마음이었던 것으로 추정된다. 이 말은 비록 선한 의도로 시작된 것이나 여전히 예수님께서 베드로를 변화산 사건에 참여시킨 목적을 깨닫지 못하고, 십자가 고난 없이 영광을 누리고자 하는 인간적 욕심에서 비롯된 횡설수설하는 어리석은 말이었다.

(7) 하나님께서는 왜 이런 말씀을 이 상황에서 하셨는가?

바로 이 때 하나님께서 등장하셨다. 그리고 제자들에게 말씀하셨다.

⁵ 베드로가 아직도 말을 채 끝내지 않았는데, 갑자기 빛나는 구름이 그들을 뒤덮었다. 그리고 구름 속에서 "이는 내 사랑하는 아들이다. 내가 그를 좋아한다. 너희는 그의 말을 들어라" 하는 소리가 들려 왔다.
⁶ 제자들은 이 말을 듣고, 얼굴을 땅에 대고 엎드려, 몹시 두려워하였다.

이 얼마나 놀라운 일인가? 그들의 정신은 반쯤 나간 상태였다. 그런데 또 놀라 넘어질 뻔한 상황이 벌어졌다. 그것은 하나님께서 제자들에게 하신 말씀이 바로 예수님이 세례 받으실 때 하셨던 그 말씀이 아닌가? 그렇다면 이 사건이 세례 받으심의 사건과도 깊은 관련을 갖고 있다는 말이 아닌가? 물론 그러하다. 세례 받으심은 예수님 사역의 시작이었지만 이것은 예수님 사역의 완성 사건이었기 때문에 이 두 사건은 철저히 연관성을 갖고 있다고 보아야 한다. 세례 받으실 때의 현상을 살펴보자.

〈마 3:16–17〉

¹⁶ 예수께서 세례를 받으시고, 곧 물에서 올라오셨다. 그 때에 하늘이 열렸다. 그는 하나님의 영이 비둘기 같이 내려와 자기 위에 오는 것을 보셨다.

¹⁷ 그리고 하늘에서 소리가 나기를 "이는 내가 사랑하는 아들이다. 내가 그를 좋아한다" 하였다.

두 상황에서의 말씀이 동일하지 않은가? 따라서 이 사건은 예수님의 세례 받으심의 사건과도 깊은 관련을 갖고 있다. 세례 받으심이 공식 사역의 인증이라면, 이 사건은 사역 종결의 예식이라고 볼 수 있다.

(8) 왜 예수님께서는 이 장면을 다른 사람에게 공개하지 말라고 하셨는가?

예수님께서는 이 놀라운 사건을 일단 다른 사람에게 말하지 않기를 바라셨다. 왜 그러셨을까? 우리는 그 이유를 따져 보아야 할 필요가 있다.

⁹ 그들이 산에서 내려올 때에, 예수께서 그들에게 명하시기를 "너희는 인자가 죽은 사람들 가운데서 살아날 때까지는, 본 광경을 아무에게도 말하지 말아라" 하셨다.

〈막 9:10〉

¹⁰ 그들은 이 말씀을 간직하고, 죽은 사람들 가운데서 살아난다는 것이 무슨 뜻인가를 서로 물었다.

그런데 누가는 예수님께서 제자들에게 말하지 말라고 말씀하신 것이 아니라 제자들 스스로 말하지 않은 것으로 기록하고 있다.

〈눅 9:36〉

[36] 그 소리가 났을 때에, 예수만이 거기에 계셨다. 제자들은 입을 다물고, 그들이 본 것
을 얼마 동안 아무에게도 이야기하지 않았다.

그랬다. 이 사건은 예견된 사건이었다. 아직 이루어진 사건이 아니었다. 이
사건 이후 예수님께서는 본격적인 고난과 고통에 돌입하시게 된다. 아직 완
성된 사건이 아니라 예견된 사건이기 때문에 예수님께서는 이 사실을 아직
아무에게도 공포하지 말라고 하셨던 것이다.

(9) 그렇다면 이 장면은 바로 예수님의 고난 및 죽음과 관련이 있다는 말
이 아닌가? 그리고 그에 준하는 예식이 아닌가?

틀림없다. 위에서 이미 밝힌 바와 같이 이 사건은 예수님의 고난과 죽음
에 관한 것이었다. 이제 곧 이 일이 일어날 것이기 때문에 이에 준하는 예식
이라고 표현해도 지나침이 없다.

〈막 9:12〉

[12] 예수께서 그들에게 말씀하셨다. "확실히 엘리야가 먼저 와서, 모든 것을 회복한다.
그런데, 인자가 많은 고난을 받고 멸시를 당할 것이라고 기록한 것은, 어찌 된 일이
냐?

〈눅 9:30-31〉

[30] 그런데 마침 두 사람이 예수와 말을 나누고 있었는데, 그들은 모세와 엘리야였다.
[31] 그들은 영광에 싸여 나타나서, 예수께서 예루살렘에서 이루실 일, 곧 그의 죽으심에
대하여 말하고 있었다.

그렇다. 이 두 부분을 결합해 보면 모세와 엘리야는 예수님께서 예루살렘에서 이루실 일, 즉 그의 죽으심에 대하여 말하고 있었고, 또 예수님도 자신의 입으로 엘리야, 즉 요한이 고난을 받은 것 같이 자신도 고난을 받을 것이라고 말씀하신 것이다. 이는 고난에 대비한 예식이었다.

(10) 결론적으로 예수님의 영광스런 변화의 목적은 무엇이며, 왜 이것이 고난 및 죽음과 관련을 맺고 있는 것인가?

결론적으로 이 사건은 말할 수 없는 고난과 말할 수 없는 영광을 대조하고 있는 것이다. 예수님께서 이 엄청난 영광을 먼저 체험하시고 그 다음에 엄청난 고난에 임하셨다는 것이다. 이것은 하나님께서 예비하신 사건이었다. 이 엄청난 영광을 경험하셨기에 그 엄청난 고난을 이기고 죽으시고 십자가를 지실 수 있었던 것이다. 이 사건의 열쇠는 고난 후의 영광이다. 예수님께서 고난당하신 후 그 말할 수 없는 영광에 들어가셨듯이 우리도 우리의 고난이 고난으로 끝나지 않고 그 뒤에는 말할 수 없는 영광이 있다는 것을 친히 보여 주신 것이다.

그래서 사도바울은 로마서 8장에서 과감하게 이렇게 말하고 있다.

〈롬 8:18〉
[18] 현재 우리가 겪는 고난은, 장차 우리에게 나타날 영광에 견주면, 아무것도 아니라고 나는 생각합니다.

따라서 이 본문은 '예수님의 변화'에만 그 초점이 맞추어지지 않고, '예수님의 고난과 죽음 뒤에 올 그 큰 영광'에 대하여 말씀하고 있는 것이다.

32. 마 17:14-20은 단순히 '믿는 자에게 능치 못할 일이 없느니라'가 주제가 아니다

일반적 제목	믿는 자에게 능치 못할 일이 없느니라
통전적 제목	만약 천국 백성들이 믿음과 기도와 금식으로 성령충만하지 않으면?

만약 이 본문에 '믿는 자에게 능치 못할 일이 없느니라'는 제목을 붙인다면 이 얼마나 멋진 말인가? 대부분의 목회자들은 이 본문에 위와 같은 멋지고 강인한 설교 제목을 붙이고 싶어 한다. 그러나 이러한 유혹이 있다 하더라도 그 길을 선택해서는 안 된다. 왜냐하면 만약 이 본문에 이 제목을 붙인다면 나머지 본문에 대해서는 설교할 것이 없기 때문이다. 통전적인 시각으로 성경을 보는 통찰력이 필요하다. 만약 우리가 통전적인 시각으로 본문을 보면 그 본문은 '만약 천국 백성들이 믿음과 기도와 금식으로 성령충만하지 않으면?'이 주제가 됨을 쉽게 알 수 있다.

¹⁴ 그들이 무리에게 오니, 한 사람이 예수께 다가와서 그 앞에 무릎을 꿇고 말하였다.

¹⁵ "주님, 내 아들을 불쌍히 여겨 주십시오. 간질병으로 몹시 고통받고 있습니다. 자주 불 속에 뛰어 들기도 하고, 물 속에 빠지기도 합니다.

¹⁶ 그래서 아이를 선생님의 제자들에게 데려왔으나, 그들은 고치지 못했습니다."

¹⁷ 예수께서 말씀하셨다. "아! 믿음이 없고 비뚤어진 세대여, 내가 언제까지 너희와 같이 있어야 하겠느냐? 내가 언제까지 너희에게 참아야 하겠느냐? 아이를 이리로 내게 데려오너라."

¹⁸ 그리고 예수께서 귀신을 꾸짖으셨다. 그러자 귀신이 아이에게서 나가고, 아이는 그 순간에 나았다.

¹⁹ 그 때에 제자들은 따로 예수께 다가가서 물었다. "왜 우리는 귀신을 내쫓지 못했습니까?"

²⁰ 예수께서 그들에게 대답하셨다. "너희의 믿음이 적기 때문이다. 내가 진정으로 너희에게 말한다. 너희에게 겨자씨 한 알 만한 믿음이라도 있으면, 이 산더러 '여기에서 저기로 옮겨 가라!' 하면 그대로 될 것이요, 너희가 못할 일이 없을 것이다."

막 9:14-29

¹⁴ 그들이 다른 제자들에게 와서 보니, 큰 무리가 그 제자들을 둘러싸고 있고, 율법학자들이 그들과 논쟁을 하고 있었다.

¹⁵ 온 무리가 곧 예수를 보고서는 몹시 놀라, 달려와서 인사하였다.

¹⁶ 예수께서 그들에게 물으셨다. 너희는 그들과 무슨 논쟁을 하고 있느냐?"

¹⁷ 무리 가운데 한 사람이 대답하였다. "선생님, 내 아들을 선생님께 데려왔습니다. 그 아이는 말을 못하게 하는 귀신이 들려 있습니다.

¹⁸ 어디서나 귀신이 아이를 사로잡으면, 아이를 거꾸러뜨립니다. 그러면 아이는 거품을 흘리며, 이를 갈며, 몸이 뻣뻣해집니다. 그래서 선생님의 제자들에게 그 귀신을 내쫓아 달라고 했으나, 그들은 내쫓지 못했습니다."

¹⁹ 예수께서 대답하여 그들에게 말씀하셨다. "아, 믿음이 없는 세대여, 내가 언제까지 너희와 함께 있어야 하겠느냐? 내가 언제까지 너희에게 참아야 하겠느냐? 아이를 내게 데려오너라."

²⁰ 그래서 그들이 아이를 예수께 데려왔다. 귀신이 예수를 보자, 아이에게 즉시 심한 경련을 일으켰다. 아이는 땅에 넘어져서, 거품을 흘리면서 뒹굴었다.

²¹ 예수께서 그 아버지에게 "아이가 이렇게 된 지 얼마나 되었느냐?" 하고 물으셨다. 그가 대답하였다. "어릴 때부터입니다.

²² 귀신이 그 아이를 죽이려고, 여러 번 불 속에도 던지고, 물 속에도 던졌습니다. 하실 수 있으면, 우리를 불쌍히 여기시고, 도와주십시오."

²³ 예수께서 그에게 말씀하셨다. "'할 수 있으면'이 무슨 말이냐? 믿는 사람은 모든 것을 할 수 있다."

²⁴ 아이 아버지는 큰소리로 "내가 믿습니다. 믿음 없는 나를 도와주십시오" 하고 말하였다.

²⁵ 예수께서 무리가 떼를 지어서 달려오는 것을 보시고, 악한 귀신을 꾸짖어 말씀하시기를 "벙어리, 귀머거리 귀신아, 내가 너에게 명한다. 아이에게서 나가라. 그리고 다시는 그에게 들어가지 말아라" 하셨다.

²⁶ 그러자 귀신은 소리를 지르고 아이에게 심한 경련을 일으켜 놓고서 나갔다. 아이는 죽은 것과 같이 되었다. 그래서 사람들은 모두 말하기를 "아이가 죽었다" 하였다.

²⁷ 그런데 예수께서 아이의 손을 잡아서 일으키시니, 아이가 일어섰다.

²⁸ 예수께서 집 안으로 들어가시니, 제자들이 따로 그에게 물어 보았다. "왜 우리는 귀신을 내쫓지 못했습니까?"

²⁹ 예수께서 그들에게 대답하셨다. "이런 부류는 기도로 내쫓지 않고는, 어떤 수로도 내쫓을 수 없다."

눅 9:37-43

³⁷ 다음날 그들이 산에서 내려오니, 큰 무리가 예수를 반갑게 맞이하였다.

³⁸ 그런데 무리 가운데서 한 사람이 소리를 크게 내서 말하였다. "선생님, 내 아들을 보아 주십시오. 그 아이는 내 외아들입니다.

³⁹ 귀신이 그 아이를 사로잡으면, 그 아이는 갑자기 소리를 지릅니다. 또 귀신은 아이에게 경련을 일으키고, 입에 거품을 물게 합니다. 그리고 아이를 상하게 하면서 좀처럼 떨어지지 않습니다.

⁴⁰ 그래서 선생님의 제자들에게 귀신을 내쫓아 달라고 청하였으나, 그들은 해내지를 못했습니다."

⁴¹ 예수께서 말씀하셨다. "아! 믿음이 없고 비뚤어진 세대여, 내가 언제까지 너희와 함께 있어야 하며, 너희에게 참아야 하겠느냐? 네 아들을 이리로 데려오너라."

⁴² 아이가 예수께로 오는 도중에도, 귀신이 그 아이를 거꾸러뜨리고, 경련을 일으키게 하였다. 예수께서는 그 악한 귀신을 꾸짖으시고, 아이를 낫게 하셔서, 그 아버지에게 돌려주셨다.

⁴³ 사람들은 모두 하나님의 크신 위엄에 놀랐다.

(1) 아들을 지극히 사랑하고, 지극히 안타까워하는 아버지

오늘 본문에 제일 먼저 나타나는 사람은 아이의 아버지이다. 물론 이 세상에 자기 아들을 사랑하지 않는 아버지가 어디 있겠느냐마는 이 아버지의 사랑은 상당히 특별하다는 것을 알 수 있다.

〈눅 9:38〉
[38] 그런데 무리 가운데서 한 사람이 소리를 크게 내서 말하였다. "선생님, 내 아들을 보아 주십시오. 그 아이는 내 외아들입니다.

그랬다. 누가에 따르면 이 젊은 아이는 그의 외아들이었다. 물론 외아들이기 때문에도 그러하겠지만 아버지는 이 아들에 대한 특별한 사랑을 가지고 있었다. 그래서 아들을 고쳐 보려고 이 문제를 공론화시켰고, 제자들에게 요청하였던 것이다.

(2) 귀신에 사로잡혀 고통을 당하는 이 아이의 극악한 상황

오늘 이 아이의 상황은 우리가 지금까지 접해 본 많은 환자 중에 최악이었다. 각 성경을 종합해 보면, 보통 심각한 상황이 아니다. 종합적인 질병으로 매우 고통스럽게 살았던 것 같다. 일단 마태는 이렇게 표현하고 있다.

[15] "주님, 내 아들을 불쌍히 여겨 주십시오. 간질병으로 몹시 고통받고 있습니다. 자주 불 속에 뛰어 들기도 하고, 물 속에 빠지기도 합니다.

〈막 9:17-18〉

17 무리 가운데 한 사람이 대답하였다. "선생님, 내 아들을 선생님께 데려왔습니다. 그 아이는 말을 못하게 하는 귀신이 들려 있습니다.

18 어디서나 귀신이 아이를 사로잡으면, 아이를 거꾸러뜨립니다. 그러면 아이는 거품을 흘리며, 이를 갈며, 몸이 뻣뻣해집니다.

그랬다. 이 아이의 상태를 보면 간질병이 틀림없다. 귀신이 들려 간질병에 걸린 것이다. 이 아이는 자주 불속에 뛰어 들기도 하고, 물속에 빠지기도 한다. 주님이 벙어리, 귀머거리 귀신이라고 말씀하신 것으로 보아 이 아이는 최악의 상태에 있었던 것을 알 수 있다.

(3) 아버지는 제자들에게 아들을 고쳐 달라고 간절히 요청했으나 그만 실패!

일단 아버지는 바로 주님 앞에 나오지 않고 제자들에게 먼저 갔다. 제자들도 동일한 능력이 있다고 생각했기 때문이다. 아버지는 제자들에게 아들을 고쳐 달라고 요청하였다. 그러나 제자들은 모두 실패하였다.

우리들은 제자들이 나름대로 이 아이를 고치지 못하여 쩔쩔매는 모습을 상상해 볼 수 있다.

16 그래서 아이를 선생님의 제자들에게 데려왔으나, 그들은 고치지 못했습니다."

(4) 믿음이 없는 세대라고 탄식하시는 주님 – 사실 이것은 제자들에 대한 책망이었다.

마태, 마가, 누가가 공히 가장 강조하는 것은 바로 이 구절이다. 이는 "아! 믿음이 없고 비뚤어진 세대여, 내가 언제까지 너희와 같이 있어야 하겠느냐?"는 탄식이다. 주님은 제자들의 믿음을 보시고, 매우 안타까워하셨다.

> [17] 예수께서 말씀하셨다. "아! 믿음이 없고 비뚤어진 세대여, 내가 언제까지 너희와 같이 있어야 하겠느냐? 내가 언제까지 너희에게 참아야 하겠느냐? 아이를 이리로 내게 데려오너라."

이것은 하나님께서 아들의 아버지에게 하시는 말씀이 절대 아니다. 아버지의 믿음이 약하다는 말이 아니다. 바로 제자들을 겨냥해서 하시는 말씀이다. 이는 제자들의 믿음이 약하다는 말이다. 그래서 주님은 너무 안타까워하셨다.

· 아! 믿음이 없고 비뚤어진 세대여,
· 내가 언제까지 너희와 같이 있어야 하겠느냐?
· 내가 언제까지 너희에게 참아야 하겠느냐?

이 얼마나 안타까워하는 주님의 마음인가? 주님은 얼마나 답답하셨으면 이렇게까지 말씀하셨을까? 그렇게 예수님을 오래 따라 다녔던 사람들이 이 병자 하나 고치지 못했으니 주님께서는 이런 푸념을 늘어놓으실 수밖에 없었다.

(5) 아이를 사랑으로 고치시는 예수님과 그 방법

마가복음은 예수님께서 이 아이를 고치시는 방법을 자세히 설명하고 있다. 얼마나 큰 능력과 권세와 권능으로 고치셨는지를….

〈막 9:21-22,25〉

[21] 예수께서 그 아버지에게 "아이가 이렇게 된 지 얼마나 되었느냐?" 하고 물으셨다. 그가 대답하였다. "어릴 때부터입니다.

[22] 귀신이 그 아이를 죽이려고, 여러 번, 불 속에도 던지고, 물 속에도 던졌습니다. 하실 수 있으면, 우리를 불쌍히 여기시고, 도와주십시오."

[25] 예수께서 무리가 떼를 지어서 달려오는 것을 보시고, 악한 귀신을 꾸짖어 말씀하시기를 "벙어리, 귀머거리 귀신아, 내가 너에게 명한다. 아이에게서 나가라. 그리고 다시는 그에게 들어가지 말아라" 하셨다.

주님은 일단 이 아이가 언제부터 아팠는지를 물으신다. 아버지는 아들이 어릴 때부터 아팠다고 대답한다. 주님은 이 말을 듣고 얼마나 그를 불쌍히 여기셨는가? 주님은 여기서 강력한 영적 권위를 가지고 말씀하신다. 강력한 대적이다. "귀신아, 내가 너에게 명한다. 그 아이에게서 나가라. 그리고 다시는 그에게 들어가지 말아라."

(6) 왜 제자들은 이 아이를 고치지 못했는가? 기도의 힘, 믿음의 힘, 금식의 힘의 부족

그렇다면 왜 제자들은 이 아이를 고치지 못했는가? 여기에 대해서는 본문이 여러 차례 그 원인을 설명하고 있다. 기도가 부족하고, 기도를 했어도

잘못된 방법으로 했기 때문이다. 기도의 능력이 없었던 것이다.

> [20] 예수께서 그들에게 대답하셨다. "너희의 믿음이 적기 때문이다. 내가 진정으로 너희
> 에게 말한다. 너희에게 겨자씨 한 알 만한 믿음이라도 있으면, 이 산더러 '여기에서 저
> 기로 옮겨 가라!' 하면 그대로 될 것이요, 너희가 못할 일이 없을 것이다."

〈막 9:29〉

> [29] 예수께서 그들에게 대답하셨다. "이런 부류는 기도로 내쫓지 않고는, 어떤 수로도
> 내쫓을 수 없다.

여기서 주님은 세 가지를 말씀하셨다. 첫 번째는 믿음의 부족이고, 두 번째는 기도의 부족이며, 세 번째는 금식의 부족이었다. 이 엄청난 일을 하기 위해서는 무엇보다 강한 믿음이 있어야 하는데 강한 믿음이 없었고, 강력한 기도가 있어야 하는데 강력한 기도가 없었고, 금식을 했어야 했는데 금식하지 않았다는 것이다. 다시 말해서 이런 것들을 통하지 않고서는 하나님의 능력을 공급받지 못한다는 것이다. 이 셋은 바로 성령의 충만함을 받는 비결이다.

(7) 그렇다면 예수님과 제자 간에 왜 이런 기도의 능력 차이가 나는 것일까?

성경을 보라. 분명히 사역 초기에 예수님께서는 제자들에게 귀신을 쫓는 능력을 주셨고, 그들이 실제로 귀신을 쫓았다. 그러나 그 뒤에는 제자들이 귀신을 쫓고 병을 고쳤다는 것을 찾아볼 수가 없다. 그러나 베드로와 사도 바울이 성령충만하자 그들도 역시 병을 고쳤다.

예수님은 병을 고치셨는데, 왜 그들은 고치지 못했을까? 예수님은 이 문제를 거론하시면서 왜 기도에 대하여 말씀하셨을까? 그것은 성경을 찾아보면 금방 알 수 있다. 예수님께서는 틈만 나면 기도하신 분이었다. 모든 일에 기도가 우선이었던 것이다. 그러나 제자들은 그렇지 않았다. 이것이 바로 근본적인 차이였다. 예수님은 믿음의 사람, 기도의 사람, 금식의 사람, 성령충만의 사람, 사랑의 사람이셨다. 그러나 제자들은 그렇지 못하였다. 이것이 바로 가장 큰 차이였다.

이렇게 우리가 이 본문을 종합적으로 살펴볼 때, 본문이 단순히 '믿는 자에게 능치 못할 일이 없다'는 것을 강조하기 위함이 아니라는 것이 분명해진다. 오히려 '만약 천국 백성들이 믿음과 기도와 금식으로 성령충만하지 않으면 결코 승리할 수 없다'는 것을 강조하고 있다.

33. 마 18:1-5은 단순히 '자신을 낮추는 자가 큰 자'가 주제가 아니다

일반적 제목	자신을 낮추는 자가 큰 자
통전적 제목	연약한 자를 영접함이 나와 아버지를 영접하는 자요 천국에서 큰 자

우리가 성경을 묵상할 때 이 본문 역시 전통적인 생각에 사로잡혀 '자신을 낮추는 자가 큰 자'라는 주제로 결론에 이르기 쉽다. 그러나 본문은 결코 그 주제를 다루는 것이 아니다. 이 주제는 본문 전체를 구성하는 아주 작은 단면에 불과하기 때문이다. 본문을 정밀히 분석해 보면 오히려 '연약한 자를 영접함이 나와 아버지를 영접하는 자요 천국에서 큰 자'라는 주님의 말씀이 그 중심적 역할을 하게 됨을 인식할 수 있다.

¹ 그 때에 제자들이 예수께 다가와서 "하늘 나라에서는 누가 가장 큰 사람입니까?" 하고 물었다.

² 예수께서 어린이 하나를 곁으로 불러서, 그들 가운데 세우시고

³ 말씀하셨다. "내가 진정으로 너희에게 말한다. 너희가 돌이켜서 어린이들과 같이 되지 않으면, 절대로 하늘 나라에 들어가지 못할 것이다.

⁴ 그러므로 누구든지 이 어린이와 같이 자기를 낮추는 사람이 하늘 나라에서는 가장 큰 사람이다.

⁵ 또 누구든지 내 이름으로 이런 어린이 하나를 영접하면, 나를 영접하는 것이다."

막 9:33-37

³³ 그들은 가버나움으로 갔다. 예수께서 집 안에 계실 때에, 제자들에게 물으셨다. "너희가 길에서 무슨 일로 다투었느냐?"

³⁴ 제자들은 잠잠하였다. 그들은 길에서, 누가 가장 큰 사람이냐 하는 것으로 서로 다투었던 것이다.

³⁵ 예수께서 앉으신 뒤에, 열두 제자를 불러 놓으시고, 그들에게 말씀하셨다. "누구든지 첫째가 되고자 하면, 모든 사람의 꼴찌가 되어서 모든 사람을 섬겨야 한다."

³⁶ 그리고 어린이 하나를 데려다가 그들 가운데 세우신 뒤에, 그를 껴안으시고서 그들에게 말씀하셨다.

³⁷ "누구든지 내 이름으로 이런 어린이들 가운데 하나를 영접하면, 나를 영접하는 것이요, 누구든지 나를 영접하면, 나를 영접하는 것보다, 나를 보내신 분을 영접하는 것이다."

눅 9:46-48

⁴⁶ 제자들 사이에서는, 그들 가운데서 누가 가장 큰 사람이냐 하는 문제로 다툼이 일어났다.

⁴⁷ 예수께서 그들 마음 속의 생각을 아시고, 어린이 하나를 데려다가, 곁에 세우시고,

⁴⁸ 그들에게 말씀하셨다. "누구든지 내 이름으로 이 어린이를 영접하면, 나를 영접하는 것이요, 누구든지 나를 영접하면, 나를 보내신 분을 영접하는 것이다. 너희 가운데서 가장 작은 사람이 큰 사람이다."

(1) 제자들이 예수님께 '하늘 나라에서는 누가 가장 큰 사람입니까?' 하고 물은 이유가 무엇일까?

¹ 그 때에 제자들이 예수께 다가와서 "하늘 나라에서는 누가 가장 큰 사람입니까?" 하

고 물었다.

제자들이 예수님께 나아왔다? 제자 한 사람이 아니고 제자 여러 명이?

그렇다면 그들은 이 일에 대하여 서로 논쟁하고 있었다는 말이다. 다시 말해서 이런저런 일들을 늘어놓으면서 서로 자신들이 천국에서 크다고 주장했을 가능성이 크다. 그런데도 마가복음은 정확하게 우리가 궁금해하는 문제에 대해 시원하게 답변해 주고 있다.

〈막 9:33-34〉

[33] 그들은 가버나움으로 갔다. 예수께서 집 안에 계실 때에, 제자들에게 물으셨다. "너희가 길에서 무슨 일로 다투었느냐?"

[34] 제자들은 잠잠하였다. 그들은 길에서, 누가 가장 큰 사람이냐 하는 것으로 서로 다투었던 것이다.

그랬다. 그들에게는 무슨 일이 있었다. 그들은 '천국에서는 누가 가장 큰 자인가?'에 대한 문제로 심히 다투었던 것이다. 바로 높아짐에 대한 문제였다. '높아짐'은 우리 인생사의 중요한 관심이 아닐 수 없다. 실제로 예수님께서 시험 받는 중에도 바로 이 높아짐의 문제가 포함되어 있다는 점에서 이것은 참으로 심각하게 다루지 않을 수 없다.

(2) 어린이를 사랑하시는 주님, 그리고 이 어린이를 모델로 교훈하시는 주님

주님께서는 이러한 제자들의 마음을 아시고, 그들에게 바로 이 문제에 대하여 정확하게 가르쳐야겠다는 마음이 드셨다. 그래서 예수님은 어린이 하나를 그들 가운데 초대하시고, 이 어린이를 통하여 제자들을 올바른 길로 인도하셨다. 어린이에 대한 예수님의 사랑이 얼마나 크고 깊은지 그 행동을 다음과 같이 기술하고 있다. 그리고 그 기술들은 마치 그림을 그리듯이 상

당히 정확하다.

² 예수께서 어린이 하나를 곁으로 불러서, 그들 가운데 세우시고

〈막 9:36〉

³⁶ 그리고 어린이 하나를 데려다가 그들 가운데 세우신 뒤에, 그를 껴안으시고서 그들
에게 말씀하셨다.

· 어린이 하나를 곁으로 불러서 (가까이에서 그를 보게 하셨다.)
· 그들 가운데 세우시고 (주목하게 하셨다.)
· 그를 껴안으시고서 그들에게 말씀하셨다. (얼마나 사랑스러운지를 보여 주셨다.)

이 얼마나 아름다운 장면인가? 예수님의 교육 방식은 참으로 특이하였
다. 아주 쉽게 누구나 이해하도록, 그리고 누구나 공감하도록 가르치셨다.
우리는 여기서 예수님께서 어린이를 지극히 사랑하시는 모습을 볼 수 있다.
우리 모두 그 장면을 한번 연상해 보자. 얼마나 따뜻한지를….

그러나 사실 이 장면은 단순히 어린이를 사랑하셔서 그를 껴안아 주시는
모습이 아니다. 하나님 앞에서 우리가 어린이와 같은 순수한 믿음, 즉 자신
을 겸손하게 여길 때 하나님께서 이런 영혼을 귀하게 여기시고 따뜻하게 여
기신다는 것을 몸소 보여 주신 것이다. 그리고 우리가 하나님 앞에서 어린이
와 같을 때 하나님은 우리를 얼마나 사랑스러워 하시는지를 친히 알려 주신
것이다.

(3) 이 사건을 통하여 제자들에게 주시는 교훈

마태, 마가, 누가는 이 사건을 약간씩 다르게 접근한다. 예를 들어 마태는 다음과 같이 설명한다.

³ 말씀하셨다. "내가 진정으로 너희에게 말한다. 너희가 돌이켜서 어린이들과 같이 되지 않으면, 절대로 하늘 나라에 들어가지 못할 것이다.

⁴ 그러므로 누구든지 이 어린이와 같이 자기를 낮추는 사람이 하늘 나라에서는 가장 큰 사람이다.

그러나 마가는 약간 다른 측면에서 이 말씀을 이해하고 있다.

〈막 9:35〉

³⁵ 예수께서 앉으신 뒤에, 열두 제자를 불러 놓으시고, 그들에게 말씀하셨다. "누구든지 첫째가 되고자 하면, 모든 사람의 꼴찌가 되어서 모든 사람을 섬겨야 한다."

물론 같은 어조지만 누가는 또 다른 접근을 시도하고 있다.

〈눅 9:48〉

⁴⁸ … 너희 가운데서 가장 작은 사람이 큰 사람이다."

이 말씀을 종합해 보면 다음과 같다.

· 너희가 돌이켜서 어린이들과 같이 되지 않으면, 절대로 하늘 나라에 들어가지 못할 것이다.

- 이 어린이와 같이 자기를 낮추는 사람이 하늘 나라에서는 가장 큰 사람이다.
- 누구든지 첫째가 되고자 하면, 모든 사람의 꼴찌가 되어서 모든 사람을 섬겨야 한다.
- 너희 가운데서 가장 작은 사람이 큰 사람이다.

이 말씀을 논리적으로 정리해 보자.

- 너희 가운데서 가장 작은 사람이 큰 사람이다.
- 가장 작은 사람이란, 이 어린이와 같이 자기를 낮추는 사람이며 하늘 나라에서는 가장 큰 사람이다.
- 만약 누구든지 첫째가 되고 싶다면, 모든 사람의 꼴찌가 되어서 모든 사람을 섬겨야 한다.
- 또한 너희가 돌이켜서 어린이들과 같이 되지 않으면, 절대로 하늘 나라에 들어가지 못할 것이다.

모두가 높아지겠다고 아우성이었다. 그러나 주님의 가르침은 역설적이었다. 낮아지라는 것이다. 천국에서의 첫째란 꼴찌를 말한다는 것이다. 그래서 너희들의 잘못된 생각을 돌이켜 철저히 낮아지지 않으면 절대로 하늘 나라에 들어가지 못할 것이라는 준엄한 말씀을 하시는 것이다.

(4) 부가적·결론적 가르침: 낮은 사람들을 영접하고 섬기는 것이 높은 자들이다

예수님은 이 낮아짐에 대한 말씀으로 본문을 끝내지 않는다. 여기에 부가적인 교훈을 하나 더 얹어서 참으로 중요한 가르침을 우리에게 주신다.

⁵ 또 누구든지 내 이름으로 이런 어린이 하나를 영접하면, 나를 영접하는 것이다."

〈막 9:37〉

³⁷ "누구든지 내 이름으로 이런 어린이들 가운데 하나를 영접하면, 나를 영접하는 것이요, 누구든지 나를 영접하면, 나를 영접하는 것보다, 나를 보내신 분을 영접하는 것이다."

〈눅 9:48〉

⁴⁸ 그들에게 말씀하셨다. "누구든지 내 이름으로 이 어린이를 영접하면, 나를 영접하는 것이요, 누구든지 나를 영접하면, 나를 보내신 분을 영접하는 것이다.

이 어린이란 누구를 말하는 것일까? 이 어린이는 단순히 예수님께서 안고 계시는 어린이를 말씀하시는 것인가? 그렇지 않다. 그 당시 어린이는 숫자에도 포함되지 않는 보잘것없는 사람들을 대표한다. 주님은 바로 낮아진 사람들, 다시 말해서 천국 백성들은 낮은 사람들을 주님과 같은 마음으로 돌보아야 함을 말씀해 주고 있는 것이다. 주님은 다음과 같이 논리를 전개하신다.

어린이를 영접함 → 나를 영접함 → 아버지를 영접함

결론적으로 어린이와 같이 연약하고 사회적으로 도움이 필요한 사람들을 따뜻하게 영접하고 보듬어 주는 것이 바로 하나님을 영접하는 행위라고 말씀하시는 것이다. 우리는 '사회적 약자를 돌보는 것이 그리 중요한 것인가?'라고 반문할 수 있다. 그러나 주님은 항상 이러한 행위를 주님과 하나님을 영접하는 행위라고 가르치고 있다. 이 얼마나 중요한 가르침인가? 따라서 본문은 '자신을 낮추는 자가 천국에서 큰 자'가 아니라 '연약한 자를 영접함이 나와 아버지를 영접하는 자요 천국에서 큰 자'임을 말씀하시는 것이다.

34. 마 18:6-9은 단순히 '네 손이 죄를 범하게 하거든 찍어 버려라'가 주제가 아니다

일반적 제목	네 손이 죄를 범하게 하거든 찍어 버려라
통전적 제목	맷돌을 매고 바다에 빠져 죽을 각오로 네 형제로 하여금 죄를 범하게 하지 말라

우리는 '네 손이 죄를 범하게 하거든 찍어 버리라'는 말씀에 너무 익숙해져 있다. 따라서 본문을 묵상할 때도 우리의 마음이 바로 이 문장에 꽂힐 수 있다는 것을 부인할 수 없다. 그러나 본문 전체에 도도히 흐르는 말씀의 근본은 이러한 소주제보다는 오히려 훨씬 큰 소위 '맷돌을 매고 바다에 빠져 죽을 각오로 네 형제로 하여금 죄를 범하게 하지 말라'가 그 근본적 주제다.

[6] "나를 믿는 이 작은 사람들 가운데서 하나라도 죄짓게 하는 사람은, 차라리 자기 목에 연자맷돌을 달고 바다 깊숙히 잠기는 편이 낫다
[7] 사람을 죄짓게 하는 일 때문에 세상에 화가 있다. 범죄의 유혹이 없을 수는 없으나, 유혹하는 사람에게는 화가 있다.
[8] 네 손이나 발이 너를 죄짓게 하거든, 그것을 찍어서 던져 버려라. 네가 두 손과 두 발을 가지고 영원한 불 속에 들어가는 것보다는, 차라리 손이나 발이 불구가 되어서 생명에 들어가는 편이 낫다.

[9] 또 네 눈이 너를 죄짓게 하거든 빼어서 던져 버려라. 네가 두 눈을 가지고 불타는 지옥에 들어가는 것보다는, 차라리 한 눈으로 생명에 들어가는 편이 낫다.

막 9:42–48

[42] "또 나를 믿는, 이 작은 사람들 가운데서 하나라도 죄짓게 하는 사람은, 차라리 그 목에 연자맷돌을 달고 바다에 빠지는 편이 낫다. (걸려 넘어지게 함)

[43] 네 손이 너를 죄짓게 하거든, 그것을 찍어 버려라. 네가 두 손을 가지고 지옥으로, 그 꺼지지 않는 불 속에 들어가는 것보다, 차라리 지체장애인으로 생명에 들어가는 것이 낫다.

[45] 네 발이 너를 죄짓게 하거든, 그것을 찍어 버려라. 네가 두 발을 가지고 지옥에 들어가는 것보다, 차라리 저는 발로 생명에 들어가는 것이 낫다.

[47] 또 네 눈이 너를 죄짓게 하거든, 그것을 빼어 버려라. 네가 두 눈을 가지고 지옥에 들어가는 것보다, 차라리 한 눈으로 하나님의 나라에 들어가는 것이 낫다.

[48] 지옥에서는 '그들을 파먹을 구더기도 죽지 않고, 불도 꺼지지 않는다.

[49] 모든 사람이 다 소금에 절이듯 불에 절여질 것이다.'

[50] 소금은 좋은 것이다. 그러나 소금이 짠맛을 잃으면, 너희는 무엇으로 그 짠맛을 내겠느냐? 너희는 너희 가운데 소금을 지니고, 서로 화목하게 지내어라."

눅 17:1–7 중 일부

[1] 예수께서 제자들에게 말씀하셨다. "죄짓게 하는 일이 없을 수는 없다. 그러나 죄짓게 하는 사람에게는, 화가 있다.

[2] 이 작은 사람들 가운데 하나를 죄짓게 하는 것보다, 차라리 자기 목에 연자맷돌을 매달고 바다에 빠지는 것이 나을 것이다.

[3] 너희는 스스로 조심하여라. 다른 제자가 죄를 짓거든 꾸짖고, 회개하거든 용서하여 주어라.

[4] 그가 네게 하루에 일곱 번 죄를 짓고, 일곱 번 네게 돌아와서 '회개한다'고 하면, 너는 용서해 주어야 한다."

(1) 첫 번째 논리 : 죄 때문에 세상에 화가 있다.

주님은 말씀하신다. 죄 때문에 이 세상에 화가 존재한다고…. 인간은 하나님이 만드신 아름다운 존재이지만 죄의 문제로 인하여 온갖 어려움, 고통, 좌절, 절망과 죽음을 경험한다. 수치와 절망감, 시기와 질투, 심지어는 살인까지 일어나게 되었다. 이 모든 원인은 바로 인간에게 내재된 죄에 있다. 이 죄는 바로 하나님의 뜻에 따라 살아야 할 하나님의 백성들이 하나님을 떠남으로써 발생한 것이다. 그래서 주님은 단정적으로 말씀하신다. 죄 때문에 세상에 화가 있다고….

⁷ 사람을 죄짓게 하는 일 때문에 세상에 화가 있다.

그런데 주님은 자신이 지은 죄 때문에 세상에 화가 있다고 말씀하시지 않고, '사람을 죄짓게 하는 일 때문에 세상에 화가 있다'고 말씀하신다. 그렇다면 자신이 죄를 짓는 것보다는 나로 인하여 다른 사람이 죄 짓게 되는 일이 더 큰 죄라는 말인가?

(2) 두 번째 논리 : 죄를 짓는 것보다 죄를 짓게 하는 것이 더 무서운 범죄다.

그렇다. 그래서 본문은 '네가 스스로 죄를 짓는 것이 아니라 나로 인하여 다른 사람이 죄를 짓게 되는 경우'를 말씀하고 있다. 즉, 스스로 짓는 범죄가 아닌 다른 사람을 죄짓도록 하는 나의 행위를 의미하는 것이다.

> ⁶ "나를 믿는 이 작은 사람들 가운데서 하나라도 죄짓게 하는 사람은, 차라리 자기 목에 연자맷돌을 달고 바다 깊숙히 잠기는 편이 낫다.
> ⁷ 사람을 죄짓게 하는 일 때문에 세상에 화가 있다.
> ⁸ 네 손이나 발이 너를 죄짓게 하거든,
>
> 〈막 9:43,45,47〉
> ⁴³ 네 손이 너를 죄짓게 하거든,
> ⁴⁵ 네 발이 너를 죄짓게 하거든,
> ⁴⁷ 또 네 눈이 너를 죄짓게 하거든,

〈눅 17:2〉

² 이 작은 사람들 가운데 하나를 죄짓게 하는 것보다,

위의 모든 성경 말씀을 보면, 자신이 죄짓는 행위가 아니라 다른 사람을 죄짓게 하는 행위에 대해 말하고 있다. 이런 면에서 자신이 스스로 범하는 죄보다 다른 사람에게 죄를 범하게 하는 죄가 더 큰 것임을 알 수 있다.

(3) 세 번째 논리: 사람이 죄를 짓지 않을 수는 없다. 그러나 거기에는 반드시 책임이 따른다.

성경은 자신이 범하는 죄뿐만 아니라 내가 다른 사람에게 죄를 짓도록 조장하는 행위 그 자체도 죄라고 규정한다. 그리고 주님은 이것을 아주 엄하게 다스리신다. 우리가 세상을 살다 보면 죄짓게 하는 일이 없을 수는 없다. 그러나 죄짓게 하는 사람에게는, 화가 있다. 거기에 대하여 책임을 져야 한다고 성경에서는 분명히 말하고 있다.

⁷ 사람을 죄짓게 하는 일 때문에 세상에 화가 있다. 범죄의 유혹이 없을 수는 없으나, 유혹하는 사람에게는 화가 있다.

〈눅 17:1〉

¹ 예수께서 제자들에게 말씀하셨다. "죄짓게 하는 일이 없을 수는 없다. 그러나 죄짓게 하는 사람에게는, 화가 있다

성경은 이렇게 내가 남으로 하여금 죄짓게 하는 것을 죄로 규정하고 있을 뿐만 아니라 이것에 대한 분명한 책임이 있다고 말한다. 그 사람에게는

그 사람이 받아야 할 화가 있다는 것이다.

(4) 네 번째 논리 : 죄를 짓게 한다는 것은 과연 어떤 죄를 구체적으로 말하는 것인가?

본문은 구체적으로 우리가 다른 사람을 죄짓게 한다는 것이 무엇인지에 대해서 자세히 설명하고 있지는 않다. 그러나 말씀을 자세히 뜯어보면 여러 곳에서 단서를 찾아볼 수 있다.

> [7] 사람을 죄짓게 하는 일 때문에 세상에 화가 있다. 범죄의 유혹이 없을 수는 없으나, 유혹하는 사람에게는 화가 있다.

> 〈막 9:50〉
> [50] 소금은 좋은 것이다. 그러나 소금이 짠맛을 잃으면, 너희는 무엇으로 그 짠맛을 내겠느냐? 너희는 너희 가운데 소금을 지니고, 서로 화목하게 지내어라.”

마태복음에서는 죄를 짓도록 유혹하는 사람에게 화가 있다고 하였다. 그리고 마가복음은 다른 복음서에 없는 독특한 말씀 하나를 마지막에 추가하고 있다. 그것은 바로 화목하지 못하게 하는 행위이다. 결국 이 말씀을 종합해 보면, 본문에서 말하는 ‘죄’란 다른 사람을 유혹하거나 부추겨서 형제간의 화목을 깨뜨려 문제를 일으키는 이런 종류의 것이다. 즉 다른 사람을 충동질하고 유혹하여 형제끼리 서로 화목하게 지내지 못하도록 이간질하는 것이다.

그렇다면 정말 이 본문이 이러한 일에 대하여 말하고 있는 것인가? 이것이 사실인 것이 본문에서 말하는 화목에 대해서 다른 성경에서는 전혀 언급하지 않고 있다는 것이다. 오직 마태복음에서만이 제단에서 제물을 드리다가 형제와 화목하지 않은 것이 생각나거든 즉시 중지하고 형제와 화목하게 하고 제사를 드리라고 하였다. 그 외에는 소금으로 화목하라는 것이 나오지 않는다. 그러므로 마가복음의 말씀, 즉 죄를 유발하게 했던 것이 바로 형제를 실족하게 하였다는 것이다. 이 죄가 큰 것으로 기록되고 있다. 결론적으로 악의를 가지고 내가 직접 하지 않고 다른 사람을 충동하여 그로 말미암아 형제애가 깨어지고 공동체가 파괴되는 이것이야말로 정말 큰 죄라는 것이다.

(5) 다섯 번째 논리 : 형제를 걸려 화목하게 하지 못하게 유발하는 세 가지 죄의 요소와 이에 대한 처리

형제를 범죄하게 하는, 소위 내가 범죄를 유도하는 세 가지 요인과 이에 대한 처리를 말씀하고 있다.

· 나의 눈
· 나의 손
· 나의 발

이 세 가지가 나로 하여금 형제를 충동하여 다른 형제를 실족케 한다는 것이다. 이 얼마나 무서운 일인가? 주님은 이에 대하여 강력하게 말씀하신다. 눈, 손, 발을 파 버리고 연자맷돌을 매달고 바다에 빠져 죽으라고… 지옥에 가는 것보다는 이 편을 택하라고 그야말로 가장 잔인한 말투로 우리에게 경고하고 계신다.

(6) 여섯 번째 논리 : 안타깝게도 주님은 하나님을 믿는 하나님의 백성들도 이처럼 짠맛을 잃었다는 것이다.

본문은 실제로 이런 일들이 그리스도를 믿는 형제들 사이에서 일어나고 있음을 전제하고 있다. 이것을 주님은 소금이 그 맛을 잃은 것으로 비유하고 있다.

〈막 9:50〉
50 소금은 좋은 것이다. 그러나 소금이 짠맛을 잃으면, 너희는 무엇으로 그 짠맛을 내겠느냐? 너희는 너희 가운데 소금을 지니고, 서로 화목하게 지내어라."

실제로 우리의 삶 속에서, 특히 교회 공동체 안에서 이러한 일이 얼마나 자주 발생하는가? 그렇다면 주님은 얼마나 마음이 아프시겠는가? 주님은 형제간에 화목하게 지내라고 말씀하신다.

(7) 일곱 번째 논리 : 주님은 소금을 두고 서로 화목하게 하라고 하셨다.

주님은 진정으로 우리 천국 백성의 공동체에서는 이러한 일이 일어나지 않고, 형제간에 서로 화목하게 지내기를 간절히 바라고 계신다. 이것을 우리는 기억해야 한다.

50 소금은 좋은 것이다. 그러나 소금이 짠맛을 잃으면, 너희는 무엇으로 그 짠맛을 내겠느냐? 너희는 너희 가운데 소금을 지니고, 서로 화목하게 지내어라."

마태복음에서는 이 문제가 얼마나 중요한가를 자세히 밝히고 있는데, 그 말씀을 인용하면 다음과 같다.

〈마 5:23-24〉

²³ 그러므로 예물을 제단에 드리려다가 거기서 네 형제에게 원망들을 만한 일이 있는
  것이 생각나거든

²⁴ 예물을 제단 앞에 두고 먼저 가서 형제와 화목하고 그 후에 와서 예물을 드리라

(8) 여덟 번째 논리 : 이러한 죄의 문제는 너무나 심각하기 때문에 형제들
이 죄를 지으면 서로 꾸짖고 용서해 주라고 하신다.

주님은 이러한 죄가 얼마나 무서운 결과를 가져오는지를 너무나 잘 알고
계셨기에 이에 대한 특별 경계령을 내리신다. 만약 형제 중에 그러한 자가 있
으면 반드시 죄를 꾸짖으라고 하신다. 그리고 용서해 주라고 말씀하신다.

〈눅 17:3-4〉

³ 너희는 스스로 조심하여라. 다른 제자가 죄를 짓거든 꾸짖고, 회개하거든 용서하여
  주어라.

⁴ 그가 네게 하루에 일곱 번 죄를 짓고, 일곱 번 네게 돌아와서 '회개한다'고 하면, 너는
  용서해 주어야 한다."

그리고 그들을 용서해 주되 한없이 용서해 주어야 된다고 말씀하고 계신
다. 주님은 엄격한 경고와 엄격한 사랑을 동시에 추구하신다.

(9) 아홉 번째 논리 : 본문은 과연 오늘을 사는 우리에게 무엇을 말씀하고 있는 것인가?

본문 말씀을 종합해 보면, 연자맷돌을 매달고 바다에 빠져 죽을 각오로 네 형제를 범죄하게 하지 말라는 말씀이다. 우리의 공동체가 너로 인하여 깨져서는 안 되며, 너로 인하여 이런 일이 발생해서는 안 된다는 것을 말씀해 주고 있는 것이다. 형제를 범죄하게 하지 않을 수는 없으나 반드시 거기에 대한 책임은 본인에게 있으며 이에 대한 책임을 져야 한다는 것이다. 그러므로 본문은 단순히 네 손과 발과 눈이 범죄하게 하거든 찍어 버리라는 내용이 절대 아니다. 연자맷돌을 매달고 바다에 빠져 죽을 각오로 네 형제를 범죄하게 하여 공동체를 무너뜨리지 말라는 말씀이다.

35. 마 18:10-14은 단순히 '잃어버린 양을 찾아'에 관한 주제가 아니다

일반적 제목	잃어버린 양을 찾아
통전적 제목	너희 공동체의 지극히 작은 자 중 한 사람도 잃어버리지 않도록 하라

본문 말씀은 주로 '잃어버린 양을 찾아'라는 제목으로 전도 설교에 사용된다. 특히 새끼 양을 잃어버린 목자의 심정으로 주님의 잃어버린 양을 찾아야 한다고 해석하고 있다. 그러나 깊이 본문을 들여다보면, 이 본문의 말씀은 전도에 대한 말씀이 아니라 바로 우리 공동체 중 아주 작은 자 한 사람과 관련된 말씀임을 알게 된다. 그러므로 '잃어버린 양을 찾아'보다는 '너희 공동체의 지극히 작은 자 중 한 사람도 잃어버리지 않도록 하라'고 정해야 본문의 말씀 전체를 아우를 수 있는 설교가 될 수 있다. 그 이유를 자세히

살펴보자.

¹⁰ "너희는 이 작은 사람들 가운데서 하나라도 업신여기지 않도록 조심하여라. 내가 너희에게 말한다. 하늘에서 그들의 천사들이 하늘에 계신 내 아버지의 얼굴을 늘 보고 있다.

¹² 너희는 어떻게 생각하느냐? 어떤 사람에게 양 백 마리가 있는데, 그 가운데 한 마리가 길을 잃었으면, 그는 아흔아홉 마리를 산에다 남겨 두고서, 길을 잃은 그 양을 찾아 나서지 않겠느냐?

¹³ 내가 너희에게 말한다. 그가 그 양을 찾게 되면, 길을 잃지 않은 아흔아홉 마리 양보다, 오히려 그 한 마리 양을 두고 더 기뻐할 것이다.

¹⁴ 이와 같이, 이 작은 사람들 가운데서 하나라도 망하는 것은, 하늘에 계신 너희 아버지의 뜻이 아니다."

눅 15:1-7

¹ 세리들과 죄인들이 모두 예수의 말씀을 들으려고 그에게 가까이 몰려들고 있었다.
² 바리새파 사람들과 율법학자들은 서로 수군거리며 말하기를 "이 사람이 죄인들을 맞아들이고, 그들과 함께 음식을 먹는구나" 하였다.
³ 그래서 예수께서는 그들에게 이 비유를 말씀하셨다.
⁴ "너희 가운데서 어떤 사람이 양 백 마리를 가지고 있는데, 그 가운데서 한 마리를 잃으면, 아흔아홉 마리를 들에 두고, 그 잃은 양을 찾을 때까지 찾아 다니지 않겠느냐?

⁵ 찾으면, 기뻐하면서 어깨에 메고
⁶ 집으로 돌아와서, 친구들과 이웃 사람을 불러모으고 '나와 함께 기뻐해 주십시오. 잃었던 내 양을 찾았습니다' 하고 말할 것이다.
⁷ 내가 너희에게 말한다. 이와 같이 하늘에서는, 회개할 필요가 없는 의인 아흔아홉보다, 회개하는 죄인 한 사람을 두고 기뻐할 것이다."

오늘의 말씀은 전절의 말씀과 같은 맥락에서 보지 않으면 큰 실수를 범하게 된다. 이 작은 사람들 가운데 하나라는 관점은 동일하다. 마 18:6-9은 우리가 그들을 범죄하게 하는 장면이었다. 그런데 이것은 바로, 이 일로 인하여 작은 자 중의 한 사람이라도 공동체를 떠나면 너희들은 그들을 귀하게 여겨 반드시 공동체 안으로 돌아오게 하라는 말씀이다. 엄밀히 말해서 나가서 전도하라는 말씀의 내용은 아닌 것이다.(절대로 오해가 있어서는 안 될 것이다. 전도하지 말라는 의미가 아니라, 이 본문의 내용은 적어도 상처로 인하여 공동체를 떠난 그 작은 자 하나라도 귀하게 여기라는 말씀이다.)

마태복음은 이 잃은 양 비유를 사용함에 있어서 전절, 즉 나를 믿는 이 사람들 중의 한 사람이라도 죄에 걸려 넘어지지 않도록 하라는 차원에서 계속 말씀하고 계신다. 그러나 누가복음은 이 말씀의 배경을 예수님이 죄인들과 함께 음식 먹는 것에서부터 시작한다. 그렇다면 어느 쪽이 더 분명한 것일까? 결론부터 말하면 마태의 사건이 더 정확하고 볼 수 있다. 왜냐하면 예수님께서 사용하시는 그 표현이 전절의 말씀과 동일하게 나타나기 때문이다. 다시 말해서 이 작은 사람들 가운데 하나라는 말씀을 동일하게 사용하신다. 따라서 이 본문은 마태의 사건이 더 옳다고 보아야 한다.

어떻게 보면 누가복음의 말씀과 마태복음의 말씀에는 서로 충돌이 일어난다고 할 수 있겠다. 그러나 그 내용을 정밀히 분석하면 절대 충돌이 일어나지 않는다.

(1) 주님은 이 작은 사람들 중 한 사람도 업신여기지 않고 귀하게 보신다.

전절에도 이 작은 사람들 가운데 하나라도 실족지 않게 하라는 것이 주제였다. 그런데 이 본문도 이 작은 사람들 하나라도 업신여기지 않도록 조심하라고 말씀하고 있다. 주님은 이 작은 사람들 중 한 사람도 이렇게 귀하게 여기신다.

¹⁰ "너희는 이 작은 사람들 가운데서 하나라도 업신여기지 않도록 조심하여라. 내가 너희에게 말한다.

분명히 앞 절은 이 작은 자 중의 한 사람이라도 네가 그를 범죄하도록 하지 말라고 말씀하셨다. 그리고 주님은 이들을 업신여기지 말라는 말씀으로까지 확대하신다.

(2) 작은 자 중의 한 사람을 업신여기지 않아야 할 큰 이유

주님은 이 작은 자 중의 한 사람이라도 업신여기지 말아야 할 이유를 분명하게 제시하고 있다. 이 이유들은 상당히 중요하다. 그 이유는 다음과 같다.

- 하늘에는 한 사람 한 사람에게 딸린 그들의 천사가 있는데, 그들이 하늘에 계신 아버지의 얼굴을 늘 보고 있기 때문이다.
- 뿐만 아니라 인자 또한 잃어버린 자를 구원하러 왔기 때문이다. 마태복음에는 11절이 없지만, 고대 사본에는 '인자는 잃어버린 자를 구원하러 왔다'라는 말씀이 첨가되어 있다. 그런데 이 말씀은 분명히 위의 말씀과 관련 있기에 사실로 받아들여야 한다.

그렇다. 우리는 이 작은 자 중의 한 사람을 우리의 가치관으로 업신여기거나 무시하지만 하나님은 절대 그런 분이 아니다. 그리고 주님은 바로 이런 자들을 위하여 오셨다.

(3) 하나님께서 이 작은 자 중의 한 사람을 얼마나 깊이 사랑하시는지에 대한 예 - 잃은 양 비유

주님은 우리가 무시하고 외면하는 그 한 사람 한 사람을 얼마나 귀중하게 여기시는지를 잃어버린 양의 예를 들어서 설명하신다.

- 양 아흔아홉 마리도 사랑하시지만 잃어버린 한 마리에 더 깊은 관심을 가지신다.
- 양 아흔아홉 마리를 산에 두고 그 양을 찾아 나선다.

· 그래서 그 양을 찾을 때까지 찾으신다.

· 찾은즉 그 기쁨을 이웃과 함께 나눈다.

¹³ 내가 너희에게 말한다. 그가 그 양을 찾게 되면, 길을 잃지 않은 아흔아홉 마리 양보다, 오히려 그 한 마리 양을 두고 더 기뻐할 것이다.

〈눅 15:6〉

⁶ 집으로 돌아와서, 친구들과 이웃 사람을 불러모으고 '나와 함께 기뻐해 주십시오. 잃었던 내 양을 찾았습니다' 하고 말할 것이다.

잃은 양을 찾은 것에 대한 기쁨을 이렇게까지 표현하고 있다. 말도 안 된다. 겨우 양 한 마리를 잃었다가 다시 찾은 것인데, 온 동네 사람들을 다 모아 잔치를 벌였다. 양의 10배보다 더 많은 돈이 들어갈 텐데 주인은 이렇게까지 했다. 이것이 하나님의 마음인 것이다.

(4) 회개할 것 없는 의인 아흔아홉보다 회개하는 죄인 한 사람을 더 기뻐하신다.

여기서 회개할 것 없는 의인 아흔아홉 명은 바로 절대로 말씀을 받아들이지 않고 신앙적 교만에 빠져 하나님을 거부하는 종교 지도자 무리를 지칭한다. 회개하는 죄인은 그야말로 너무나 가난하고 의지할 것 없고 버려진 인생 같은 사람들이지만 말씀을 받아들이고 주님을 따르는 사람들을 말한다. 주님은 바로 이런 자를 위하여 오셨으며, 하나님께서는 바로 이런 겸손한 자들을 참으로 기뻐하신다.

¹³ 내가 너희에게 말한다. 그가 그 양을 찾게 되면, 길을 잃지 않은 아흔아홉 마리 양보다, 오히려 그 한 마리 양을 두고 더 기뻐할 것이다.

〈눅 15:7〉

⁷ 내가 너희에게 말한다. 이와 같이 하늘에서는, 회개할 필요가 없는 의인 아흔아홉보다, 회개하는 죄인 한 사람을 두고 기뻐할 것이다."

(5) 주님께서 그러하셨듯이 이 작은 자 중의 한 사람을 귀하게 여길 줄 알아야 진정한 교회 공동체이다.

오늘의 말씀은 참으로 준엄하다. 형제 중에 연약해 보이고 가치가 없어 보인다고 해서 그들을 무시해서는 안 된다는 것이다. 그도 똑같이 하나님이 존귀하게 보시는 양이기 때문에, 교회는 특히 이 작은 자 중의 한 사람을 귀하게 여겨야 한다고 가르치고 있다. 야고보서는 이에 대하여 아주 잘 말씀하고 있다.

우리가 조금만 조심해서 주의를 기울여 본문을 대한다면 우리는 금방 이 본문이 '전도'에 대한 말씀이 아니라 우리 교회 공동체 가운데 연약한 형제들을 지칭하는 것을 발견할 수 있다. 따라서 본문은 '잃은 양 비유'라고 지칭하기보다는 오히려 '너희 공동체의 지극히 작은 자 중 한 사람도 잃어버리지 않도록 하라'는 준엄한 주님의 명령임을 알아야 한다.

36. 마 19:16-30은 단순히 '부자가 하늘 나라에 들어가기가 어렵다' 가 주제가 아니다

일반적 제목	부자가 하늘 나라에 들어가기가 어렵다
통전적 제목	알거지가 되는 겸비한 심정으로 제자의 길을 가라

우리는 이 본문을 보통 너무나 단순하게 '부자가 하늘 나라에 들어가기가 어렵다'라는 제목으로 설교한다. 그러나 본문은 부자가 하늘 나라에 들어가기가 어렵다는 내용을 수록한 것이 아니라, 그만큼 예수 그리스도의 제자가 된다는 것은 어렵다는 것을 강조하고 있다. 따라서 '부자가 하늘 나라에 들어가기가 어렵다'는 단순한 논리보다는 오히려 '알거지가 되는 겸비한 심정으로 주님의 제자의 길을 가라'는 말씀이 전체의 맥을 이어가고 있다.

[16] 그런데 한 사람이 다가와서 예수께 말하였다. "선생님, 내가 영생을 얻으려면, 무슨 선한 일을 해야 합니까?"

[17] 예수께서 그에게 말씀하셨다. "어찌하여 너는 나에게, 선한 일을 묻느냐? 선한 분은 오직 한 분뿐이시다. 네가 생명에 들어가고자 하거든, 계명들을 지켜라."

[18] 그러자 그는 예수께 "어느 계명들입니까?" 하고 물었다. 예수께서 말씀하셨다. "'살인하지 말아라, 간음하지 말아라, 도둑질하지 말아라, 거짓으로 증언하지 말아라. (출 20:12-16; 신 5:16-20)

[19] 부모를 공경하여라.' 그리고 '네 이웃을 네 몸과 같이 사랑하여라' 하는 계명들이 있지 않으냐?

[20] 그 젊은이가 예수께 말하였다. "나는 이 모든 것을 다 지켰습니다. 아직도 무엇이 부족합니까?"

[21] 예수께서 그에게 말씀하셨다. "네가 완전한 사람이 되고자 하거든, 가서 네 소유를 팔아서, 가난한 사람에게 주어라. 그리하면, 네가 하늘에서 보화를 차지하게 될 것이다. 그리고 와서, 나를 따라라."

[22] 그러나 그 젊은이는 이 말씀을 듣고, 근심하면서 떠나갔다. 그에게는 재산이 많았기 때문이다.

[23] 예수께서 제자들에게 말씀하시기를 "내가 진정으로 너희에게 말한다. 부자는 하늘 나라에 들어가기가 어렵다.

[24] 내가 다시 너희에게 말한다. 부자가 하나님의 나라에 들어가는 것보다 낙타가 바늘귀로 지나가는 것이 더 쉽다" 하시니,

[25] 제자들이 이 말씀을 듣고, 매우 놀라서 "그러면, 누가 구원을 받을 수 있겠습니까?" 하고 말하였다.

[26] 예수께서 그들을 눈여겨보시고, 말씀하셨다. "사람은 이 일을 할 수 없으나, 하나님은 무슨 일이나 다 하실 수 있다."

[27] 그 때에 베드로가 대답하여 예수께 말하였다. "보십시오, 우리는 모든 것을 버리고, 선생님을 따라왔습니다. 그러니 우리가 무엇을 받겠습니까?"

[28] 예수께서 그들에게 말씀하셨다. "내가 진정으로 너희에게 말한다. 새 세상에서 인자가 자기의 영광스러운 보좌에 앉고 만물이 새롭게 될 때에, 나를 따라온 너희도 열두 보좌에 앉아서, 이스라엘의 열두 지파를 심판할 것이다.

[29] 내 이름을 위하여 집이나 형제나 자매나 부모나 자녀나 논밭을 버린 사람은, 백 배나 받을 것이요, 또 영생을 상속받을 것이다.

[30] 그러나 첫째가 꼴찌가 되고 꼴찌가 첫째가 되는 사람이 많을 것이다."

막 10:17-31 중 일부

¹⁷ 예수께서 길을 떠나시는데, 한 사람이 달려와서, 그 앞에 무릎을 꿇고 예수께 물었다. "선하신 선생님, 내가 영생을 얻으려면, 무엇을 해야 합니까?"

²¹ 예수께서 그를 눈여겨보시고, 사랑스럽게 여기셨다. 그리고 그에게 말씀하셨다. "너에게는 한 가지 부족한 것이 있다. 가서, 네가 가진 것을 다 팔아서, 가난한 사람들에게 주어라. 그리하면, 네가 하늘에서 보화를 차지하게 될 것이다. 그리고 와서, 나를 따라라."

²² 그러나 그는 이 말씀 때문에, 울상을 짓고, 근심하면서 떠나갔다. 그에게는 재산이 많았기 때문이다.

²⁷ 예수께서 그들을 눈여겨보시고, 말씀하셨다. "사람은 할 수 없으나, 하나님은 그렇지 않다. 하나님은 무슨 일이나 다 하실 수 있다."

²⁸ 베드로가 예수께 말씀드렸다. "보십시오, 우리는 모든 것을 버리고 선생님을 따라왔습니다."

²⁹ 예수께서 말씀하셨다. "내가 진정으로 너희에게 말한다. 나를 위하여, 또 복음을 위하여, 집이나 형제나 자매나 어머니나 아버지나 자녀나 논밭을 버린 사람은,

³⁰ 지금 이 세상에서는 박해도 받겠지만 집과 형제와 자매와 어머니와 자녀와 논밭을 백 배나 받을 것이고, 오는 세상에서는 영생을 받을 것이다.

³¹ 그러나 첫째가 꼴찌가 되고 꼴찌가 첫째가 되는 사람이 많을 것이다."

(1) 부자 청년은 예수님을 시험하기 위해서가 아니라 진심으로 영생에 관심이 있어 주님께 나아왔다.

〈막 10:17,21〉

¹⁷ 예수께서 길을 떠나시는데, 한 사람이 달려와서, 그 앞에 무릎을 꿇고 예수께 물었다. "선하신 선생님, 내가 영생을 얻으려면, 무엇을 해야 합니까?"

²¹ 예수께서 그를 눈여겨보시고, 사랑스럽게 여기셨다.

예수님 앞에 무릎을 꿇고 물었다. "내가 영생을 얻으려면 무엇을 해야 합니까?" 예수님께서는 그를 눈여겨보시고 사랑스럽게 여기셨다.

(2) 그는 "선생님은 선하신 분이십니다"라고 했을까? 아니면 "영생을 얻으려면 무슨 선한 일을 해야 합니까?"라고 물었을까?

마태복음과 마가복음은 그가 '어떤 선한 일을 하여야 영생을 얻겠습니까?'라고 물은 것으로 기록되어 있다. 그러나 마가복음은 또 다른 관점에서 이해할 수 있는데, 그는 예수님을 선한 선생님이라 불렀고, 주님은 '어찌 나를 선하다고 하느냐, 선한 분은 하나님 한 분밖에 없다'고 말씀하셨다. 그렇다면 도대체 어느 것이 문제이며, 이 말씀에 대하여 누가 어떻게 오해한 것인가?

> [16] 그런데 한 사람이 다가와서 예수께 말하였다. "선생님, 내가 영생을 얻으려면, 무슨 선한 일을 해야 합니까?"
> [17] 예수께서 그에게 말씀하셨다. "어찌하여 너는 나에게, 선한 일을 묻느냐? 선한 분은 오직 한 분뿐이시다

누가복음에서는 예수님을 "선하신 선생님"이라고 불렀고, 예수님께 "무엇을 해야 영생을 얻겠습니까?"라고 물었다.

〈눅 18:18-19〉
> [18] 어떤 지도자가 예수께 물었다. "선하신 선생님, 내가 무엇을 해야 영생을 얻겠습니까?"
> [19] 예수께서 그에게 말씀하셨다. "어찌하여 너는 나를 선하다고 하느냐? 하나님 한 분밖에는 선한 분이 없다.

마태복음에서 예수님은 '어찌하여 너는 나에게 선한 일을 묻느냐'고 했고, 마가, 누가복음에서는 '어찌하여 너는 나를 선하다고 하느냐'고 하면서 선한 이는 하나님 한 분뿐이라고 하였다. 그러나 결론은 선한 이는 하나님 한 분뿐이라는 것으로 동일하다.

이 사람이 물은 것이 과연 '영생을 얻으려면 무슨 선한 일을 해야 합니까?'일까, 아니면 '선생님은 선하신 분입니다'라고 대화를 시작한 것일까? 이 사람의 성정이나 전체의 문맥으로 볼 때, '선생님은 선하신 분입니다'라고 대화를 시작했을 가능성이 크다. 이 문제는 참으로 중요한 문제이지만 이렇게 받아들이는 것이 좋을 것 같다. 이 사람은 일단 예수님께 "선생님은 선하신 분입니다"라고 말한 후, "내가 영생을 얻으려면 무슨 선한 일을 해야 합니까?"라고 말했을 것으로 보인다. 아무튼 이 사람은 위에서 언급한 바와 같이 참 좋은 성정, 참 착한 마음으로 주님께 나아왔다.

(3) 주님은 계명을 지킬 것을 요구하셨는데, 부자 청년은 참으로 신실하게 계명들을 지켜온 경건한 청년이었다.

주님께서는 일단 영생에 들어가기 위해서 계명을 지킬 것을 요구하셨으나 이 청년은 그 모든 계명들을 잘 지켰다고 말하고 있다.

[17] … 네가 생명에 들어가고자 하거든, 계명들을 지켜라.

[18] 그러자 그는 예수께 "어느 계명들입니까?" 하고 물었다. 예수께서 말씀하셨다. "'살인하지 말아라, 간음하지 말아라, 도둑질하지 말아라, 거짓으로 증언하지 말아라,

[19] 부모를 공경하여라.' 그리고 '네 이웃을 네 몸과 같이 사랑하여라' 하는 계명들이 있지 않으냐?"

[20] 그 젊은이가 예수께 말하였다. "나는 이 모든 것을 다 지켰습니다. 아직도 무엇이 부족합니까?"

그렇다면 이 청년은 영생에 들어가기 위해서는 계명들을 잘 지켜야 한다는 사실을 잘 알고 있었고, 그는 최선을 다해서 계명을 지키려고 애쓰는 경

건한 사람임이 틀림없다는 것을 발견할 수 있다. 예수님의 말씀에 이렇게 자신 있게 계명을 지켰다고 말할 사람이 과연 얼마나 되겠는가?

(4) 그러나 주님은 그를 완전한 믿음으로 이끌기 위하여 그가 지킨 계명으로도 부족한 한 가지 사실을 지적하셨는데 부, 곧 많은 재산을 청산하고 주를 좇으라는 것이었다.

이 청년은 주님께 '아직도 무엇이 부족합니까?'라고 먼저 묻고 있다. 그는 그만큼 계명을 지키는 일에 대해서는 자신이 있었다는 말이다. 그러나 주님의 대답은 그가 기대하던 것과는 전혀 다른 것이었다. 부족한 것이 있다는 것이다. 그리고 청천병력 같은 말씀을 하셨다.

> [21] 예수께서 그에게 말씀하셨다. "네가 완전한 사람이 되고자 하거든, 가서 네 소유를 팔아서, 가난한 사람에게 주어라. 그리하면, 네가 하늘에서 보화를 차지하게 될 것이다. 그리고 와서, 나를 따라라."

- 가서 네 소유를 팔아라.
- 가난한 사람에게 주어라.
- 그리하면, 네가 하늘에서 보화를 차지하게 될 것이다.
- 그리고 와서, 나를 따라라.

그렇다면 예수님은 과연 모든 재산을 다 팔아 가난한 사람에게 주고 완전히 빈털터리가 되어 예수님을 좇으라고 말씀하신 것인가? 아니면 그의 일부를 팔아 가난한 사람에게 주고 예수님을 따르라는 것인가?

그렇다면 이 사람은 정말 예수님의 제자의 길을 원했던 것인가? 아니면 진실된 성도로 남기를 원했던 것일까? 이에 대한 많은 의문점이 생긴다.

> [22] 그러나 그 젊은이는 이 말씀을 듣고, 근심하면서 떠나갔다. 그에게는 재산이 많았기 때문이다.

그러나 안타깝게도 이 젊은이는 예수님의 시험에 합격하지 못하였다. 그는 중도 탈락하고 말았다. 그 이유는 그에게는 재산이 많았기 때문이다. 병행 구절인 막 10:21과 눅 18:22에는 본문의 언급 대신 '너에게는 한 가지 부족한 것이 있다'란 표현이 나와 있다. '부족하다'와 '완전하다'는 대조되는 개념이다. '완전'이란 부족함이 없는 상태인 것이다. 이처럼 완전으로 번역된 '텔레이오스'는 일차적으로 결여된 것이 전혀 없는 완벽한 상태를 가리킬 때 사용된다.

결국 이 청년은 재물이 많으므로 구원을 이루지 못하였다. 여기서는 이 청년의 재물이 단순히 많은 것으로 기록하고 있지만, 병행 구절인 눅 18:23에서는 '큰 부자'라고 묘사하고 있다.

(5) 부를 소유하고 있는 것이 영생의 길과 제자의 도에 이르는 데 얼마나 방해가 되는가를 설명하시는 주님.

이 사람이 제기한 문제는 바로 영생의 길이었다. 그런데 주님은 네 가진 재산을 팔아 가난한 자에게 주고 나를 좇으라는 말씀을 하신 후, 부를 소유한 문제와 예수의 진정한 제자의 길, 영생의 길이 얼마나 다른가를 설명하고 있다. 즉, 부자가 하늘 나라에 들어가는 것이 얼마나 어려운가를 말씀하셨다.

²³ 예수께서 제자들에게 말씀하시기를 "내가 진정으로 너희에게 말한다. 부자는 하늘 나라에 들어가기가 어렵다.

²⁴ 내가 다시 너희에게 말한다. 부자가 하나님의 나라에 들어가는 것보다 낙타가 바늘 귀로 지나가는 것이 더 쉽다" 하시니,

²⁵ 제자들이 이 말씀을 듣고, 매우 놀라서 "그러면, 누가 구원을 받을 수 있겠습니까?" 하고 말하였다.

²⁶ 예수께서 그들을 눈여겨보시고, 말씀하셨다. "사람은 이 일을 할 수 없으나, 하나님 은 무슨 일이나 다 하실 수 있다."

· 부자는 하늘 나라에 들어가기가 어렵다.
· 부자가 하나님의 나라에 들어가는 것보다 낙타가 바늘귀로 지나가는 것이 더 쉽다
· 그러면, 도대체 누가 구원을 받을 수 있겠습니까?"
· 사람은 이 일을 할 수 없으나, 하나님은 무슨 일이나 다 하실 수 있다.

(6) 다시 한 번 구원은 하나님의 주권임을 선언하시는 주님.

이렇게 부자의 구원에 대한 논쟁은 뜨거웠다. 제자들의 질문에 대하여 주님은 다음과 같이 대답하셨다.

²⁶ 예수께서 그들을 눈여겨 보시고, 말씀하셨다. "사람은 이 일을 할 수 없으나, 하나님 은 무슨 일이나 다 하실 수 있다."

주님은 이 말씀을 통하여 구원과 영생은 절대적으로 하나님의 주권에 있음을 다시 한 번 확인시키신다.

(7) 모든 것을 버리고 주를 좇은 베드로와 제자들의 질문.

제자들은 이 모든 것을 쭉 지켜보고 있었다. 얼마나 심각한 질문과 대답들이 오가고 있었는지…. 그리고 이 부자 청년의 모습을 보면서 모든 것을 버리고 주를 좇은 그들은 어떻게 될까에 대한 생각이 동일하게 자리 잡았다. 그래서 그들은 예수님께 물었다.

> [27] 그 때에 베드로가 대답하여 예수께 말하였다. "보십시오, 우리는 모든 것을 버리고, 선생님을 따라왔습니다. 그러니 우리가 무엇을 받겠습니까?"

그랬다. 어쩌면 이 질문은 당연한 질문인지도 모른다. 그들은 "보십시오"라고 말하고 있다. 이것은 그만큼 자신들을 부각시키기 위한 말이다. 그러고 나서 제자들은 예수님께 "우리는 모든 것을 버리고, 선생님을 따라왔습니다. 그러니 우리가 무엇을 받겠습니까?"라고 질문하였다. 영생에 대한 질문은 끝없이 펼쳐진다. 여기서도 계속된다. 그들은 적어도 자신들은 영생에 들어갈 수 있다고 확신하면서 질문을 던졌다.

(8) 모든 것을 버리고 주를 좇은 제자들의 질문에 대한 주님의 답변.

이에 대한 주님의 대답은 실로 놀라웠다. 그들이 상상한 것, 즉 영생에 대한 문제는 물론 그들이 생각지도 못했던 놀라운 일을 말씀하셨다.

> [28] 예수께서 그들에게 말씀하셨다. "내가 진정으로 너희에게 말한다. 새 세상에서 인자가 자기의 영광스러운 보좌에 앉고 만물이 새롭게 될 때에, 나를 따라온 너희도 열두 보좌에 앉아서, 이스라엘의 열두 지파를 심판할 것이다.

²⁹ 내 이름을 위하여 집이나 형제나 자매나 부모나 자녀나 논밭을 버린 사람은, 백 배나 받을 것이요, 또 영생을 상속받을 것이다.

예수님의 대답은 실로 놀라운 것이었다. 그들이 상황을 종합해 보면(분석해 보면) 다음과 같다.

- 새 세상에서 인자가 자기의 영광스러운 보좌에 앉고 만물이 새롭게 될 때가 온다.
- 나를 따라온 너희도 열두 보좌에 앉아서, 이스라엘의 열두 지파를 심판할 것이다.
- 내 이름을 위하여 집이나 형제나 자매나 부모나 자녀나 논밭을 버린 사람은, 백 배나 받을 것이다.
- 뿐만 아니라 영생을 상속받을 것이다.

예수님은 분명히 영생에 대하여 언급하셨다. 그러나 영생을 언급하시기 전에 그 위에 엄청난 사실들을 추가하셨다. 얼마나 영광스럽고 얼마나 아름다운 광경인가? 이러한 것들이 그들에게 주어진다는 것이다.

(9) 그렇다고 해서 모든 것을 버리고 주를 좇는 사람들이 결코 경계를 늦추어서는 안 된다고 경고하시는 주님.

주님은 모든 것을 버리고 주를 좇은 제자들에 대하여 보상으로 일관하신 것은 아니었다. 그 뒤에 큰 침을 하나 박아 놓으셨는데 그것은 바로 '방심하지 말라'는 것이다. 예수님은 너희들이 항상 이것을 보장받는 것이 아니라 이것은 얼마든지 변할 수 있다는 가능성을 열어 놓으셨다. 그럼으로써 영적으로 철저히 경계하고 지켜 나가야 할 일임을 말씀하셨다.

그러나 첫째가 꼴찌가 되고 꼴찌가 첫째가 되는 사람이 많을 것이다."

예수님은 이 말을 들은 제자들이 교만해질 것을 우려하여 이렇게 말씀하셨던 것이다. 그러나 보다 넓게 보면, 본문의 먼저 된 자는 앞서 영생의 길을 물었던 부자 청년과 같은 율법에 충실한 유대인라 할 수 있다. 또한 하나님의 계명에 대하여 자신들이 충실한 자라고 생각하고 있던 유대 종교 지도자들이라고 볼 수도 있다. 그만큼 주님은 우리 모두가 방심하지 말고 경계해야 함을 말씀하고 있는 것이다.

그렇다. 본문을 정밀히 분석해 보면, 단순히 '부자가 하늘 나라에 들어가기가 어렵다'는 것을 강조하기보다는 '예수 그리스도의 참 제자가 되기 위해서는 모든 것을 버리는 각오로 예수님을 좇아야 한다'는 제자도가 그 중심의 핵을 이루고 있다.

37. 마 20:1-16은 단순히 '나중 온 자의 심정으로'가 주제가 아니다

일반적 제목	나중 온 자의 심정으로
통전적 제목	약한 자에게 구원의 우선권을 주는 것이 주님의 특권

이 본문 역시 우리가 너무나 익숙히 아는 말씀이다. 따라서 그 주제 또한 너무나 쉽게 '나중 온 자의 심정으로'로 정하고 설교할 수 있다. 그러나 이러한 주제는 생각 없이 말씀을 대한 결과요, 조심성 있게 말씀을 묵상하지 않은 결과의 산물이다.

본문의 주제는 전혀 그런 뜻이 아니다. 본문 말씀에서는 연약한 자들이 그 대상이다. 또한 예수님께서 이들에게 복음의 특권을 주시는 것이 그 내용이다. 따라서 이 본문의 주제는 '약한 자에게 구원의 우선권을 주는 것은 주님의 특권'이 되어야 한다. 그 이유는 아래와 같다.

¹ "하늘 나라는, 자기 포도원에서 일할 일꾼을 고용하려고 이른 아침에 집을 나선, 어떤 포도원 주인과 같다.
² 그는 하루에 한 데나리온으로 일꾼들과 합의하고, 그들을 포도원으로 보냈다.
³ 또 아홉 시쯤에 나가서 보니, 사람들이 장터에서 빈둥거리며 서 있었다.
⁴ 그가 그들에게 말하기를 '당신들도 포도원에 가서 일하시오. 적당한 품삯을 주겠소' 하였다.
⁵ 그래서 그들이 일을 하러 떠났다. 주인이 다시 열두 시와 오후 세 시쯤에 나가서 그렇게 하였다.
⁶ 오후 다섯 시쯤에 주인이 또 나가 보니, 아직도 빈둥거리고 있는 사람들이 있어서, 그들에게 '왜 당신들은 온종일 이렇게 하는 일 없이 빈둥거리고 있소?' 하고 물었다.
⁷ 그들은 '아무도 우리에게 일을 시켜 주지 않아서, 이러고 있습니다' 하고 대답하였다. 그래서 그는 '당신들도 포도원에 가서 일을 하시오' 하고 말하였다.
⁸ 저녁이 되어, 포도원 주인이 자기 관리인에게 말하기를 '일꾼들을 불러, 맨 나중에 온 사람들부터 시작하여 맨 먼저 온 사람들에게까지, 품삯을 치르시오' 하였다.

⁹ 오후 다섯 시쯤부터 일을 한 일꾼들이 와서, 한 데나리온씩을 받았다.
¹⁰ 그러니 맨 처음에 와서 일을 한 사람들은, 은근히 좀 더 받으려니 하고 생각하였는데, 그들도 한 데나리온씩을 받았다.
¹¹ 그들은 받고 나서, 주인에게 투덜거리며
¹² 말하기를 '마지막에 온 이 사람들은 한 시간 밖에 일하지 않았는데도, 찌는 더위 속에서 온종일 수고한 우리들과 똑같이 대우를 하시는군요' 하였다.
¹³ 그러자 주인이 그들 가운데 한 사람에게 말하였다. '친구여, 나는 그대를 부당하게 대한 것이 아니오. 그대는 나와 한 데나리온으로 합의하지 않았소?
¹⁴ 그대의 품삯이나 받아 가지고 돌아가시오. 그대에게 주는 것과 꼭 같이 이 마지막 사람에게 주는 것이 내 뜻이오.
¹⁵ 내 것을 가지고, 내 뜻대로 할 수 없다는 말이오? 내가 후하기 때문에, 그대 눈에 거슬리오?'
¹⁶ 이와 같이, 꼴찌들이 첫째가 되고, 첫째들이 꼴찌가 될 것이다.

(1) 왜 주인은 하루에 다섯 번이나 장터에 나타나서 사람들을 데리고 갔을까?

오늘 본문 말씀을 보면, 이 주인은 사람들을 찾아 하루에 다섯 번이나 시장에 갔다는 사실을 알 수 있다. 포도원에서 일할 사람이 없어서 그렇게 했던 것이 아니다. 어떻게 해서든지 일하지 않는 사람이 없도록 하여 그들로 하여금 배를 곯지 않도록 하기 위함이었다. 이 주인은 인간에 대한 사랑을 갖고 있었다.

- 이른 아침에 집을 나선, 어떤 포도원 주인.
- 아홉 시쯤 그들에게 말하기를 '당신들도 포도원에 가서 일하시오. 적당한 품삯을 주겠소' 함.
- 다시 열두 시에 나와 일꾼들을 데려감.
- 오후 세 시쯤에 또 나가서 그렇게 함.
- 오후 다섯 시쯤에 주인이 또 시장에 나감.

이 주인은 정말 할 일이 없어서 이렇게 했겠는가? 이 주인이 정말 포도원에 이 만큼의 사람이 필요해서 이렇게 했겠는가? 아니다. 어쨌든 하루 종일 놀아 그들이 빈손으로 집에 돌아가는 일이 없도록 하기 위하여 주인은 이렇게 했던 것이다.

여기서 우리는 구원의 진리를 모르고 허송세월하고 있는 사람들을 교회로 불러 구원의 대열에 동참케 하는 하나님의 자비로우심을 볼 수 있다. 이것이 오늘 본문 말씀의 핵심이다.

(2) 하늘 나라의 주인이신 하나님은 어떤 분으로 묘사되고 있는가?

오늘 본문을 찾아보면, 하늘 나라의 주인이신 하나님은 참으로 귀한 분으로 묘사된다. 본문 전체를 통하여 살펴보면 하나님은 어떠한 분인지를 알 수 있다. 우리가 믿고 있는 하나님은 어떤 분이신가?

- 일할 사람을 찾아 일찍 집을 나서는 주인
- 아침 일찍 나가 일꾼을 찾는 부지런한 주인

- 정확하게 합의하고 일을 시작하는 주인
- 빈둥거리는 사람을 모아 일을 시키는 주인
- 끊임없이 사람들에게 일자리를 주기 위해 노력하는 주인
- 아무도 관심을 가져 주지 않은 사람을 데려다 일을 시키는 주인
- 모든 사람을 동일하게 취급하는 주인
- 배곯는 사람이 없어야 하겠다고 고민하며 그들의 문제를 해결해 주려는 주인

그렇다. 이 주인은 사람들을 참으로 불쌍히 여겼다. 그리고 그들이 어려움 없이 살아가도록 일자리를 제공해 주면서도 자격 요건을 따지지 않았고 오히려 연약한 자들을 먼저 수용하는 자비로운 주인이었다.

위에서 언급했듯이 이것이 하늘 아버지의 심정이다. 특별히 복음을 모르고 허송세월하는 사람들을 불러 하나님의 자녀가 되는 기회를 제공하기 위하여 이렇게 애쓰시는 하나님의 모습을 주님은 주인을 통하여 투영하고 있는 것이다. 여기서 우리는 하나님의 성품을 다시 한 번 확인할 수 있다.

(3) 왜 '빈둥거린다'는 표현을 이렇게 자주 사용했을까?

특히 본문에는 '빈둥거린다'라는 표현이 많이 등장하고 있다. 왜 이 표현이 자주 등장할까?

[3] 또 아홉 시쯤에 나가서 보니, 사람들이 장터에서 빈둥거리며 서 있었다.
[6] 오후 다섯 시쯤에 주인이 또 나가 보니, 아직도 빈둥거리고 있는 사람들이 있어서,

왜 이 사람들은 빈둥거리며 서 있었을까? 그 이유는 써 주는 사람이 없

었기 때문이다. 그렇다면 이들을 왜 써 주지 않았을까? 그 이유는 간단하다. 그들은 신체적으로 문제가 있었기 때문이다. 일하는 데 있어서 제일 중요한 것은 바로 신체적인 건강함이다.

· 그들은 다른 사람에 비하여 신체적으로 약한 사람들이다.
· 그들은 겉으로 보기에도 힘을 쓸 만한 사람들이 못되었다.
· 그들은 당당하지 못하고 비실거리는 사람으로 보였다.

그러나 주인은 바로 이런 사람도 모두 자신의 밭으로 초청하였다. 이것이 주님의 마음이다.

⑷ 왜 주인은 관리인을 시켜 맨 나중 온 사람부터 계산을 하라고 했을까?

품삯의 계산은 포도원에 들어온 순서와는 반대로 이루어졌다. 이는 일반 관행과는 다른 특별한 것이었다. 이 비유에서 이러한 사실을 특별히 기록한 것은 구원이란 인간의 공로와는 전혀 무관한 사실임을 강조하기 위해서다. 즉, 집주인은 일반 관례와 다르게 늦게 온 사람들부터 품삯을 지급함으로써 구원은 하나님의 절대적인 주권에 달려 있으며 하나님의 은혜임을 강조하고 있는 것이다.

주인이 제일 나중 온 사람들부터 계산한 이유는 참으로 여러 가지 면에서 생각해 볼 수 있다.

· 나중 온 자에 대한 배려
· 처음 온 사람의 생각을 아시고 그들의 생각을 수정하려는 의도
· 천국의 주권은 오직 주님께 있음을 교훈

여기에는 틀림없이 주님의 의도가 있다. 이 교훈은 과연 바리새인과 사두개인을 염두에 두고 하신 말씀인가? 아니면 그냥 천국은 연약한 자들의 것이라는 것을 강조하기 위한 말씀인가? 여기에 대해서는 좀 더 시간을 두고 생각해 보아야 한다.

(5) 일찍 온 자들의 원망과 이들에 대한 주님의 분명한 반박

이에 그들은 집주인을 원망했다고 하였다. 그들은 종일 수고와 더위를 견뎠다. '바로스'라는 단어는 '병이나 무거운 세금 등으로 인한 내리누르는 듯한 숨 막히는 고통'을 뜻하는 것으로, 하루 종일 감내해야 했던 수고의 강도를 강력하게 피력하기 위하여 사용되었다. 그들은 자신들을 불러 일거리를 준 주인에 대한 감사보다는 원망으로 가득 찼다. 다시 말해서 그들은 집주인이 불러 주지 않았다면 일할 기회조차 없었으며 더군다나 처음 약속한 대로 한 데나리온의 품삯을 받았음에도 주인을 원망하였다.

이렇게 인간은 오히려 하나님의 긍휼하심을 무시한 채 모든 것을 세상의 가치관으로 바라보며 자신의 우월을 확인하는 데서 만족함을 얻는 어리석음에 빠지고 만다. 이를 통해 보면 본문에서는 바로 이러한 세상의 가치관으로 감히 하나님의 주권을 판단하는 인간의 어리석음을 분명히 지적하고 있음을 알 수 있다.

(6) 왜 주인은 '꼴찌들이 첫째가 되고, 첫째들이 꼴찌가 될 것이다'라는 말을 반복하여 사용하고 있는 것일까?

놀랍게도 주님은 첫째가 꼴찌가 되고 꼴찌가 첫째가 된다는 말을 여러 번 반복하고 있다. 도대체 어떤 의미에서 이러한 말씀을 하시는 것일까? 이

말씀을 통해 첫째라고 생각하는 바리새인과 사두개인들에게 경종을 주려는 것일까?

〈마 19:30〉
그러나 첫째가 꼴찌가 되고 꼴찌가 첫째가 되는 사람이 많을 것이다."

〈마 20:16〉
이와 같이, 꼴찌들이 첫째가 되고, 첫째들이 꼴찌가 될 것이다."

예수님께서는 천국 상급이 나중 믿은 자에게 더 크게 주어질 수 있다는 마 19:27-30의 내용에 뒤이어 천국 구원은 모든 믿는 자에게 동일하게 주어진다는 마 20:1-15의 포도원 품꾼의 비유를 보완적으로 말씀하시고, 총괄적으로 천국 구원 문제나 상급은 오직 하나님의 주권과 기준과 판단에 의해 결정되며 세속적인 판단에 의해 교만해질 경우 나중된 자보다 못하게 될 수 있다는 경고로 결론을 맺으셨다.

(7) 주님은 이 말씀을 통해 결국 우리에게 무엇을 말씀하시려는 것일까?

주님의 말씀은 같은 맥락을 이루고 있다. 결국 천국은 모든 것을 다 갖춘 사람들을 위한 것이 아니라 세상에서는 부족하고 연약해서 아무도 써주지 않는 사람들을 위한 곳이라는 것을 분명하게 가르치고 있다.

· 처음 온 사람들
  – 당당한 사람들
  – 건강한 사람들

- 자격 요건을 완벽히 갖춘 사람들

- 자신 있는 사람들

· 나중 온 사람들

- 세상에서는 약해서 써 주지 않는 연약한 사람들

- 세상에서는 기회를 잃어버린 사람들

- 세상에서는 빈둥거리는 사람들

- 세상에서는 열등감이 많은 사람들

하늘 아버지는 이 세상의 모든 자녀들이 자신에게 주어진 일을 하면서 건강하게 살아가기를 원하시지만, 하나님의 일차적인 관심은 바로 연약한 자에 있다는 것을 본문은 분명히 하고 있다. 그러므로 이 본문의 주제는 두 말 할 필요 없이 '나중 온 자의 심정으로'보다는 '약한 자에게 구원의 우선권을 주는 것이 하나님의 특권'이 된다.

38. 마 21:1-11은 단순히 '예수님의 예루살렘 입성'이 주제가 아니다

일반적 제목	예수님의 예루살렘 입성
통전적 제목	세상의 짐을 스스로 지신 순결하신 나귀, 예수님

[1] 그들이 예루살렘 가까이에 이르러, 올리브 산이 있는 벳바게 마을에 들어섰을 때에, 예수께서 두 제자를 보내시며
[2] 그들에게 말씀하셨다. "너희는 맞은편 마을로 가거라. 가서 보면, 나귀 한 마리가 매여 있고, 그 곁에 새끼가 있을 것이다. 그것을 풀어서, 나에게로 끌고 오너라.
[3] 누가 너희에게 무슨 말을 하거든 '주께서 쓰시려고 하십니다' 하고 말하여라. 그러면 곧 내줄 것이다."
[4] 이것은, 예언자를 시켜서 하신 말씀을 이루려고 하는 것이다.
[5] "시온의 딸에게 말하여라. 보아라, 네 임금이 네게로 오신다. 그는 온유하시어 나귀를 타셨

으니. 어린 나귀, 곧 멍에 메는 짐승의 새끼다."

⁶ 제자들이 가서, 예수께서 지시하신 대로,
⁷ 나귀와 새끼 나귀를 끌어다가, 그 위에 겉옷을 얹으니, 예수께서 올라 타셨다.
⁸ 큰 무리가 자기들의 겉옷을 길에다가 폈으며, 다른 사람들은 나뭇가지를 꺾어다가 길에다 깔았다.
⁹ 그리고 앞에 서서 가는 무리와 뒤따르는 무리가 외쳤다. 호산나. 다윗의 자손께! 복되시다. 주의 이름으로 오시는 분! 가장 높은 곳에서 호산나!
¹⁰ 예수께서 예루살렘에 들어가셨을 때에, 온 도시가 들떠서 "이 사람이 누구냐?" 하고 물었다.
¹¹ 사람들은 그가 갈릴리의 나사렛에서 나신 예언자, 예수라고 말하였다.

(1) 예수님의 대관식 날, 그가 어린 나귀를 타심은 무엇을 의미하는가?

요한복음을 제외하고 마태와 마가, 그리고 누가복음을 읽고 있노라면 이상하게 예수님이 나귀 새끼를 타기 전부터 이 나귀 새끼에 대하여 큰 관심을 두고 계신 것을 알 수 있다. 그가 친히 이 나귀를 선택하시고 또 그것을 자신에게 데려오라고 말씀하셨는데, 이는 자신이 인간의 죄와 죽음의 멍에를 메는 대관식에 나서야 할 것임을 잘 알고 계셨기 때문이다.

특히 누가복음에서는 이 사건을 아주 정확하게 묘사하고 있다.

〈눅 19:30-34〉

³⁰ 말씀하셨다. "맞은쪽 마을로 가거라. 거기에 들어가서 보면, 아직 아무도 타 본 적이 없는 새끼 나귀 한 마리가 매여 있을 것이다. 그것을 풀어서 끌고 오너라.

³¹ 혹시 누가 너희에게 왜 푸느냐고 묻거든, '주님께서 그것을 필요로 하십니다' 하고 말하여라."

³² 보내심을 받은 사람이 가서 보니, 예수께서 그들에게 말씀하신 그대로였다.

³³ 그들이 새끼 나귀를 푸는데, 그 주인들이 그들에게 말하였다. "그 새끼 나귀는 왜 푸는 거요?"

³⁴ 그들이 대답하였다. "주님께서 그것을 필요로 하십니다."

- 예비된 어린 나귀
- 아무도 타 보지 않은 어린 나귀
- 매여 있는 나귀
- 끌려온 나귀
- 주께서 쓰신 나귀

(2) 예수님 그 자신이야말로 인간의 멍에를 메고 골고다로 가기 위하여 예비된 어린 나귀였다.

예수님은 예루살렘 벳바게에는 자신의 대관식을 위하여 예비된 어린 나귀 새끼가 있다는 것을 알고 계셨다. 그리고 제자들에게 그 나귀를 데리고 오라고 말씀하셨다. 예수 그리스도는 이렇게 그의 죽음으로 인간의 생명을 살리는 위대한 대관식을 위하여 하나님으로부터 준비된 어린 나귀였다. 우리는 이 어린 양이 어떻게 구체적으로 신구약을 관통하여 우리에게 나타나시고 마지막 날 구원을 이루시는지에 대하여 이미 살펴본 바 있다. 예수님은 예비된 어린 나귀였다.

(3) 예수님, 그 자신이 아무도 타 보지 않은 순결한 어린 나귀였다.

예수님은 명령하셨다. '아무도 타 보지 않은 나귀 새끼가 매여 있는 것을 보리니 풀어 끌고 오라고…' 이 역시 예수님 자신을 묘사한 말이다. 그 자신이 바로 순결한 나귀, 죄 없는 나귀, 거룩한 나귀임을 천명하신 것이다. 인간의 죄의 문제를 해결하는 그 제물이 순결하지 않다면 결코 죄의 문제를 해결할 수 없다. 그런 의미에서 제물은 철저히 순결해야 한다. 예수님께서는 그 나귀가 '아무도 타 보지 않은 순결한 나귀'이듯이 자신이야말로 순결한 제물임을 말씀하고 계신 것이다.

(4) 예수님, 그 자신이 멍에를 메심으로써 인간의 묶임을 풀어 주는 어린 나귀였다.

본래 이 나귀는 매여 있던 나귀였다. 예수님께서는 '그 매여 있는 것을 풀어서'라고 말씀하신다. 이는 예수님께서 인간의 메임을 푸는 치료자이심을 알려 준다. 본문의 말씀을 자세히 읽어 보면 이상하게도 '풀어서'라는 말이 자주 등장한다. 우리는 이 말씀 가운데서 주님이 우리를 사용하시는 방법에 대한 깊은 통찰력을 발견할 수 있다. 예수님은 나귀를 묶인 채로 사용하지 않으시고 풀어서 사용하고 계신다. 예수님은 우리를 완전히 풀어서 자유롭게 하시는 치유자였던 것이다.

- 그는 인간의 열등감의 문제를 푸시는 치유자시다.
- 그는 인간의 좌절감의 문제를 푸시는 치유자시다.
- 그는 인간의 실패감의 문제를 푸시는 치유자시다.
- 그는 인간의 죽음과 두려움과 고통의 문제를 푸시는 치유자시다

(5) 예수님, 그 자신이 인간의 멍에를 메기 위하여 하나님 앞으로 끌려 나온 어린 나귀였다.

예수님은 그 어린 나귀를 '풀어서 끌고 오라'고 말씀하셨다. 이 역시 그 나귀에 대하여 말씀하시는 것이 아니라 예수님 자신에 대하여 말씀하고 계신 것이다. 이 나귀가 사람들에 의해 끌려 예수님 앞으로 나아왔듯이, 예수님 역시 인간의 멍에를 메기 위하여 하나님에 의해 사람들 앞으로 끌려 나

왔음을 분명하게 말씀해 주고 있다. 그러면서도 성경은 조금도 반항하지 않고 순종하는 어린 양, 순종하는 어린 나귀로 묘사하고 있다. 사 53:7를 살펴보자.

〈사 53:7〉

7 그는 굴욕을 당하고 고문을 당하였으나, 아무 말도 하지 않았다. 마치 도살장으로 끌려가는 어린 양처럼, 마치 털 깎는 사람 앞에서 잠잠한 암양처럼, 끌려가기만 할 뿐, 아무 말도 하지 않았다

그는 실로 도살장으로 끌려가는 어린 양, 도살장으로 끌려가는 어린 나귀였다. 그럼에도 불구하고 그 곤욕 속에서 한 마디도 입을 열지 않은 그런 어린 나귀로 묘사되고 있다.

(6) 예수님, 그 자신이야말로 모든 인간의 고통과 멍에를 그의 등에 지신 나귀였다.

7 … 예수께서 올라 타셨다.

이제 어린 나귀 위에 큰 짐이 지워졌다. 예수님께서 나귀 등에 타셨다는 것은 바로 예수님 자신이 세상의 모든 짐을 그의 등에 지고 갈보리로 향하여 가야 할 시간이 되었음을 의미한다. 즉, 슬픔의 대관식의 시간이 다가왔다는 것이다. 세상의 짐을 지고 갈보리로 향해야 하는 이 놀라운 일들은 어제 오늘의 일이 아니라 역사 이래 하나님에 의해 준비된 사건임을 성경은 분명하게 말씀하고 있다.

<창 22:6>

⁶ 아브라함은 번제에 쓸 장작을 아들 이삭에게 지우고, 자신은 불과 칼을 챙긴 다음에, 두 사람은 함께 걸었다

<사 53:6>

⁶ 우리는 모두 양처럼 길을 잃고, 각기 제 갈 길로 흩어졌으나, 주님께서 우리 모두의 죄악을 그에게 지우셨다.

"아브라함은 번제에 쓸 장작을 아들 이삭에게 지우고…" 이는 정확하게 하나님의 아들이 세상의 짐을 지고 골고다로 향하여 갈 것임을 말씀하신 사건이다. 오늘 예수님의 대관식이 끝나면 이제 그는 골고다로 향해야 한다. 그런데 이 세상의 모든 짐이 어린 나귀이신 예수님의 등 위에 지워졌다. 그리고 그는 묵묵하게 저 죽음의 골짜기인 골고다로 향해야만 했다.

세상의 황제들은 다 화려하고도 멋진 대관식을 통해 세상을 정복했으나, 결국 실패자로 끝났다. 그러나 예수님은 비록 초라한 죽음의 대관식이었지만, 세상을 살리는 위대한 일을 감당하였다. 이 예수님이 우리의 친구라고 하니 그 어찌 감사하지 않을 수 있겠는가?

<요 15:15>

¹⁵ 이제부터는 내가 너희를 종이라고 부르지 않겠다. 종은 그의 주인이 무엇을 하는지를 알지 못한다. 나는 너희를 친구라고 불렀다. 내가 아버지에게서 들은 모든 것을 너희에게 알려 주었기 때문이다.

<히 2:11>

¹¹ 거룩하게 하시는 분과 거룩하게 되는 사람들은 모두 한 분이신 아버지께 속합니다.

그러하므로 예수께서는 그들을 형제자매라고 부르시기를 부끄러워하지 않으셨습니다.

그렇다. 본문의 말씀은 아무리 봐도 단순히 '예수님의 예루살렘 입성'을 말하는 것이 아니다. 이 말씀 전체에 흐르고 있는 것은 '세상의 짐을 스스로 지신 순결하신 나귀, 예수님' 그 자체를 암시하고 있는 것이다. 따라서 단순히 '예수님의 예루살렘 입성'이라는 주제는 합당하지 않다.

39. 마 21:12-17은 단순히 '성전청결'이 주제가 아니다

일반적 제목	예수님의 성전청결
통전적 제목	성전의 중심은 부활하신 예수 그리스도

¹² 예수께서 성전에 들어가셔서, 성전 뜰 안에서 팔고 사고 하는 사람들을 다 내쫓으시고, 돈을 바꾸어 주는 사람들의 상과 비둘기를 파는 사람들의 의자를 둘러엎으시고,
¹³ 그들에게 말씀하셨다. "기록된 바 '내 집은 기도하는 집이라고 불릴 것이다' 하였다. 그런데 너희는 그 곳을 '강도들의 소굴'로 만들어 버렸다.
¹⁴ 성전 뜰에서 눈먼 사람들과 다리를 저는 사람들이 예수께 다가오니, 예수께서는 그들을 고쳐 주셨다.

¹⁵ 그러나 대제사장들과 율법학자들은, 예수께서 하신 여러 가지 놀라운 일과, 또 성전 뜰에서 "다윗의 자손에게 호산나!" 하고 외치는 아이들을 보고 화가 나서,
¹⁶ 예수께 말하기를 "아이들이 무어라고 하는지 듣고 있소?" 하였다. 예수께서 그들에게 말씀하셨다. "그렇다. 주께서는 어린 아이들과 젖먹이들의 입에서 찬양이 나오게 하셨다' 하신 말씀을, 너희는 읽어 보지 못하였느냐?"
¹⁷ 예수께서 그들을 두고 성 밖으로 나가, 베다니로 가셔서, 거기에서 밤을 지내셨다.

막 11:15-19

¹⁵ 그리고 그들은 예루살렘에 들어갔다. 예수께서 성전에 들어가셔서, 성전 뜰 안에서 팔고 사고 하는 사람들을 내쫓으시면서 돈을 바꾸어 주는 사람들의 상과 비둘기를 파는 사람들의 의자를 둘러엎으시고,
¹⁶ 성전을 가로질러 물건을 나르는 것을 금하

셨다.
¹⁷ 예수께서는 가르치시면서, 그들에게 말씀하셨다. "기록된 바 '내 집은 만민이 기도하는 집이라고 불릴 것이다' 하지 않았느냐? 그런데 너희는 그 곳을 '강도들의 소굴'로 만들어 버렸다.

¹⁸ 대제사장들과 율법학자들이 이 말씀을 듣고서는, 어떻게 예수를 없애 버릴까 하고 방도를 찾고 있었다. 그들은 예수를 두려워하고 있었던 것이다. 무리가 다 예수의 가르침에 놀라고 있었기 때문이다.

¹⁹ 저녁때가 되면, 예수와 제자들은 으레 성 밖으로 나갔다.

눅 19:45-48

⁴⁵ 예수께서 성전에 들어가서서, 장사하는 사람들을 내쫓으시면서

⁴⁶ 그들에게 말씀하셨다. "기록된 바 '내 집은 기도하는 집이 될 것이다' 하였다. 그런데 너희는 그 곳을 '강도들의 소굴'로 만들어 버렸다."

(사 56:7, 렘 7:11)

⁴⁷ 예수께서 날마다 성전에서 가르치고 계셨다. 대제사장들과 율법학자들과 백성의 우두머리들이 예수를 없애 버리려고 꾀하고 있었으나,

⁴⁸ 어찌해야 할지를 알지 못하였다. 백성이 모두 그의 말씀을 열심히 듣고 있었기 때문이다.

요 2:13-22

¹³ 유대 사람의 유월절이 가까워지자 예수께서 예루살렘으로 올라가셨는데,

¹⁴ 성전 뜰에 소와 양과 비둘기를 파는 사람들과 환전상들이 앉아 있는 것을 보시고,

¹⁵ 노끈으로 채찍을 만드셔서, 양과 소와 함께 그들을 모두 성전에서 내쫓으시고, 돈을 바꾸어 주는 사람들의 돈을 쏟아 버리시고, 상을 둘러 엎으셨다.

¹⁶ 비둘기 파는 사람에게는 "이것을 거둬 치워라. 내 아버지의 집을 장사하는 집으로 만들지 말아라" 하고 말씀하셨다.

¹⁷ 제자들은 '주의 집을 생각하는 열정이 나를 삼킬 것이다' 하고 기록된 성경 말씀을 기억하였다.

¹⁸ 유대 사람들이 예수께 묻기를 "당신이 이런 일을 하다니, 무슨 표적을 우리에게 보여 주겠습니까?" 하니,

¹⁹ 예수께서 그들에게 말씀하시기를 "이 성전을 허물어라. 그러면 내가 사흘 만에 다시 세우겠다" 하였다.

²⁰ 그러자 유대 사람들이 말하였다. "이 성전을 짓는 데 마흔여섯 해나 걸렸는데, 이것을 사흘 만에 세우겠습니까?"

²¹ 그러나 예수께서 성전이라고 하신 것은 자기 몸을 두고 하신 말씀이었다.

²² 예수께서 죽은 사람 가운데서 살아나신 뒤에야, 제자들은 그가 말씀하신 것을 기억하고서, 성경 말씀과 예수께서 하신 말씀을 믿었다.

(1) 성전을 깨끗하게 하신 것에 대해서는 동일하게 기록하고 있으나 후의 사건은 다르다.

성전을 깨끗하게 하신 것에 대해서는 사복음서가 모두 동일하게 기록하고 있으나 그 후의 사건에 대해서는 4명의 기자가 모두 다르게 기록하고 있다. 그리고 4명의 기자들이 나름대로 독특하게 기록하고 있다. 그것을 먼저 살펴보면 다음과 같다.

1) 마태

먼저 마태는 예수님께서 병자들을 고쳐 주심과 아이들이 "호산나" 하고 찬양하는 모습에 대하여 관심을 가지고 이것을 유심히 기록하고 있다.

[14] 성전 뜰에서 눈먼 사람들과 다리를 저는 사람들이 예수께 다가오니, 예수께서는 그들을 고쳐 주셨다.

[15] 그러나 대제사장들과 율법학자들은, 예수께서 하신 여러 가지 놀라운 일과, 또 성전 뜰에서 "다윗의 자손에게 호산나!" 하고 외치는 아이들을 보고 화가 나서,

[16] 예수께 말하기를 "아이들이 무어라고 하는지 듣고 있소?" 하였다. 예수께서 그들에게 말씀하셨다. "그렇다. 주께서는 어린 아이들과 젖먹이들의 입에서 찬양이 나오게 하셨다' 하신 말씀을, 너희는 읽어 보지 못하였느냐?"

2) 마가

마가는 성전을 가로질러 물건을 나르는 것에 대해서, 그리고 예수님을 어떻게 하면 없앨 수 있을까 하는 대제사장들과 율법학자들에 대해 기록하고 있다.

[16] 성전을 가로질러 물건을 나르는 것을 금하셨다.

[18] 대제사장들과 율법학자들이 이 말씀을 듣고서는, 어떻게 예수를 없애 버릴까 하고 방도를 찾고 있었다. 그들은 예수를 두려워하고 있었던 것이다. 무리가 다 예수의 가르침에 놀라고 있었기 때문이다.

[19] 저녁때가 되면, 예수와 제자들은 으레 성 밖으로 나갔다.

3) 누가

누가는 예수님이 날마다 성전에서 가르치는 것에 관심을 두었다. 그리고 그의 말씀의 권세가 율법학자들과 대제사장들의 미움의 대상이 되었음을 기록하고 있다.

> ⁴⁷ 예수께서 날마다 성전에서 가르치고 계셨다. 대제사장들과 율법학자들과 백성의 우두머리들이 예수를 없애 버리려고 꾀하고 있었으나,
>
> ⁴⁸ 어찌해야 할지를 알지 못하였다. 백성이 모두 그의 말씀을 열심히 듣고 있었기 때문이다.

4) 요한

요한은 또 다른 각도에서 이 사건을 보고 있는데, 일단 예수님께서 성전을 청결히 하시는 모습을 선명하게 기록하고 있다. 또한 이 성전에서 예수님이 논쟁하시는 모습을 그리고 있다. 그리고 이 성전을 예수님의 부활과도 연관시키고 있다.

· 유월절이 가까워 예루살렘에 올라가셨다는 것.
· 성전 뜰에 소와 양과 비둘기를 파는 사람들과 환전상들이 앉아 있는 것을 분명히 기록.
· 노끈으로 채찍을 만드셔서, 양과 소와 함께 그들을 모두 성전에서 내쫓으시고, 돈을 바꾸어 주는 사람들의 돈을 쏟아 버리시고, 상을 둘러 엎으셨다는 사실을 기록.
· 비둘기 파는 사람에게는 "이것을 거둬 치워라. 내 아버지의 집을 장사하는 집으로 만들지 말아라" 하고 말씀하심.
· 제자들은 '주의 집을 생각하는 열정이 나를 삼킬 것이다' 하고 기록된 성경 말씀을 기억한 사실.

- 유대 사람들이 예수님께 묻기를 "당신이 이런 일을 하다니, 무슨 표적을 우리에게 보여 주겠습니까?"고 물은 사실.
- 예수님께서 "이 성전을 허물어라. 그러면 내가 사흘 만에 다시 세우겠다" 하신 사실.
- "이 성전을 짓는 데 마흔여섯 해나 걸렸는데, 이것을 사흘 만에 세우겠습니까?"라고 물은 사실.
- 예수님께서 성전이라고 하신 것은 자기 몸을 두고 하신 말씀이었다는 사실.
- 예수님께서 죽은 사람 가운데서 살아나신 뒤에야, 제자들은 그가 말씀하신 것을 기억하고서, 성경 말씀과 예수님께서 하신 말씀을 믿었다는 사실.

전체를 종합해 보면, 예수님께서 성전에 올라가셔서 한 일들이 어떠한 것이었는지 그 전체적 윤곽을 바라볼 수 있다.

- 유월절이 가까워 예루살렘에 올라가셨다는 것.
- 성전 뜰에 소와 양과 비둘기를 파는 사람들과 환전상들이 앉아 있는 것을 분명히 기록.
- 노끈으로 채찍을 만드셔서, 양과 소와 함께 그들을 모두 성전에서 내쫓으시고, 돈을 바꾸어 주는 사람들의 돈을 쏟아 버리시고, 상을 둘러 엎으셨다는 사실을 기록.
- 비둘기 파는 사람에게는 "이것을 거둬 치워라. 내 아버지의 집을 장사하는 집으로 만들지 말아라" 하고 말씀하심.
- 그곳에서 많은 병든 자와 약한 자들을 고쳐 주셨다는 것.
- 그리고 그곳에서 아이들의 찬송을 받으셨다는 것.
- 그곳에서 날마다 사람들을 가르치셨다는 것.
- 제자들은 '주의 집을 생각하는 열정이 나를 삼킬 것이다' 하고 기록된 성경 말씀을 기억한 사실.
- 대제사장들과 율법학자들이 예수님을 죽일 방도를 찾고 있었다는 것.

- 유대 사람들이 예수님께 묻기를 "당신이 이런 일을 하다니, 무슨 표적을 우리에게 보여 주겠습니까?"고 물은 사실.
- 예수님께서 "이 성전을 허물어라. 그러면 내가 사흘 만에 다시 세우겠다" 하신 사실.
- "이 성전을 짓는 데 마흔여섯 해나 걸렸는데, 이것을 사흘 만에 세우겠습니까?라고 물은 사실.
- 예수님께서 성전이라고 하신 것은 자기 몸을 두고 하신 말씀이었다는 사실.
- 예수님께서 죽은 사람 가운데서 살아나신 뒤에야, 제자들은 그가 말씀하신 것을 기억하고서, 성경 말씀과 예수님께서 하신 말씀을 믿었다는 사실.

그런데 이것을 다시 분류하면 세 가지로 나눌 수 있다.

(2) 예루살렘에 올라가셔서 성전을 청결하게 하신 사건

- 유월절이 가까워 예루살렘에 올라가셨다는 것.
- 성전 뜰에 소와 양과 비둘기를 파는 사람들과 환전상들이 앉아 있는 것을 분명히 기록.
- 노끈으로 채찍을 만드셔서, 양과 소와 함께 그들을 모두 성전에서 내쫓으시고, 돈을 바꾸어 주는 사람들의 돈을 쏟아 버리시고, 상을 둘러 엎으셨다는 사실을 기록.
- 비둘기 파는 사람에게는 "이것을 거둬 치워라. 내 아버지의 집을 장사하는 집으로 만들지 말아라" 하고 말씀하심.
- 성전을 가로 질러 물건을 나르는 행위를 금지.

우리가 첫 번째 사건을 통하여 느낄 수 있는 것은 거룩해야 할 하나님의 집, 기도가 있고 찬양이 있어야 할 하나님의 집, 조용해야 할 하나님이 집이 얼마나 더럽고 추잡하고 세속적인 것으로 변해 있었는가 하는 것이다. 주님

은 이러한 하나님 성전의 모습을 절대 그대로 방관할 수 없었다. 성전이 하나님을 예배하는 곳이 아니라 완전히 장사하는 곳으로 변해 있었던 것이다. 그리고 그들의 관심 역시 예배에 있는 것이 아니라 완전히 장사에 있었던 것이다.

(3) 성전이 성전되게 하신 사건

· 그곳에서 많은 병든 자와 약한 자들을 고쳐 주셨다는 것.
· 그리고 그곳에서 아이들의 찬송을 받으셨다는 것.
· 그곳에서 날마다 사람들을 가르치셨다는 것.
· 제자들은 '주의 집을 생각하는 열정이 나를 삼킬 것이다' 하고 기록된 성경 말씀을 기억한 사실.

주님은 성전을 깨끗하게 하신 후 이제 본격적으로 해야 할 일들을 하셨다. 그곳에서 많은 병든 자들과 약한 자들을 고쳐 주셨다. 치유의 역사가 일어났다. 성전은 치유 받는 자리다. 그곳에서 어린이들의 찬송을 받으셨다. 성전은 찬송하는 자리다. 주님은 그들을 날마다 가르치셨다. 성전은 하나님의 말씀을 받는 자리이다. 또한 제자들은 주의 집을 생각하는 열정이 나를 삼킬 것이라는 성경 말씀을 기억하고, 예수님이 얼마나 이 아름다운 성전을 귀하게 여겼는지를 알게 되었다. 이제 성전이 성전으로 돌아온 셈이다. 이 얼마나 아름다운 모습인가?

· 회복의 역사가 있는 교회
· 찬송이 있는 교회
· 가르침이 있는 교회

- 주의 집에 대한 사모함이 있는 교회

마태는 동시에 예수님을 성전의 뜰 안에서 부패한 방법으로 안락을 누리던 장사꾼과는 대조되는, 불치의 병으로 고통 받고 있는 자들을 치유하는 분으로 소개함으로써 성전이 개인의 물질적 만족을 위하여 다른 사람들을 수탈하는 범죄의 장소가 아니라 사람들을 치유하고 구원으로 이끄는 모습들을 지녀야 한다는 사실을 강조하고 있다.

(4) 이 성전을 자신의 몸과 부활로 직결시킨 사건

- 대제사장들과 율법학자들이 예수님을 죽일 방도를 찾고 있었다는 것.
- 유대 사람들이 예수님께 "당신이 이런 일을 하다니, 무슨 표적을 우리에게 보여 주겠습니까?"라고 물은 사실.
- 예수님께서 "이 성전을 허물어라. 그러면 내가 사흘 만에 다시 세우겠다" 하신 사실.
- "이 성전을 짓는 데 마흔여섯 해나 걸렸는데, 이것을 사흘 만에 세우겠습니까?라고 물은 사실.
- 예수님께서 성전이라고 하신 것은 자기 몸을 두고 하신 말씀이었다는 사실.
- 예수님께서 죽은 사람 가운데서 살아나신 뒤에야, 제자들은 그가 말씀하신 것을 기억하고서, 성경 말씀과 예수님께서 하신 말씀을 믿었다는 사실.

그러나 주님은 이 성전 회복의 모습을 제자들에게 보이시면서 성전 회복뿐만 아니라 바로 자기 자신이 성전이며 자신이 어떠한 고난으로 죽고 다시 살아나 영원한 성전이 될 것이라는 것을 말씀하셨다.

일단 이에 격분한 대제사장과 율법학자들은 예수님을 죽일 방도를 찾고 있었고, 그들은 당신이 이런 일을 하는 데 무슨 표적을 보여 주겠냐고 물었다. 그들의 관심은 오직 표적이었다. 그때 주님은 이 성전을 허물어라 내가 다시 세우겠다고 말씀하셨으나, 그들은 전혀 영적인 의미를 알지 못하고 46년 동안 세운 이 건물을 어떻게 사흘 만에 세우겠느냐고 물었다. 그들은 영적인 세계를 알지 못했기 때문이다. 예수님께서 성전이라고 하신 것은 바로 자기 몸을 두고 하신 말씀이었다. 죽은 후에 다시 살아날 것임을 미리 알려주신 것이다. 그러나 제자들은 주님이 죽은 후 사흘 만에 다시 살아나셨을 때에야 비로소 이 사실을 정확하게 인지할 수 있었다.

오늘 말씀은 우리에게 중요한 교훈을 던져 준다.

· 주님의 성전은 결코 세상적이어서는 안 된다.
· 주님의 성전은 성전다워야 한다.
· 진정한 성전의 중심은 그리스도이어야 한다.
· 부활하신 예수님이 성전의 중심이 되어야 한다.

따라서 이 본문의 주제는 우리가 통속적으로 생각하는 '성전청결'이 될 수 없다. 이 본문에서 통전적으로 흐르고 있는 핵심적 사상은 '부활하신 예수님이 성전의 중심'이다.

40. 마 21:18-22은 단순히 '무화과나무의 저주'가 주제가 아니다

일반적 제목	무화과나무의 저주
통전적 제목	껍데기 신앙을 버리고 능력 있는 신앙의 삶을 살아라, 천국 백성들아!

우리는 이 본문을 대할 때 너무나 익숙한 '무화과나무의 저주'라는 제목을 붙이고 싶어 한다. 그러나 본문을 '의도적 낯설기'의 관점에서 보면 이 말씀의 핵심은 전혀 다르다는 것을 감지할 수 있다. 본문을 깊이 묵상해 보면, 이 본문의 주제는 우리가 익숙하게 느끼는 '무화과나무의 저주'가 아니라 '껍데기 신앙을 버리고 능력 있는 신앙의 삶을 살아라, 천국 백성들아'라는 제목이 훨씬 본문에 가깝다는 것을 알게 된다.

¹⁸ 새벽에 성 안으로 들어오시는데, 예수께서는 시장하셨다.

¹⁹ 마침 길가에 있는 무화과나무 한 그루를 보시고, 그 나무로 가셨으나, 잎사귀 밖에는 아무것도 없으므로, 그 나무에 "이제부터, 너는 영원히 열매를 맺지 못할 것이다" 하고 말씀하셨다. 그러자 무화과나무가 곧 말라 버렸다.

²⁰ 제자들은 이것을 보고 놀라서 "무화과나무가 어떻게 그렇게 당장 말라 버렸을까?" 하고 말하였다.

²¹ 예수께서는 그들에게 말씀하셨다. "내가 진정으로 너희에게 말한다. 너희가 믿고 의심하지 않으면, 내가 이 무화과나무에 한 일을 너희도 할 수 있을 뿐 아니라, 이 산더러 '벌떡 일어나서, 바다에 빠져라' 하고 말해도, 그렇게 될 것이다.

²² 또 너희가 기도할 때에, 이루어질 것을 믿으면서 구하는 것은, 무엇이든지 다 받을 것이다."

막 11:12-24 중 일부

¹² 이튿날 그들이 베다니를 떠나갈 때에, 예수께서는 시장하셨다.

¹³ 멀리서 잎이 무성한 무화과나무를 보시고, 혹시 그 나무에 열매가 있을까 하여 가까이 가서 보셨는데, 잎사귀 밖에는 아무것도 없었다. 무화과의 때가 아니었기 때문이다.

¹⁴ 예수께서 그 나무에게 "이제부터 영원히, 네게서 열매를 따먹을 사람이 없을 것이다" 하고 말씀하셨다. 제자들이 예수께서 말씀하시는 것을 들었다.

²⁰ 이른 아침에 그들이 지나가다가, 그 무화과나무가 뿌리째 말라 버린 것을 보았다.

²¹ 그래서 베드로가 전날 일이 생각나서 예수께 말하였다. "랍비님, 저것 좀 보십시오. 선생님이 저주하신 저 무화과나무가 말라 버렸습니다."

²² 예수께서는 그들에게 말씀하셨다. "하나님을 믿어라.

²³ 내가 진정으로 너희에게 말한다. 누구든지 이 산더러 '벌떡 일어나서 바다에 빠져라' 하고 말하고, 마음에 의심하지 않고 말한 대로 될 것을 믿으면, 그대로 이루어질 것이다.

²⁴ 그러므로 나는 너희에게 말한다. 너희가 기도하면서 구하는 것은 무엇이든지, 이미 그것을 받은 줄로 믿어라. 그리하면, 너희에게 그대로 이루어질 것이다.

(1) 앞 절의 사건

본 절을 잘 이해하기 위해서는 무엇보다 앞에서 나타난 사건을 잘 이해해야 한다. 오늘 말씀은 앞의 내용과 깊은 관련이 있기 때문이다. 앞 절 말씀을 보면, 대단히 격렬한 사건이 있었다. 이것을 요한복음 말씀으로 보면 아래와 같다.

〈요 2:13-22〉

[13] 유대 사람의 유월절이 가까워지자 예수께서 예루살렘으로 올라가셨는데,

[14] 성전 뜰에 소와 양과 비둘기를 파는 사람들과 환전상들이 앉아 있는 것을 보시고,

[15] 노끈으로 채찍을 만드셔서, 양과 소와 함께 그들을 모두 성전에서 내쫓으시고, 돈을 바꾸어 주는 사람들의 돈을 쏟아 버리시고, 상을 둘러 엎으셨다.

[16] 비둘기 파는 사람에게는 "이것을 거둬 치워라. 내 아버지의 집을 장사하는 집으로 만들지 말아라" 하고 말씀하셨다.

[17] 제자들은 '주의 집을 생각하는 열정이 나를 삼킬 것이다' 하고 기록된 성경 말씀을 기억하였다.

[18] 유대 사람들이 예수께 묻기를 "당신이 이런 일을 하다니, 무슨 표적을 우리에게 보여 주겠습니까?" 하니,

[19] 예수께서 그들에게 말씀하시기를 "이 성전을 허물어라. 그러면 내가 사흘 만에 다시 세우겠다" 하였다.

[20] 그러자 유대 사람들이 말하였다. "이 성전을 짓는 데 마흔여섯 해나 걸렸는데, 이것을 사흘 만에 세우겠습니까?"

[21] 그러나 예수께서 성전이라고 하신 것은 자기 몸을 두고 하신 말씀이었다.

[22] 예수께서 죽은 사람 가운데서 살아나신 뒤에야, 제자들은 그가 말씀하신 것을 기억하고서, 성경 말씀과 예수께서 하신 말씀을 믿었다.

이는 실로 어마어마한 사건이었다. 하나님의 거룩한 집을 완전 쓰레기 더미로 만들어 놓고서도 회개할 생각은 하지 않고 살벌한 논쟁을 벌이는 그들을 주님은 도저히 용서할 수 없었다.

(2) 왜 예수님께서는 이렇게 엉뚱한 방법으로 무화과나무를 말려 버리셨을까?

〈막 11:13〉

¹³ 멀리서 잎이 무성한 무화과나무를 보시고, 혹시 그 나무에 열매가 있을까 하여 가까이 가서 보셨는데, 잎사귀 밖에는 아무것도 없었다. 무화과의 때가 아니었기 때문이다.

¹⁹ 마침 길가에 있는 무화과나무 한 그루를 보시고, 그 나무로 가셨으나, 잎사귀 밖에는 아무것도 없으므로, 그 나무에게 "이제부터, 너는 영원히 열매를 맺지 못할 것이다" 하고 말씀하셨다. 그러자 무화과나무가 곧 말라 버렸다.

앞의 본문에서 어떠한 일이 발생했는지는 알지 못하고 이 본문만을 읽고 생각하면 정말 이 말씀은 이해할 수 없다. 병행구절인 막 11:13에는 열매를 발견하지 못한 이유를 '이는 무화과 때가 아님이라'라는 표현으로 설명하고 있다. 한편 주님께서 무화과나무에서 열매를 구한 때는 태양력으로 3-4월경인데, 이는 무화과나무가 열매 맺는 시기가 아니다. 무화과나무는 보통 5,6월에 열매를 맺어 9,10월에 수확을 하게 된다. 그럼에도 불구하고 주님은 잎이 무화과나무에서 열매를 얻지 못하자 그 나무를 저주하셨다. 그렇다면 주님은 왜 때가 이르지 않았는데도 무화과나무에서 열매를 구했으며 또 열매를 맺지 못했다고 저주하신 것인가? 더욱이 무화과나무는 비인격체이지 않은가? 주님은 왜 상식적으로 납득이 되지 않은 행동을 하신 것인가?

여기에는 중요한 상징이 있다. 그것은 잎만 무성한 채 열매 맺지 못한 무화과나무를 저주하심으로써 하나님을 믿는 외양만 가진 채 능력을 상실한 대제사장들과 서기관, 그리고 그들의 가르침을 받아 형식주의와 의식주의적 신앙에 빠진 이스라엘이 장차 맞이하게 될 비참한 운명을 상징적 사건으로 보여 주시기 위함이었다.

그리고 제자들은 이 놀라운 사실에 대하여 주님께 '어찌하여 곧 말랐나이까'라고 물었다. 하지만 이것이 예수님의 저주 선언이 있자마자 무화과나무가 즉시 말랐음을 의미하지 않는다. 병행구절 막 11:20에 따르면 제자들이 무화과나무가 마른 것을 발견한 것은 다음 날 곧 화요일 아침이었다. 다만 마태는 잎이 무성하던 무화과나무가 하루 만에 말라 버린 것과 관련하여 그 일의 신속성과 초자연성을 강조하기 위해 '파라클레마'를 거듭 사용하고 있다.

(3) 무화과나무가 상징하는 바는 무엇이며, 또 이 사건이 상징하는 바는 무엇인가?

우리가 주목해야 할 것은 성경의 여러 곳에서 무화과나무를 이스라엘에 비유하고 있다는 사실이다. 이 사건이 일어나기 전 앞 절에서 어떤 일이 있었는가를 알면 금방 이 본문이 무엇을 말씀하고 있는가를 이해할 수 있다.

마가의 기록을 보면, 열매 없는 무화과나무를 저주하신 일은 성전 정화 사건이 있었던 그날 아침 월요일에 있었고(막 11:12-18), 그 결과가 나타난 것은 그 다음날인 화요일이었다(막 11:19-25). 그럼에도 불구하고 마태가 이를 구분하지 않고 마치 같은 날 연속적으로 일어난 일로 기록한 것은 그의 주제별 편집 원칙에 따른 것이다. 아울러 이는 또한 이 사건이 앞서 일어난 성전 정화 사건과 밀접한 관계가 있음을 부각시키기 위함이기도 하다. 즉, 마태는 잎만 무성하고 열매를 맺지 못한 결과 저주 받아 말라 버린 무화과나무의 비참한 운명과 성전을 중심으로 종교적 열심을 보이고 있으나 실제 경건의 열매가 없는 당시 유대인의 상태를 대비시켰다. 마태는 그들이 멸망할 수밖에 없음을 부각시키기 위하여 이 사건 전체를 시간상 뒤에 일어난 성전 정화 사건 뒤에 배치시킨 것이다. 실로 이러한 상징적 사건이 보여 주는바 그대로 영적인 타락과 무지로 메시아 되신 예수님을 십자가에 못 박은 유대인들은 로마의 대대적인 공격을 받아 멸망하였고 성전마저 무너지는 비참한 역사의 주인공이 되었다.

(4) 특별히 중요하게 볼 것은 이러한 신앙인의 마지막 모습이 어떻게 될까 하는 점이다.

특별히 오늘의 말씀은 종말적인 내용을 포함하고 있다. 껍데기 신앙을 가진 그들이 마지막에는 어떻게 될 것인지 분명히 선언하고 있다.

[19] 마침 길가에 있는 무화과나무 한 그루를 보시고, 그 나무로 가셨으나, 잎사귀 밖에는 아무것도 없으므로, 그 나무에게 "이제부터, 너는 영원히 열매를 맺지 못할 것이다" 하고 말씀하셨다.

〈막 11:14〉

[14] 예수께서 그 나무에게 "이제부터 영원히, 네게서 열매를 따먹을 사람이 없을 것이다" 하고 말씀하셨다. 제자들이 예수께서 말씀하시는 것을 들었다.

그들은 영원히 구원의 자리에 들어올 수 없으며, 하나님의 잔치에 들어올 수 없음을 선언하고 있는 무서운 말씀이 아닐 수 없다.

(5) 이러한 가운데서도 믿음의 사람들은 어떻게 살아야 함을 가르치시는가?

주님은 천국 백성이 껍데기만 요란한 그런 믿음의 삶을 살아서는 안 되며, 진실된 믿음, 즉 능력 있는 믿음의 삶을 살아가야 함을 가르쳐 주신다. 즉, 하나님의 보좌를 움직이는 능력 있는 믿음이야말로 천국 백성의 삶임을 분명하게 알려 주신다.

〈막 11:23-24〉

23 내가 진정으로 너희에게 말한다. 누구든지 이 산더러 '벌떡 일어나서 바다에 빠져라' 하고 말하고, 마음에 의심하지 않고 말한 대로 될 것을 믿으면, 그대로 이루어질 것이다.

24 그러므로 나는 너희에게 말한다. 너희가 기도하면서 구하는 것은 무엇이든지, 이미 그것을 받은 줄로 믿어라. 그리하면, 너희에게 그대로 이루어질 것이다.

· 이는 껍데기 신앙을 버리라는 말이다.
· 이는 보여 주는 신앙을 버리라는 말이다.
· 이는 외식된 신앙을 버리라는 말이다.
· 이는 물질적 신앙을 버리라는 말이다.
· 이는 세속적인 신앙을 버리라는 말이다.

· 이는 천국 백성은 절대적인 하나님에 대한 신뢰의 삶을 살 것을 주문하고 있다.
· 이는 천국 백성은 절대적인 능력의 삶을 살 것을 주문하고 있다.
· 이는 천국 백성은 절대적인 확신의 삶을 살 것을 주문하고 있다.

예수님께서는 또 이 사건을 통하여 제자들에게 믿음을 가질 것을 권고하신다. 또한 이 믿음이야말로 얼마나 크고 놀라운 하나님의 은혜인가를 보여 준다. 따라서 본문의 말씀은 단순한 문학적 표현이 아니라 믿음을 가진 자는 인간이 상상하기도 어려운 일을 능히 행할 수 있는 신비한 능력을 가지게 됨을 보여 준다. 그러므로 이 본문은 단순히 '무화과나무의 저주'가 아니라 '껍데기 신앙을 버리고 능력 있는 천국 백성의 삶을 살아라, 천국 백성아!'라는 제목이 옳다.

41. 마 21:23-27은 단순히 '예수님과 종교 지도자와의 권한 논쟁'이 주제가 아니다

일반적 제목	예수님과 종교 지도자들의 권한 논쟁
통전적 제목	인간을 두려워하는 신앙

이 본문은 얼핏 보기에 예수님과 종교 지도자들의 권한 논쟁에 대하여 말씀하는 것 같다. 그러나 사실은 그렇지 않다. 만약 본문을 읽고 이런 제목을 붙였다면 아마도 당신은 전통적인 관점으로 성경을 보고 있다고 믿어도 좋을 것이다. 그러나 한 발짝 더 깊이 들어가 본문을 묵상해 보면 어떤 물체의 뚜껑을 열고 안을 들여다보듯 그 안이 보이기 시작할 것이다. 예수님과 종교 지도자들의 권한 논쟁의 뒷면에 숨어 있는 '인간을 두려워하는 신앙'이 보일 것이다.

²³ 예수께서 성전에 들어가서 가르치고 계실 때에, 대제사장들과 백성의 장로들이 다가와서 말하기를 "당신은 무슨 권한으로 이런 일을 합니까? 누가 당신에게 이런 권한을 주었습니까?" 하였다.

²⁴ 예수께서 그들에게 말씀하셨다. "나도 너희에게 한 가지를 물어 보겠다. 너희가 나에게 대답하면, 나도 무슨 권한으로 이런 일을 하는지를 너희에게 말하겠다.

²⁵ 요한의 세례가 어디서 왔느냐? 하늘에서냐? 사람에게서냐?" 그러자 그들은 자기들끼리 의논하며 말하였다. "'하늘에서 왔다'고 말하면 '어찌하여 그를 믿지 않았느냐'고 할 것이요,

²⁶ 또 '사람에게서 왔다'고 하자니, 무리가 무섭소. 그들은 모두 요한을 예언자로 여기니 말이오."

²⁷ 그래서 그들은 예수께 "모르겠습니다" 하고 대답하였다. 예수께서도 그들에게 말씀하셨다. "나도 내가 무슨 권한으로 이런 일을 하는지를 너희에게 말하지 않겠다."

막 11:27-33

²⁷ 그들은 다시 예루살렘에 들어갔다. 예수께서 성전 뜰을 거닐고 계실 때에, 대제사장들과 율법학자들과 장로들이 예수께로 와서

²⁸ "당신은 무슨 권한으로 이런 일을 합니까? 누가 당신에게 이런 일을 할 수 있는 권한을 주었습니까?" 하고 물었다.

²⁹ 예수께서 그들에게 말씀하셨다. "나도 너희에게 한 가지를 물어 보겠으니, 나에게 대답해 보아라. 그러면 내가 무슨 권한으로 이런 일을 하는지를 너희에게 말하겠다.

³⁰ 요한의 세례가 하늘에서 온 것이냐, 사람에게서 온 것이냐? 내게 대답해 보아라."

³¹ 그들은 자기들끼리 의논하며 말하였다. "'하늘에서 왔다'고 말하면 '어찌하여 그를 믿지 않았느냐'고 할 것이다.

³² 그렇다고 해서 '사람에게서 왔다'고 대답할 수도 없지 않은가?" 그들은 무리를 무서워하고 있었다. 무리가 모두 요한을 참 예언자로 알고 있었기 때문이었다.

³³ 그래서 그들이 예수께 대답하기를, "모르겠습니다" 하였다. 예수께서 그들에게 말씀하셨다. "나도 내가 무슨 권한으로 이런 일을 하는지를 너희에게 말하지 않겠다."

눅 20:1-8

¹ 예수께서 어느 날 성전에서 백성을 가르치시며, 복음을 전하고 계실 때에 대제사장들과 율법학자들이 장로들과 함께 예수께 와서,

² "당신은 무슨 권한으로 이런 일을 합니까? 누가 이런 권한을 당신에게 주었습니까? 어디 우리에게 말해 보십시오" 하고 말하였다.

³ 예수께서 그들에게 말씀하셨다. "나도 너희에게 한 가지를 물어 보겠으니, 나에게 대답해 보아라.

⁴ 요한의 세례가 하늘에서 온 것이냐? 사람에게서 온 것이냐?"

⁵ 그들은 자기들끼리 의논하여 말하였다. "'하늘에서 왔다'고 말하면 '어찌하여 그를 믿지 않았느냐'고 할 것이요,

⁶ '사람에게서 왔다'고 말하면, 온 백성이 요한을 예언자로 믿고 있으니, 그들이 우리를 돌로 칠 것이다."

⁷ 그래서 그들은 요한의 세례가 어디에서 왔는지를 모른다고 대답하였다.

⁸ 예수께서 그들에게 말씀하셨다. "나도 내가 무슨 권한으로 이런 일을 하는지를 너희에게 말하지 않겠다."

(1) 매사에 시비로 일관하는 종교 지도자 무리들

이스라엘의 대제사장과 백성의 장로들은 일부러 예수님께 다가와 시비를 걸었다. 도대체 당신은 누구로부터 그런 권세를 받고 일하느냐고…. 그들의 마음은 비뚤어져 있어서 항상 시비일색이었다.

> [23] 예수께서 성전에 들어가서 가르치고 계실 때에, 대제사장들과 백성의 장로들이 다가와서 말하기를 "당신은 무슨 권한으로 이런 일을 합니까? 누가 당신에게 이런 권한을 주었습니까?" 하였다.

〈막 11:27-28〉

> [27] 그들은 다시 예루살렘에 들어갔다. 예수께서 성전 뜰을 거닐고 계실 때에, 대제사장들과 율법학자들과 장로들이 예수께로 와서
>
> [28] "당신은 무슨 권한으로 이런 일을 합니까? 누가 당신에게 이런 일을 할 수 있는 권한을 주었습니까?" 하고 물었다.

이번에는 산헤드린 공회의 구성원들이 예수님께서 행하신 성전 정화 사건이나 병자들을 고친 사건, 또 성전에서 가르치는 모습을 보고 예수님의 '권위'에 대한 논쟁을 시작한다. 두 개의 질문으로 이루어진 본문은 둘 다 권세의 출처를 묻는 것이다. 이렇게 같은 내용의 질문을 두 번 반복한 것은 어떤 일이 있어도 이에 대한 대답은 반드시 들어야겠다는 강한 의지가 담겨 있는 것이다. 만약 이에 대하여 예수님께서 명확하게 대답하지 못한다면 그의 권위는 여지없이 실추되고 권세 없이 이러한 일을 했다는 비난과 정죄를 면치 못하게 된다. 그리고 만약 권세의 출처가 하나님이라고 말한다면 신성 모독이란 또 다른 죄목이 주어질 수 있다. 이처럼 그들은 눈엣가시 같은 존

재였던 예수님을 쓰러트릴 완벽한 시나리오를 준비하여 예수님께 자신 있게 질문하였다.

(2) 그들의 시비 내용

일단 그들의 시비 내용은 두 가지로 압축된다. 첫 번째는 예수님께서 백성들을 가르치신다는 것이고, 두 번째로는 성전 청결에 대한 불만이었다. 이러한 두 가지 불만을 그들은 그대로 토로하기 시작하였다.

> [23] 예수께서 성전에 들어가서 가르치고 계실 때에, 대제사장들과 백성의 장로들이 다가와서 말하기를 "당신은 무슨 권한으로 이런 일을 합니까? 누가 당신에게 이런 권한을 주었습니까?" 하였다.

(3) 역설적으로 되물어 문제를 해결하시는 주님

예수님께서는 그들의 예측을 뛰어넘는 역질문을 통해 그들의 허를 찌름으로써 지혜롭게 그들의 덫을 피하신다. 사실 다른 사람의 질문에 대해 재차 질문함으로 대답하는 방식은 당시 랍비들이 많이 사용하던 방법이었다. 예수님은 그들의 음해성 질문을 그들이 자주 사용하는 방법으로 지혜롭게 대처하셨다.

> [24] 예수께서 그들에게 말씀하셨다. "나도 너희에게 한 가지를 물어 보겠다. 너희가 나에게 대답하면, 나도 무슨 권한으로 이런 일을 하는지를 너희에게 말하겠다.
> [25] 요한의 세례가 어디서 왔느냐? 하늘에서냐? 사람에게서냐?" 그러자 그들은 자기들끼리 의논하며 말하였다. "'하늘에서 왔다'고 말하면 '어찌하여 그를 믿지 않았느냐'

고 할 것이요,

예수님께서 세례 요한의 권세의 출처에 대하여 유대 종교 지도자들에게
반문한 데는 이유가 있다. 먼저 유대 종교 지도자들은 이 문제에 대한 공식
적인 입장 표명이 어려웠기 때문이다. 요한의 세례의 출처가 하늘이라고 하면
그들은 하나님께서 보낸 자를 질시하며 결국 죽게 하였다는 점에서 곤경에
빠지며, 사람이라고 하면 세례 요한을 선지자로 여겼던 당시 사람들의 생각
과 다르므로 반발을 사게 되는 곤경에 빠지게 되었다. 따라서 예수님께서는
이러한 질문을 하심으로써 그들의 허위의식과 간악함을 드러내시고자 하셨
다. 또한 이 질문을 통하여 예수님은 자신의 권세를 입증하려 하셨다. 당시
세례 요한은 예수님을 하나님의 어린양이라는 표현을 사용하여 메시아와 하
나님이 아들이심을 증거하였다. 이에 예수님께서는 유대 종교 지도자들이 그
의 권위와 출처와 관련하여 질문해 오자 오히려 요한의 세례의 출처에 대한
역질문을 던지심으로써 자신이 세례 요한의 참된 증거에 근거한 메시아임을
증명하려 하셨던 것이다.

(4) 그들이 시비로 일관한 진정한 이유: 사람을 두려워함

그들은 드디어 그들의 본색을 드러냈다. 사람들이 무섭다는 것이다. 하
나님을 두려워하고 살아야 할 종교 지도자들이 하나님 대신 사람의 눈치나
살피고 사람을 두려워하였다. 이러한 그들의 두려움은 곳곳에서 나타난다.

[26] 또 '사람에게서 왔다'고 하자니, 무리가 무섭소. 그들은 모두 요한을 예언자로 여기니
말이오."

〈막 11:32〉

³² 그렇다고 해서 '사람에게서 왔다'고 대답할 수도 없지 않은가?" 그들은 무리를 무서
워하고 있었다. 무리가 모두 요한을 참 예언자로 알고 있었기 때문이었다.

그랬다. 그들은 하나님을 믿는 사람이면서도 실제로 하나님을 두려워하
지 않고 인간을 두려워하였다. 그래서 늘 인간을 의식하다 보니 이런 외식적
인 삶을 살게 되었다. 참 믿음이란 '하나님 앞에서의 내 모습이 어떠한가'이
다. 하나님을 진심으로 두려워하고 하나님을 진심으로 섬긴다면 이런 외식
적인 삶을 살 수 없다. 그러므로 이것이 그들의 가장 큰 맹점으로 남게 되었
고, 이것 때문에 그들은 늘 질질 끌려 다니는 신앙을 갖게 되었다. 하나님을
두려워할 줄 모르고, 사람을 인식하는 신앙 때문에….

본문도 요한을 선지자로 여기던 백성들의 반발을 두려워하여 예수님과
세례 요한을 함부로 대적하지 못하는 유대 종교 지도자들의 모습을 보여
준다. 유대 종교 지도자들은 정작 두려워해야 할 하나님 대신 자신의 정치
적, 종교적 입지와 기득권을 유지하기 위하여 지지를 받아야 할 백성의 민심
을 두려워했다. 오늘날에도 교회 지도자들이 타락하는 원인 가운데 하나는
하나님이 아닌 사람들을 두려워하는 것이다.

(5) 완전한 패배로 끝나 버린 싱거운 싸움

많은 사람들이 지켜보는 가운데 이러한 논쟁이 벌어졌다. 논쟁을 통해
둘 중 한 사람의 권위는 잃게 되고, 둘 중 한 사람의 권위는 살게 된다. 예
수님은 역설적 반문법으로 완전히 그들을 제압해 버리셨다.

³³ 그래서 그들이 예수께 대답하기를, "모르겠습니다" 하였다. 예수께서 그들에게 말씀

하셨다. "나도 내가 무슨 권한으로 이런 일을 하는지를 너희에게 말하지 않겠다."

〈눅 20:8〉
[8] 예수께서 그들에게 말씀하셨다. "나도 내가 무슨 권한으로 이런 일을 하는지를 너희에게 말하지 않겠다."

예수님은 유대 종교 지도자들이 진리를 수용할 마음의 자세가 없었을 뿐만 아니라 무슨 말을 하더라도 이를 이용하여 자신을 곤경에 빠뜨릴 것이라는 사실을 간파하셨다. 그래서 그들에게 무슨 권한으로 이런 일을 하는지 알려 주시지 않았다. 이로써 예수님의 권위에 대한 시비는 오히려 그들의 영적 무지가 간파되는 것으로 끝나고 말았다. 이 말씀을 통하여 주님이 부각시키려 하셨던 것은 단순히 '권한 논쟁'이 아니라 '인간을 두려워하고 하나님을 두려워하지 않는 신앙의 위험성'이다. 따라서 본 절의 통전적 주제는 '인간을 두려워하고 하나님을 두려워하지 않는 신앙의 위험성'이다.

42. 마 21:28-32은 단순히 '진정한 순종'이 주제가 아니다

일반적 제목	진정한 순종
통전적 제목	창기와 같이 하나님을 참으로 믿지 못하면 천국에 들어갈 수 없다!

전통적인 관점에서 본문을 '진정한 순종'이라는 내용으로 이해하려는 경향이 짙다. 그러나 본문을 깊숙이 들여다보면, 문맥 전체는 단순한 순종을 강조하기보다 오히려 '창기와 같이 하나님을 참으로 믿지 못하면 천국에 들어갈 수 없다'는 내용을 담고 있다.

²⁸ "너희는 어떻게 생각하느냐? 어떤 사람에게 아들이 둘 있는데, 아버지가 맏아들에게 가서 '얘야. 너 오늘 포도원에 가서 일해라' 하고 말하였다.

²⁹ 그런데 맏아들은 '싫습니다!' 하고 말하였다. 그러나 그 뒤에 뉘우치고 일하러 갔다.

³⁰ 아버지가 둘째 아들에게 가서, 같은 말을 하였다. 작은 아들은 '예. 가겠습니다. 아버지!' 하고는 가지 않았다.

³¹ 그런데 이 둘 가운데에 누가 아버지의 뜻대로 하였느냐?" 예수께서 이렇게 물으시니. 그들이 "맏아들입니다" 하고 대답하였다. 예수께서 그들에게 말씀하셨다. "내가 진정으로 너희에게 말한다. 세리와 창녀들이 오히려 너희보다 먼저니. 그들이 나라에 들어간다.

³² 요한이 너희에게 와서, 옳은 길을 보여 주었으나. 너희는 그를 믿지 않았다. 그러나. 세리와 창녀들은 믿었다. 너희는 그것을 보고도 끝내 뉘우치지 않았으며, 그를 믿지 않았다."

(1) 본문 해석에 있어서의 주의점

말씀을 깊이 묵상하는 사람이라면 본문을 대하면서 무엇인가가 이상하다고 느꼈을지도 모른다. 그것은 첫째 아들과 둘째 아들이 바뀐 것 같다는 생각이 들었을 수도 있다는 말이다. 이는 사실이다. 한글 개역 성경은 본 비유 부분을 번역함에 있어 원어 본문과는 상당히 다르게 번역한다. 즉, 본 비유에는 '두 아들'이 등장하는데, 한글 개역 성경은 두 아들의 대답 순서를 바꾸고 있다. UBS판과 표준 원문(Textus Receptus), 그리고 다른 영어 번역 성경에서 첫째 아들은 불순종의 대답을 하였으나 뉘우치고 포도원으로 가서 일한 것으로, 둘째 아들은 가겠다는 말만 하고 순종하지 않은 것으로 묘사되어 있으나 한글 개역 성경은 정반대로 묘사하고 있다. 어쨌든 본문에 대해서는 좀 더 신중한 고찰이 필요하다. 그러나 아무리 생각해도 첫째 아들이 불순종한 아들이고, 둘째 아들이 순종한 아들로 해석하는 것이 옳을 듯하다.

(2) 겉으로는 철저히 순종하고 경건한 척하면서도 마음에는 불순종과 배척으로 위장된 믿음

본문 역시 앞선 마 21:23-27의 말씀처럼 예수님의 권위에 도전한 유대 종교 지도자들의 위선을 폭로하는 의미를 가진다. 즉, 예수님께서는 아비의 지시에 순종할 것처럼 말하고 실제로는 순종하지 않은 불의한 아들을 유대 종교 지도자들에 비유함으로써 그들의 허위의식을 적나라하게 폭로하였다. 이러한 비유로 시작하는 본문의 질문은 예수님께서 제자들에게 비유로 진리를 가르치실 때 사용하는 하나의 관용-구로써 이후에 어떤 비유를 말씀하실 것을 암시하는 표현이다.

> [30] 아버지가 둘째 아들에게 가서, 같은 말을 하였다. 작은 아들은 '예, 가겠습니다, 아버지!' 하고는 가지 않았다.

- 그들은 마땅히 순종해야 할 사람들이었다.
- 그러나 그들은 순종과는 거리가 먼 사람들이었다.
- 그들의 마음은 불순종으로 꽉 찬 사람들이었다.
- 이것을 위선적인 신앙이라고 말한다.

(3) 하나님을 받아들일 수 없다고 믿었던 세리와 창기가 오히려 말씀을 받아들이고 순종하여 믿음에 이르렀다.

유대 종교 지도자들은 세리와 창기를 구원받지 못할 자로 여겼다. 그들을 구원에서 배제된 것처럼 여기고, 또 말씀에 대하여 거역하는 자로 여겼다. 그러나 예수님은 정반대로 말씀하셨다.

> [28] "너희는 어떻게 생각하느냐? 어떤 사람에게 아들이 둘 있는데, 아버지가 맏아들에게 가서 '얘야, 너 오늘 포도원에 가서 일해라' 하고 말하였다.

²⁹ 그런데 맏아들은 '싫습니다!' 하고 말하였다. 그러나 그 뒤에 뉘우치고 일하러 갔다.

사실 유대 종교 지도자들은 예수님의 지적처럼 입으로만 하나님의 이름을 부르던 자들이었다. 뿐만 아니라 외형적으로는 누구보다 철저하게 하나님의 말씀을 따르는 것처럼 위장하는 자였다. 그러나 그들은 실제로 하나님의 뜻과는 거리가 먼 인간의 유전에 따라 행동했으며 하나님의 뜻을 그대로 실천하지는 않았다. 반대로 이들과 비교되는 세리와 창기들은 비록 세상의 지탄을 받는 죄인이었지만, 그들은 자신의 잘못을 깨닫고 회개함으로써 하나님 뜻에 순종하는 삶을 살기 원했다.

(4) 그 결과

주님은 그 결과에 대해서 아주 엄격하게 말씀하신다. 겉으로 위선적인 신앙을 가지고 말씀에 불순종하는 그들에게는 천국 시민이 되는 자격을 박탈하시고, 구원이 주어질 수 없다고 하는 사람들이지만 주를 믿고 받아들이는 자들에게는 천국 시민의 자격을 주셨다. 그 차이는 실로 엄청난 것이었다.

³¹ 그런데 이 둘 가운데에 누가 아버지의 뜻대로 하였느냐?" 예수께서 이렇게 물으시니, 그들이 "맏아들입니다" 하고 대답하였다. 예수께서 그들에게 말씀하셨다. "내가 진정으로 너희에게 말한다. 세리와 창녀들이 오히려 너희보다 먼저 하나님의 나라에 들어간다.

³² 요한이 너희에게 와서, 옳은 길을 보여 주었으나, 너희는 그를 믿지 않았다. 그러나, 세리와 창녀들은 믿었다. 너희는 그것을 보고도 끝내 뉘우치지 않았으며, 그를 믿지 않았다."

본문은 오해하기 쉬운 말씀이다. 본문을 있는 그대로 보면 유대 종교 지도자들도 천국에 들어갈 수 있는데 다만 세리와 창기보다는 늦게 들어가거나 또는 들어가더라도 상급이 적을 것이라는 의미로 이해할 수 있다. 그러나 이는 문맥으로 볼 때 세리가 바리새인보다 더 의롭다는 표현이 아니라 세리만의 의로움을 나타내는 강조적 표현이다. 마찬가지로 본문에서도 실제 하나님 나라에 들어가는 자는 세리와 함께 창기뿐임을 강조적으로 나타내기 위하여 비교급이 사용되었다.

중요한 것은 유대 종교 지도자들은 자신들이 하나님을 잘 믿고 하나님께 순종한다고 생각하였고 구원의 첫 자리에 있다고 생각했으나 그들의 마음은 이미 하나님을 떠났고 순종하지 않아 고착화되었다. 그리고 세리와 창기는 구원에서 제외되었다고 생각하였다. 그러나 주님의 말씀에 따르면 놀랍게도 그들은 복음을 받고 구원의 첫 자리에 앉게 되었다. 따라서 본문은 단순히 '순종'에 관한 것이 아니다. 이 말씀은 '만약 본문에 나타난 창기와 세리같이 진심으로 하나님을 영접하지 않으면 천국에 들어가지 못한다'는 매우 중요한 주제를 다루고 있다. 따라서 본문을 단순히 '진정한 순종'이라는 전통적인 관점에서 볼 것이 아니라 너희 눈에는 창녀와 세리같이 보일지 모르나 '하나님을 진정으로 영접하는 그들이 천국에 들어간다'는 것을 확실히 하고 있는 것이다.

43. 마 22:23-33은 단순히 '부활 논쟁'이 주제가 아니다

일반적 제목	부활 논쟁
통전적 제목	얄팍한 지식과 논리로 하나님과 맞서 보려는 인간의 미련함에 대항하기 위해서는?

본문을 대할 때 대부분의 사람들은 제목을 '부활 논쟁'이라고 정한다. 그러나 본문 전체를 종합적으로 볼 때 결코 부활 논쟁에 관한 내용이 아님을 쉽게 알 수 있다. 물론 본문이 어느 정도 부활 논쟁에 관한 내용을 포함하고 있는 것은 틀림없는 사실이지만 말씀 전체를 두고 종합적인 접근을 할 때 '부활 논쟁'보다는 오히려 '얄팍한 지식과 논리로 하나님과 맞서 보려는 인간의 미련함'에 대하여 집중적으로 거론하고 있다. 이제 본문을 보다 논리적이며 통합적인 시각으로 분석해 보자.

²³ 같은 날, 사두개파 사람들이 예수께 와서, 부활이 없다고 주장하면서, 예수께 물었다.
²⁴ "선생님, 모세가 말하기를 '어떤 사람이 자식이 없이 죽으면, 그 동생이 형수에게 장가들어서, 그의 형에게 뒤를 이을 자녀를 세워 주어야 한다' 하였습니다.
²⁵ 그런데 우리 이웃에 형제가 일곱 있었습니다. 맏이가 장가들었다가, 자식이 없이 죽으므로, 아내를 그 동생에게 남겨 놓았습니다.
²⁶ 둘째도 셋째도 그렇게 해서, 일곱이 다 그렇게 하기에 이르렀습니다.
²⁷ 맨 나중에는 그 여자도 죽었습니다.
²⁸ 그러니 부활 때에 그 여자는 그 일곱 가운데서 누구의 아내가 되겠습니까? 일곱이 다 그 여자를 아내로 맞이하였으니 말입니다."
²⁹ 그러나 예수께서는 그들에게 말씀하셨다.

"너희는 성경도 모르고, 하나님의 능력도 모르므로, 잘못 생각하고 있다.
³⁰ 부활할 때에는, 사람들은 장가도 가지 않고, 시집도 가지 않고, 하늘에 있는 천사들과 같다.
³¹ 죽은 사람들의 부활을 두고서는 말하면서, 너희는 아직도 하나님께서 너희에게 하신 말씀을 읽지 못하였느냐?
³² 하나님께서는 '나는 아브라함의 하나님이요, 이삭의 하나님이요, 야곱의 하나님이다' 하고 말씀하시지 않으셨느냐? 하나님은 죽은 사람의 하나님이 아니라, 살아 있는 사람의 하나님이시다."
³³ 무리가 이 말씀을 듣고, 예수의 가르침에 놀랐다.

막 12:18-27 중 일부

²⁵ 사람이 죽은 사람들 가운데서 살아날 때에는, 장가도 가지 않고 시집도 가지 않고, 하늘에 있는 천사들과 같다.
²⁶ 죽은 사람들이 살아나는 일에 관해서는, 모세의 책에 떨기나무 이야기가 나오는 대목에

서 하나님께서 모세에게 어떻게 말씀하셨는지를, 너희는 읽지 못하였느냐? 하나님께서는 모세에게 '나는 아브라함의 하나님이요, 이삭의 하나님이요, 야곱의 하나님이다' 하고 말씀하시지 않으셨느냐?

눅 20:27-40 중 일부

²⁷ 부활이 없다고 주장하는 사두개파 사람 가운데 몇 사람이 다가와서, 예수께 물었다.
²⁸ "선생님, 모세가 우리에게 써 주기를 '어떤 남자의 형이 자식이 없이 아내를 남겨 두고 죽으면, 그 남자가 그 여자를 맞아들여서 그의 뒤를 이을 자식을 낳아 주어야 한다' 하였습니다.

³⁴ 그래서 예수께서는 그들에게 말씀하셨다. "이 세상 사람들은 장가도 가고, 시집도 가지만,

³⁵ 저 세상과 죽은 사람들 가운데서 부활에 참여할 자격이 있는 사람은, 장가도 가지 않고 시집도 가지 않는다.
³⁶ 그들은 천사와 같아서, 이제는 죽지도 않는다. 그들은 부활의 자녀들이므로, 하나님의 자녀들이다.

본문은 부활이 없다고 주장하는 사두개인들이 부활에 대한 이야기를 꾸며서 예수님을 공격하는 장면이다. 그런데 그들의 행동을 가만히 살펴보면 얼마나 모순되고 얼마나 무지한가를 잘 알 수 있다. 그들의 성경에 대한 무지와 기만은 결국 예수님의 명쾌한 대답에 의해 말할 수 없는 창피함을 당했다. 조금 안다고 까불었다가 이런 꼴을 당한 것이다.

우리 인간의 모습이 그러하다. 아무리 머리를 짜내고 꾸미고 거짓 진리를 만들어 하나님을 시험하려 하여도 하나님의 영역에 도전할 수 없는 것이 인간이다. 인간은 이런 어리석음을 알지 못한다. 이것이 우리의 모습은 아닌지….

(1) 이상한 논쟁거리를 일부러 만들어 부활에 대하여 논쟁하려는 사두개인의 모순

예수님께는 공격자도 많았다. 유대 종교 지도자들과 바리새인들이 왔다가 물러가자 이번에는 사두개인들이 몰려와 예수님께 도전하였다. 부활이 없다고 주장하는 사두개파라는 말은 세 복음서에서 공히 기록하고 있다. 그런데 이들은 이상하게 만든 이야기 하나를 들고 나오면서 예수님께 시비를 걸기 시작하였다. 그 내용은 이러하다.

²⁴ "선생님, 모세가 말하기를 '어떤 사람이 자식이 없이 죽으면, 그 동생이 형수에게 장가들어서, 그의 형에게 뒤를 이을 자녀를 세워 주어야 한다' 하였습니다.

²⁵ 그런데 우리 이웃에 형제가 일곱 있었습니다. 맏이가 장가들었다가, 자식이 없이 죽으므로, 아내를 그 동생에게 남겨 놓았습니다.

²⁶ 둘째도 셋째도 그렇게 해서, 일곱이 다 그렇게 하기에 이르렀습니다.

²⁷ 맨 나중에는 그 여자도 죽었습니다.

²⁸ 그러니 부활 때에 그 여자는 그 일곱 가운데서 누구의 아내가 되겠습니까? 일곱이 다 그 여자를 아내로 맞이하였으니 말입니다."

1) 그들은 우선 율법의 아버지, 모세를 내세우면서 논쟁을 하려 하였다.

²⁴ 선생님, 모세가 말하기를….

그들은 아마도 '모세의 율법에 대해서 말하면 이 사람은 꼼짝할 수 없겠지'라고 생각하면서 예수님께 질문을 던진 것 같다.

2) 부활이 없다고 주장하면서 그들이 부활에 대해 논쟁하는 것 자체가 모순이다.

²³ 같은 날, 사두개파 사람들이 예수께 와서, 부활이 없다고 주장하면서, 예수께 물었다.

3) 있을 수도 없는 일을 일부러 꾸며서 논쟁을 일으키려는 그 자체가 모순이다.

사실 이런 일은 일어날 수가 없다. 어떻게 형제가 7명인데 그 형제가 차례대로 다 죽고 여자 혼자 살아남을 수가 있겠는가? 이것은 그야말로 억지로 꾸며 낸 이야기이다. 이처럼 그들은 예수님을 넘어뜨리기 위해 갖은 방법을 사용하였다. 예수님을 인정하기 어려웠던 것이다.

그들은 부활하게 되면 차례로 죽었던 남자들이 모두 살아날 것이며 그들의 아내였던 한 여인도 살아날 것이므로 결혼 관계는 칠대 일의 관계가 될 수밖에 없다고 말했다. 사실 이러한 관계는 결혼 관계라고 규정할 수 없으므로 사두개인들은 이 이야기를 통해 결코 부활이 있을 수 없다는 것을 강력하게 주장하고 있는 것이다.

(2) 명쾌한 말씀과 지혜로 철저히 그들의 잘못된 생각을 수정하시는 예수님

그러나 지혜로운 주님이 그들의 이런 얕은 생각에 걸릴 리가 없었다. 주님은 일단 그들이 성경에 대하여 무지한 것을 폭로하셨고, 그들이 하나님에 대해서도 알지 못하고, 그들이 잘못 생각하고 있는 것에 대해 책망하셨다. 그러고는 정확하게 말씀을 정리해 주셨다.

일단 주님은 '오해했다'는 말로 시작하셨다. '오해했다'는 말은 '진리로부터 벗어나 잘못 이끌림을 받았다'는 의미이다. 주님은 분명한 어조로 그들을 지적하셨다. 그러면 그들은 왜 진리에서 멀어져 오해하였는가? 예수님은 '성경과 하나님의 능력을 알지 못하기 때문'이라고 지적한다. 그들은 말씀과 하나님의 능력에 대하여 전혀 경험하지 못해 알지 못한 것이다.

[29] 그러나 예수께서는 그들에게 말씀하셨다. "너희는 성경도 모르고, 하나님의 능력도 모르므로, 잘못 생각하고 있다.

· 주님은 일단 그들의 성경에 대한 무지함을 폭로하신다.
· 그들이 하나님에 대하여 얼마나 잘못 알고 있는지를 폭로하신다.

· 그들의 생각이 얼마나 비뚤어져 있었는지를 폭로하신다.

그리고 주님은 부활할 때의 일을 명확하게 설명하신다. 주님의 말씀은 이러하다. 부활할 때에는 사람들은 장가도 가지 않고, 시집도 가지 않고, 하늘에 있는 천사와 같은 존재가 된다는 것이다.

> ³⁰ 부활할 때에는, 사람들은 장가도 가지 않고, 시집도 가지 않고, 하늘에 있는 천사들과 같다.

그런데 재미있는 것은 바로 이 부활의 때를 세 복음서 기자는 모두 다르게 표현하고 있다는 점이다. 그들의 생각을 종합하면 다음과 같다.

· 마태: 부활할 때에
· 마가: 죽은 사람이 살아날 때에
· 누가: 저 세상과 죽은 사람들 가운데서 부활에 참여할 자격이 있는 사람은

다른 말씀은 거의 같은데 왜 이 대목에 있어서 세 사람은 다르게 표현하고 있을까? 왜 마태는 '부활할 때'라고 했고, 마가는 '죽은 사람이 살아날 때'라고 했으며, 누가는 '저 세상과 죽은 사람들 가운데서 부활에 참여할 자격이 있는 사람'이라고 못 박은 것일까? 이에 대해서는 좀 더 연구가 필요하다. 또 특징적으로 누가는 이 사건에 대하여 다른 두 사람과는 달리 매우 독특하게 접근하고 있다.

〈눅 20:35-36〉
³⁵ 저 세상과 죽은 사람들 가운데서 부활에 참여할 자격이 있는 사람은, 장가도 가지

않고 시집도 가지 않는다.

³⁶ 그들은 천사와 같아서, 이제는 죽지도 않는다. 그들은 부활의 자녀들이므로, 하나님의 자녀들이다.

누가의 기록을 보면 대단히 정확하게 기록하고 있다. 그리고 특징적이다. 이를 정리해 보면 다음과 같다.

- 저 세상과 죽은 사람들 가운데서
- 부활에 참여할 자격이 있는 사람은,
- 장가도 가지 않고 시집도 가지 않는다.
- 그들은 천사와 같아서, 이제는 죽지도 않는다.
- 그들은 부활의 자녀들이므로, 하나님의 자녀들이다.
- 하나님은 죽은 사람의 하나님이 아니라, 살아 있는 사람의 하나님이시다.
- 모든 사람은 하나님과의 관계 속에서 살고 있다.

그렇다. 아주 독특하고 분명하며 명쾌한 논리다. 우리는 부활의 자녀들이므로 하나님의 자녀이고 하나님과의 관계 속에서 살고 있다는 것이다.

사두개인들이 알지 못하고 있는 부활과 관련된 또 다른 지식은 부활한 후 성도들이 천사들과 같게 된다는 것이다. 그것은 죽지 않는 존재인 천사들처럼 영원히 죽지 않게 된다는 것이고 결혼하지 않는다는 것이다.

(3) 이로써 살아 계신 하나님의 실체를 담대히 전파하시는 예수님

이 기회에 예수님은 하나님이 어떠한 분이신지 모든 사람에게 천명하신다. 그리고 사두개인들이 하나님에 대하여 잘못 생각하고 있는 것을 바로

잡기 위해 담대히 설파하신다.

예수님은 하나님의 실체를 명확하게 선포하셨다. 먼저 예수님은 하나님의 실체에 대해 성경에서는 분명히 말씀하고 있는데도 사두개인들이 무지해서 하나님에 대하여 잘 알고 있지 못함을 책망하신다. 즉, 유전에 얽매여 이를 알지 못하는 사람들을 꾸짖으신 것이다.

〈막 12:26〉

26 죽은 사람들이 살아나는 일에 관해서는, 모세의 책에 떨기나무 이야기가 나오는 대목에서 하나님께서 모세에게 어떻게 말씀하셨는지를, 너희는 읽지 못하였느냐?

예수님은 그들이 생각하는 것처럼 하나님이 죽은 자의 하나님이 아니라 산 자의 하나님이며, 지금 이 시간에도 역사하시는 분임을 말씀하신다.

〈막 12:26〉

26 … 하나님께서는 모세에게 '나는 아브라함의 하나님이요, 이삭의 하나님이요, 야곱의 하나님이다' 하고 말씀하시지 않으셨느냐?

32 하나님께서는 '나는 아브라함의 하나님이요, 이삭의 하나님이요, 야곱의 하나님이다' 하고 말씀하시지 않으셨느냐? 하나님은 죽은 사람의 하나님이 아니라, 살아 있는 사람의 하나님이시다."

(4) 그들의 어리석음을 크게 꾸짖으시는 예수님

여기서 주님은 그들의 무지와 어리석음과 억지스러운 질문에 대하여 크게 꾸짖으신다. 너희들이 얼마나 잘못된 생각을 하고 있는지를 분명히 밝히신다.

<막 12:27>

[27] 하나님은 죽은 사람의 하나님이 아니라, 살아 있는 사람의 하나님이시다. 너희는 생각을 크게 잘못 하고 있다."

(5) 그들의 무식과 어리석음만 드러내고 창피만 당하는 인간들

많은 사람들 가운데 예수님을 건드리려다 오히려 자신들의 무식함만 드러내고 창피당하는 그들의 모습을 생각해 보라. 오히려 이 사건을 통해 예수님은 하나님의 존재를 더 확실하게 보여 주는 계기가 되었다.

[33] 무리가 이 말씀을 듣고, 예수의 가르침에 놀랐다.

<눅 20:39-40>

[39] 이 말씀을 듣고서, 율법학자 몇 사람이 "선생님, 옳은 말씀입니다" 하고 말하였다.
[40] 그들은 감히 예수께 더 이상 질문을 하지 못하였다.

본문에서 우리는 얄팍한 성경의 지식으로 한계를 가진 인간들이 하나님께 대항하며 하나님의 진리를 부정해 보려는 어리석은 행동을 하고 있음을 본다. 아무리 인간이 하나님의 지식에 도전한다 하더라도 인간은 하나님의 지식을 능가할 수 없고, 하나님의 지혜를 이길 수 없다. 오히려 인간의 어리석음만 드러낼 뿐이다. 아무리 인간이 지식을 짜내고 없는 일을 꾸며서 하나님께 대항하더라도, 전능하신 하나님의 진리와 지식 위에 있을 수 없다. 결국 이것은 인간의 한계를 드러낼 뿐이고, 인간의 부끄러움만 나타낼 뿐이다.

그러나 인간은 이러한 어리석음을 모른다. 이런 존재가 인간이다. 아, 어리석은 인간들이여….

(6) 예수님은 어떻게 이런 어려운 논쟁을 이렇게도 쉽게 물리치셨을까?

이렇게 사두개인들과 바리새인들은 자신들이 갖고 있는 그 얄팍한 논리와 지식으로 예수님과 논쟁하여 이길 것으로 생각하였다. 그러나 그런 그들의 의지와는 정반대로 그들은 철저히 패배할 수밖에 없었다. 그렇다면 주님은 어떻게 이런 어려운 논쟁을 이렇게도 쉽게 물리치셨을까? 우리가 함께 생각해 보면, 다음과 같은 결론을 맺을 수 있다.

· 주님은 성경에 대단히 능통하시다는 점
· 주님은 그들의 마음을 정확하게 보시는 통찰력이 있으셨다는 점
· 주님은 항상 기도로 하늘의 지혜를 공급 받으셨다는 점

이렇게 주님은 얄팍한 지식과 논리로 하나님과 맞서 보려는 인간의 미련함에 대하여 강력한 영적 권세로 그들을 물리치셨다. 이러한 원리는 오늘을 살아가는 우리에게도 적용된다. 우리가 세상의 얄팍한 논리와 지식에 대항하여 하나님을 변호하기 위해서는 우리에게도 주님이 사용하신 무기들이 필요하다. 그것은 다음과 같다.

· 항상 성경에 능통해야한다는 점 - 성경연구와 묵상
· 사람의 마음을 정확하게 보는 통찰력의 확보
· 항상 기도로 하늘의 지혜를 공급받는 엎드림

44. 마 24:36-44은 단순히 '깨어 있어라'가 그 주제가 아니다

일반적 제목	깨어 있어라
통전적 제목	갑자기 임할 종말에 대비하여 천국 백성들은 이렇게 준비하라

　　대부분의 목회자들은 본문을 대할 때 '깨어 있어라'는 말이 강조된다는 이유로, 본문을 '깨어 있어라'는 제목으로 설교한다. 그러나 본문을 자세히 묵상하여 살펴보면, 이 말씀이야말로 종말 전반에 관한 세심한 내용들을 일목요연하게 정리해 주고 있음을 알게 된다. 종말의 때에는 어떤 일이 있고, 언제 종말이 임할 것이며, 또한 이 종말에 우리 그리스도인들은 어떻게 대비해야 할 것인지에 대해 너무나 상세하게 말씀하신다. 이런 측면에서 우리가 '깨어 있어라'고 제목을 정한다면 그야말로 본문 전체를 아우르는 설교가 되지 못하고 단지 '깨어 있다'는 점만 부각시킬 수밖에 없다. 그러므로 본문을 '갑자기 임할 종말에 대비하여 천국 백성은 이렇게 준비하라'고 한다면 보다 통전적인 제목이 될 수 있다.

[36] "그러나 그 날과 그 때는 아무도 모른다. 하늘의 천사들도 모르고, 아들도 모르고, 오직 아버지만 아신다.
[37] 노아의 때와 같이, 인자가 올 때에도 그러할 것이다.
[38] 홍수 이전 시대에, 노아가 방주에 들어가는 날까지, 사람들은 먹고 마시고 장가가고 시집가며 지냈다.
[39] 홍수가 나서 그들을 모두 휩쓸어 가기까지, 그들은 아무것도 알지 못하였다. 인자가 올 때에도 그러 할 것이다.
[40] 그 때에 두 사람이 밭에 있을 테이나, 하나는 데려가고, 하나는 버려 둘 것이다.
[41] 두 여자가 맷돌을 갈고 있을 테이나, 하나는 데려가고, 하나는 버려 둘 것이다.
[42] 그러므로 깨어 있어라. 너희는 너희 주께서 어느 날에 오실지를 알지 못하기 때문이다.
[43] 이것을 명심하여라. 도둑이 밤에 언제 올지 집주인이 안다면, 그는 깨어 있어서, 도둑이 집을 뚫고 들어오도록 내버려 두지 않을 것이다.
[44] 그러므로 너희도 준비하고 있어라. 너희가 생각하지도 않은 때에 인자가 올 것이기 때문이다."

막 13:32-37

³² "그러나 그 날과 그 때는 아무도 모른다. 하늘의 천사들도 모르고, 아들도 모르고, 오직 아버지만 아신다.

³³ 조심하고, 깨어 있어라. 그 때가 언제인지를 너희가 모르기 때문이다.

³⁴ 그것은 마치 여행하는 사람의 경우와 같은데, 그가 집을 떠날 때에, 자기 종들에게 권한을 주어서, 각 사람에게 할 일을 맡기고, 문지기에게는 깨어 있으라고 명령한다.

³⁵ 그러므로 깨어 있어라. 집주인이 언제 올는지, 저녁녘일지, 한밤중일지, 닭이 울 무렵일지, 이른 아침녘일지, 너희가 알지 못하기 때문이다.

³⁶ 주인이 갑자기 오더라도, 너희가 잠자고 있는 것을 보게 되는 일이 없도록 하여라.

³⁷ 내가 너희에게 하는 말은 모든 사람에게 하는 말이다. 깨어 있어라."

눅 17:26-35 중 일부

²⁶ 노아 시대에 일이 벌어진 것과 같이, 인자의 날에도 그러할 것이다.

²⁷ 노아가 방주에 들어가는 날까지, 사람들은 먹고 마시고 장가가고 시집가고 하였는데, 마침내 홍수가 나서, 그들을 모두 멸망시켰다.

²⁸ 롯 시대에도 그와 같은 일이 벌어졌다. 사람들이 먹고 마시고 사고팔고 나무를 심고 집을 짓고 하였는데,

²⁹ 롯이 소돔에서 떠나던 날에, 하늘에서 불과 유황이 쏟아져 내려서, 그들을 모두 멸망시켰다.

³⁰ 인자가 나타나는 날에도 그러할 것이다.

³⁴ 내가 너희에게 말한다. 그 날 밤에 두 사람이 한 잠자리에 누워 있을 테이나, 하나는 데려가고, 다른 하나는 버려 둘 것이다.

³⁵ 또 두 여자가 함께 맷돌질을 하고 있을 터이나, 하나는 데려가고, 다른 하나는 버려 둘 것이다."

(1) 주님께서 언제 오실 것인가에 대한 질문

주님께서 언제 다시 오실 것인지에 대한 질문에 예수님은 그 시한에 대해서는 전혀 알 수 없고 자신도 모른다고 말씀하신다. 그만큼 그 날짜에 대해서는 철저한 비밀이다. 만약 그 날짜가 공개되면 사람들의 영적 긴장은 무너지고 말 것이다.

³⁶ "그러나 그 날과 그 때는 아무도 모른다. 하늘의 천사들도 모르고, 아들도 모르고, 오직 아버지만 아신다.

〈막 13:32〉

[32] "그러나 그 날과 그 때는 아무도 모른다. 하늘의 천사들도 모르고, 아들도 모르고, 오직 아버지만 아신다.

- 아무도 모른다.
- 하늘의 천사도 모른다.
- 아들도 모른다.
- 오직 아버지만 아신다.

그렇다면 어떻게 주님은 '아들도 모른다'고 말씀하신 것인가? 이것은 바로 혼인 비유에서 그 이유를 찾을 수 있다. 이스라엘의 경우 신랑, 신부가 약혼하고 나면 약 1년 동안 준비 기간을 거친다. 혼인은 바로 신랑의 아버지가 신랑에게 신부를 데려오라고 하는 그 행위이다. 따라서 신부를 데리고 오는 날짜는 아들에게 미리 가르쳐 주지 않고, 아버지는 준비가 되었다고 생각하면 언제든지 아들에게 신부를 데리고 오라고 말한다. 이런 측면에서 아들도 모른다는 표현을 사용한 것이다. 이처럼 언제 오실지에 대해서는 철저히 그 권한이 아버지께 있다.

(2) 종말에는 어떤 일이 어떻게 발생할 것인가에 대한 예수님의 예와 그 결과(갑자기 임함)

1) 종말은 노아의 때와 같음(세상일에 빠져 살아갈 때 발생함)

[37] 노아의 때와 같이, 인자가 올 때에도 그러할 것이다.

[38] 홍수 이전 시대에, 노아가 방주에 들어가는 날까지, 사람들은 먹고 마시고 장가가고

시집가며 지냈다.

³⁹ 홍수가 나서 그들을 모두 휩쓸어 가기까지, 그들은 아무것도 알지 못하였다. 인자가 올 때에도 그러할 것이다.

주님은 종말에 대해 노아의 때와 같다고 말씀하셨다. 홍수 이전에 사람들은 먹고 마시고 장가가고 시집가며 지냈어도 아무도 이 사실을 알지 못했다고 하면서 인자가 올 때도 꼭 이와 같을 것이라고 하셨다. 이를 종합하면 다음과 같다.

· 오늘의 사람들도 먹고 마시고 장가가고 시집가며 지내기에 바쁘다.
· 큰 일이 나기까지 사람들은 아무것도 알지 못한다.
· 결국 사람들은 멸망당한다.
· 인자가 올 때에도 그러할 것이다.

2) 종말은 할 일을 종에게 맡기고 떠나는 주인과 같음

주님은 마태복음과는 달리 마가복음 13장에서, 종말은 할 일을 여러 종에게 맡기면서 깨어 있으라고 명령하는 주인과 같다고 말씀하신다.

〈막 13:34〉
³⁴ 그것은 마치 여행하는 사람의 경우와 같은데, 그가 집을 떠날 때에, 자기 종들에게 권한을 주어서, 각 사람에게 할 일을 맡기고, 문지기에게는 깨어 있으라고 명령한다.

· 종말은 여행하는 주인과 같다.
· 그가 떠날 때에 자기 종들에게 권한을 준다.

- 그리고 각 사람에게 할 일을 맡긴다.
- 특히 문지기에게는 '깨어 있어라'고 명령한다.

여기서 마가가 강조하는 것은 주인이 권한을 주고, 할 일을 주고 떠난다는 점이다. 주인이 언제 돌아와 그 일을 돌아볼지 모르기 때문에, 주인이 돌아올 때까지 자기의 주어진 일을 소홀히 해서는 안 된다는 것을 강조하고 있다.

3) 종말은 롯의 시대와 같음

누가는 종말이 롯 시대와 같을 것이라고 예수님의 말씀을 전했다. 온통 세상일에 젖어 살던 그들에게 갑자기 엄청난 일이 벌어져 모두 멸망한 것과 같이 주님 오시는 날도 이와 같을 것이라고 하였다.

〈눅 17:28-30〉
[28] 롯 시대에도 그와 같은 일이 벌어졌다. 사람들이 먹고 마시고 사고팔고 나무를 심고 집을 짓고 하였는데,
[29] 롯이 소돔에서 떠나던 날에, 하늘에서 불과 유황이 쏟아져 내려서, 그들을 모두 멸망시켰다.
[30] 인자가 나타나는 날에도 그러할 것이다.

- 사람들은 먹고 마시고 사고팔고 나무를 심고 집을 짓고 하는 일에 바빴다.
- 롯이 떠나던 날 갑자기 하늘에서 불과 유황이 쏟아져 모두 멸망당했다.
- 인자가 나타나는 날에도 그러할 것이다.

- 사람들은 여전히 먹고 마시고 사고팔고 나무를 심고 집을 짓는 세상일에 바쁘다.
- 주의 날이 갑자기 임하여 모두 멸망당할 수밖에 없다.
- 인자가 나타나는 날에도 이러한 일이 벌어진다.

4) 종말은 갑자기 두 사람 중 한 사람을 데려가는 것 같음

마태는 '두 사람이 밭에 있을 때', '두 사람이 맷돌질할 때'로, 누가는 '두 사람이 한 잠자리에 누워 있을 때', '두 사람이 맷돌질할 때'로 소개하고 있다. 위 말씀은 두 가지 사건이 각각 동시에 오버랩 되고 있다. 어쨌든 이 예를 통하여 갑자기 이런 일이 벌어지게 될 것을 말씀하고 있는 것이다.

〈마 24:40-41〉
[40] 그 때에 두 사람이 밭에 있을 터이나, 하나는 데려가고, 하나는 버려 둘 것이다.
[41] 두 여자가 맷돌을 갈고 있을 터이나, 하나는 데려가고, 하나는 버려 둘 것이다.

〈눅 17:34-35〉
[34] 내가 너희에게 말한다. 그 날 밤에 두 사람이 한 잠자리에 누워 있을 터이나, 하나는 데려가고, 다른 하나는 버려 둘 것이다.
[35] 또 두 여자가 함께 맷돌질을 하고 있을 터이나, 하나는 데려가고, 다른 하나는 버려 둘 것이다.

5) 종말은 도둑같이 임할 것임

[43] 이것을 명심하여라. 도둑이 밤에 언제 올지 집주인이 안다면, 그는 깨어 있어서, 도둑이 집을 뚫고 들어오도록 내버려 두지 않을 것이다.

이 말씀 역시 종말은 도둑같이 임하게 된다는 것이다. 갑자기 임하기 때문에 깨어 있지 않으면 당할 수밖에 없다는 것을 우리에게 말씀해 주신다.

(3) 우리는 종말을 대비하여 오늘을 어떻게 살아야 할 것인가, 그리고 그 이유는?

위 본문은 종말의 때가 갑자기 임하게 될 것임을 말씀하고 있다. 특히 종말은 노아의 시대에 갑자기 임한 것 같이, 할 일을 맡기고 떠나는 주인과 같이, 롯의 시대에 갑자기 임한 것 같이, 두 사람 중 한 사람이 없어진 것 같이, 도둑이 갑자기 나타난 것 같이, 갑자기 임하기 때문에 주의 성도들은 항상 깨어 긴장하고 있어야 함을 강조하고 있다. 마태, 마가, 누가는 각각 우리가 어떻게 해야 할지에 대하여 말하고 있다.

〈마 24:42-44〉

[42] 그러므로 깨어 있어라. 너희는 너희 주께서 어느 날에 오실지를 알지 못하기 때문이다.

[43] 이것을 명심하여라. 도둑이 밤에 언제 올지 집주인이 안다면, 그는 깨어 있어서, 도둑이 집을 뚫고 들어오도록 내버려 두지 않을 것이다.

[44] 그러므로 너희도 준비하고 있어라. 너희가 생각하지도 않은 때에 인자가 올 것이기 때문이다."

· 깨어 있어라 – 주님께서 어느 날에 오실지 알지 못하기 때문이다.
· 명심하여라 – 도둑이 밤에 언제 올지 집주인이 안다면, 집을 뚫도록 내버려 두지 않을 것이기 때문이다.
· 준비하고 있어라 – 너희가 생각하지 않은 때에 인자가 올 것이기 때문이다.

〈막 13:33, 35-37〉

[33] 조심하고, 깨어 있어라. 그 때가 언제인지를 너희가 모르기 때문이다

[35] 그러므로 깨어 있어라. 집주인이 언제 올는지, 저녁녘일지, 한밤중일지, 닭이 울 무렵

일지, 이른 아침녘일지, 너희가 알지 못하기 때문이다.

[36] 주인이 갑자기 오더라도, 너희가 잠자고 있는 것을 보게 되는 일이 없도록 하여라.

[37] 내가 너희에게 하는 말은 모든 사람에게 하는 말이다. 깨어 있어라."

- 조심하고 깨어 있어라 - 그 때가 언제인지를 너희가 모르기 때문이다.
- 깨어 있어라 - 집주인이 언제 올는지, 저녁녘일지, 한밤중일지, 닭이 울 무렵일지, 아

침일지 모르기 때문이다.
- 집주인이 오더라도 너희가 잠자고 있는 것을 보게 되는 일이 없도록 해야 하기 때문

이다
- 깨어 있어라 - 내가 너희에게 하는 말은 모든 사람에게 하는 말이다.

이 모두를 종합하면 아래와 같은 형태가 된다.

- 깨어 있어라, 깨어 있어라, 깨어 있어라, 조심하여 깨어 있어라.
- 주의 말씀을 명심하여라.
- 준비하고 있어라.
- 기도하고 있어라.

그렇다면 왜 이렇게 준비하고, 기도하고 깨어 있어야 하는가?

- 너희가 생각지 않은 때에 인자가 올 것이기 때문이다.
- 집주인이 언제 올는지, 저녁녘일지, 한밤중일지, 닭이 울 무렵일지, 아침일지 모르기

때문이다.

- 집주인이 오더라도 너희가 잠자고 있는 것을 보게 되는 일이 없도록 해야 하기 때문이다.
- 주님께서 어느 날에 오실지 알지 못하기 때문이다.
- 내가 너희에게 하는 말은 모든 사람에게 하는 말이기 때문이다.
- 도둑이 밤에 언제 올지 집주인이 안다면 집을 뚫도록 내버려 두지 않을 것이기 때문이다.

이처럼 주님은 종말의 상황의 심각함을 알리셨다. 그리고 본문 전체를 통해 '이 일이 갑자기 임한다'는 것을 강조하셨다. 그러므로 깨어 있어야 한다고 말씀하셨다. 다시 말해서 종말은 보통 사람들이 아무것도 준비되지 않은 그 상황에 갑자기 임하고 생각지도 않은 시간에 임하기 때문에 항상 깨어 기도하고 준비하며 살아야 한다는 것이다.

그렇다. 본문은 단순히 '깨어 있어라'는 영역을 훨씬 넘어 종말에 대한 종합적인 접견을 실시하고 있다. 따라서 '깨어 있어라'는 주제만으로는 전체를 수용할 수 없게 된다. 따라서 '갑자기 임할 종말에 대비하여 성도들은 이렇게 준비하라'는 제목이 훨씬 더 포용적인 제목이 된다.

45. 마 25:14-30은 단순히 '착한 종과 악한 종'이 그 주제가 아니다

일반적 제목	'착한 종과 악한 종' 또는 '칭찬 받는 종'
통전적 제목	평소 내 삶과 생각이 재림 때의 내 모습 '평소에 나에게 주어진 삶을 최선을 다해 살라!'

목회자들이 일반적으로 이 본문을 대할 때 거의 대부분 전통적인 해석 또는 관습적 해석으로 '착한 종과 악한 종'이라는 제목을 정하게 된다. 그러

나 본문을 깊이 연구하고 분석해 보면, 우리는 그것이 결코 합당한 제목이 아님을 발견하게 된다. 이 본문이 진정으로 우리에게 던져 주고자 하는 것은 다름 아니라 '평소 내 삶과 생각이 재림 때의 내 모습'이고, '평소에 나에게 주어진 삶을 최선을 다해 살라!'는 것이다. 본문을 깊이 연구해 보자.

[14] "또 하늘 나라는 이와 같다. 어떤 사람이 여행을 떠나면서, 자기 종들을 불러서, 자기의 재산을 그들에게 맡겼다.

[15] 그는 각 사람의 능력에 따라, 한 사람에게는 다섯 달란트를 주고, 또 한 사람에게는 두 달란트를 주고, 또 다른 한 사람에게는 한 달란트를 주고 떠났다.

[16] 다섯 달란트를 받은 사람은 곧 가서, 그것으로 장사를 하여, 다섯 달란트를 더 벌었다.

[17] 두 달란트를 받은 사람도 그와 같이 하여, 두 달란트를 더 벌었다.

[18] 그러나 한 달란트 받은 사람은 가서 땅을 파고, 자기 주인의 돈을 숨겼다.

[19] 오랜 뒤에, 그 종들의 주인이 돌아와서, 그들과 셈을 하게 되었다.

[20] 다섯 달란트를 받은 사람은 다섯 달란트를 더 가지고 와서 말하기를 '주인님, 주인님께서 다섯 달란트를 내게 맡기셨는데, 보십시오. 다섯 달란트를 더 벌었습니다' 하였다.

[21] 그의 주인이 그에게 말하였다. '착하고 신실한 종아, 잘했다! 네가 적은 일에 신실하였으니, 이제 내가 많은 일을 네게 맡기겠다. 와서, 주인과 함께 기쁨을 누려라.'

[22] 두 달란트를 받은 사람도 다가와서 '주인님, 주인님께서 두 달란트를 내게 맡기셨는데,

보십시오. 두 달란트를 더 벌었습니다' 하였다.

[23] 그의 주인이 그에게 말하였다. '착하고, 신실한 종아, 잘했다! 네가 적은 일에 신실하였으니, 이제 내가 많은 일을 네게 맡기겠다. 와서 주인과 함께 기쁨을 누려라.'

[24] 그러나 한 달란트를 받은 사람은 나아와서 '주인님, 나는, 주인이 굳은 분이시라, 심지 않은 데서 거두시고, 뿌리지 않은 데서 모으시는 줄로 알고,

[25] 무서워하여 물러가서, 그 달란트를 땅에 숨겨 두었습니다. 보십시오, 여기에 그 돈이 있으니, 받으십시오' 하고 말하였다.

[26] 그러자 그의 주인이 그에게 말하였다. '악하고 게으른 종아, 너는, 내가 심지 않은 데서 거두고, 뿌리지 않은 데서 모으는 줄 알았다.

[27] 그렇다면, 너는 내 돈을 돈놀이하는 사람에게 맡겼어야 했다. 그랬더라면, 내가 와서, 내 돈에 이자를 붙여 받았을 것이다.

[28] 그에게서 그 한 달란트를 빼앗아서, 열 달란트 가진 사람에게 주어라.

[29] 가진 사람에게는 더 주어서 넘치게 하고, 없는 사람에게서는 있는 것마저 빼앗을 것이다.

[30] 이 쓸모없는 종을 바깥 어두운 데로 내쫓아라. 거기서 슬피 울며 이를 가는 일이 있을 것이다.'"

눅 19:11-27

[11] 그들이 이 말씀을 듣고 있을 때에, 예수께서 덧붙여서, 비유를 하나 말씀하셨다. 이 비유를 드신 것은, 예수께서 예루살렘에 가까이 이르신 데다가, 사람들이 하나님의 나라가 당장에 나타날 줄로 생각하고 있었기 때문이다.

[12] 그래서 예수께서 말씀하셨다. "귀족 출신의 어떤 사람이 왕위를 받아 가지고 돌아오려고, 먼 나라로 길을 떠날 때에,

[13] 자기 종 열 사람을 불러다가 열 므나를 주

고서는 '내가 올 때까지 이것으로 장사를 하여라' 하고 말하였다.

[14] 그런데 그의 시민들은 그를 미워하므로, 사절을 뒤따라 보내서 '우리는 이 사람이 우리의 왕이 되는 것을 원하지 않습니다' 하고 왕위를 줄 이에게 말하게 하였다.

[15] 그러나 그 귀족은 왕위를 받아 가지고 돌아와서, 은화를 맡긴 종들을 불러오게 하여, 각각 얼마나 벌었는지를 알아보고자 하였다.

¹⁶ 첫째가 와서 말하기를 '주인님, 나는 주인의 한 므나로 열 므나를 벌었습니다' 하였다.

¹⁷ 주인이 그에게 말하였다. '착한 종아, 잘했다. 네가 가장 작은 일에 신실하였으니, 열 고을을 다스리는 권세를 차지하여라.'

¹⁸ 둘째가 와서 말하기를 '주인님, 나는 주인의 한 므나로 다섯 므나를 벌었습니다' 하였다.

¹⁹ 주인이 이 종에게도 말하기를 '너도 다섯 고을을 다스리는 권세를 차지하여라' 하였다.

²⁰ 또 다른 하나가 와서 말하였다. '주인님, 보십시오, 주인의 한 므나가 여기에 있습니다. 나는 이것을 수건에 싸서, 보관해 두었습니다.

²¹ 주인님은 엄하신 분이라, 맡기지 않은 것을 찾아 가시고, 심지 않은 것을 거두시므로, 나는 주인님이 무서워서 이렇게 하였습니다.'

²² 주인이 그에게 말하였다. '악한 종아, 나는 네 입에서 나오는 말로 너를 심판하겠다. 너는, 내가 엄한 사람이어서, 맡기지 않은 것을 찾아 가고, 심지 않은 것을 거두어 가는 줄 알고 있었다는 말이냐?

²³ 그러면 어찌하여 내 은화를 은행에 예금하지 않았느냐? 그랬더라면, 내가 돌아와서, 그 이자와 함께 그것을 찾았을 것이다.'

²⁷ 그리고 내가 자기들의 왕이 되는 것을 원하지 않은 나의 이 원수들을 이리로 끌어다가, 내 앞에서 죽여라.'"

(1) 마태복음과 누가복음의 상당한 차이점

마태복음과 누가복음의 본문은 서로 다른 이야기가 아닌가 할 정도로 다르게 기술되어 있다. 일단 그 다른 부분을 정리해 보면 다음과 같다.

- 마태복음은 주인이 여행을 갔지만, 누가복음은 귀족이 왕위를 받으러 갔다는 점.
- 마태복음은 3명의 종에게 각각 능력에 따라 달란트를 나누어 주었지만, 누가복음은 10명의 종에게 각각 1므나의 돈을 맡겼다는 점.
- 마태복음은 달란트를 사용하였지만, 누가복음은 므나를 사용했다는 점.
- 마태복음은 이 비유에 대한 배경을 설명하지 않았지만, 누가복음은 하늘 나라가 당장에 임할 것에 대한 잘못된 생각을 수정하기 위하여 이 비유를 주셨다고 설명하고 있다는 점.
- 마태복음에서는 언급하지 않지만, 누가복음은 왕위를 받는 데 방해하는 무리가 있었다고 하며 그들에 대한 심판도 함께 있다는 점.
- 마태복음은 악한 종이 땅에다 숨겼다고 하였지만, 누가복음은 수건에 싸서 보관하

고 있었다는 점.

· 달란트 비유에서는 주인의 뜻을 잘 이행한 종들에게는 사급이 같았던 반면 므나 비유에서는 결과가 다르다는 점.

이런 점에서 두 본문은 '두 내레이션은 서로 다른 사건이 아닌가?'라는 생각이 들 만큼 차이를 보이고 있다. 만약 두 본문이 다르게 느껴진다면, 왜 동일한 사건에 대하여 이렇게 다른 반응을 보이고 있는 것일까?

이러한 의문점에도 불구하고 이 두 이야기를 서로 보완하여 하나의 이야기로 만들어 보면 다음과 같다.

(2) 하늘 나라가 당장에 임할 것이라고 생각하는 무리들과 그들의 생각을 수정하기 위한 예수님의 비유

일단 누가복음의 사건을 보면, 사람들은 하나님 나라가 당장 임할 것이라고 생각하고 있었다. 그리고 주님은 이런 그들의 생각을 아시고 이 비유로서 하나님 나라가 당장 임하는 것이 아니라 어느 시기인지는 모르나 주인이 종들에게 각각의 할 일을 주고 돌아와 그것을 계산할 때가 온다고 말씀하셨다. 이런 측면에서 자신의 일들을 충실히 잘 감당해야 함을 강조하셨다. 만약 주님의 날이 당장 임한다면 사람들은 자신들이 해야 할 일들을 감당하지 않고 하나님의 나라가 임하는 것을 바라보기만 함으로써 큰 혼란에 빠질 우려가 있었다.

〈눅 19:11〉

[11] 그들이 이 말씀을 듣고 있을 때에, 예수께서 덧붙여서, 비유를 하나 말씀하셨다. 이 비유를 드신 것은, 예수께서 예루살렘에 가까이 이르신 데다가, 사람들이 하나님의

나라가 당장에 나타날 줄로 생각하고 있었기 때문이다.

이 말씀을 기준으로 볼 때, 우리는 예수님이 어떤 의도로 이 말씀을 하셨는지 상당 부분 이해할 수 있다.

(3) 주인은 먼 길 떠나면서 능력대로 사명을 줌

주인이 먼 길을 떠나거나, 또는 귀족이 왕위를 받으러 떠나거나 어쨌든 두 사건 모두 돌아오는 데 상당한 시간이 걸릴 것은 자명한 사실이다. 이것만 보아도 하나님 나라가 당장 임하지 않는다는 것을 알 수 있다. 특히 주님은 상당한 시간이 지나서야 이 땅에 다시 오실 것을 암시하고 있다. 그리고 주님은 그 시기와 때는 아무도 알 수 없다고 여러 차례 말씀하셨다. 본문에서도 주인이 언제 돌아오는지에 대해서는 전혀 말하지 않고 있다. 이것은 주님이 언제 임하실지는 아무도 모른다는 사실을 한 번 더 밝혀 주고 있는 것이다.

첫째로 주인은 각각의 재능대로 달란트를 맡겼다고 하였다. 다섯 달란트 받은 자는 다섯 달란트를 감당할 만한 힘 있는 종이었다. 각 종들에게 맡겨진 달란트는 그들에게 부족하지도 넘치지도 않는 적당한 양이었다. 주님은 우리 성도가 감당하기에 합당한 만큼 맡기시는 것이다. 주인은 왜 다섯, 둘, 하나씩을 주었을까? 주인은 이 종들을 너무 잘 아는 사람이기 때문에 그들의 능력대로 소위 말해서 평소의 삶을 통하여 그들을 평가한 것이다. 그리고 그 열매도 정확하게 주인이 계산한 만큼 거두어들인 것이다. 그러나 누가복음은 한 므나를 받은 사람이 열 므나를 만들었고, 또 한 므나를 받은 사람이 다섯 므나를 만들었다고 하였다. 모두 주인이 생각했던 대로, 주인이 평가한 만큼의 열매를 거둔 것이었고 그들에게는 큰 상이 주어졌다.

그렇다면 주인은 왜 이런 차별을 두고 돈을 맡겼을까? 그 평가 기준은 무엇일까? 주인이 이 큰돈들을 맡길 때는 절대 쉽게 종들을 평가해서 맡기지는 않는다. 주인과 종들은 서로 오랫동안 아는 사이라고 할 때 주인은 종들의 생활을 사사건건 잘 알고 있다는 결론이 나온다. 다시 말해서 그들의 평소 삶을 보고 그들에게 그러한 돈을 맡긴 것이다. 다섯 달란트 받은 사람은 평소에 다섯 달란트 받을 만큼 신용이 있고 충성심이 있는 반면, 두 달란트 받은 사람은 다섯 달란트 받은 사람만큼 능력이 되지는 않지만 그럼에도 그는 자신의 일만큼은 충분히 감당할 수 있는 사람이다. 반면 한 달란트 받은 자는 주인이 한 달란트를 맡기더라도 불안한 마음으로 맡겼을 것이 틀림없다. 그럼에도 그에게도 소중한 재물을 맡겼다.

둘째로 주인은 자기의 재물을 맡겼다고 하였다. 그렇다. 그들이 받은 것은 절대 자신의 것이 아니었다. 주인이 맡긴 것이다. 절대로 그들의 것이 될 수 없다. 이것은 바로 우리의 삶이 주님이 맡겨 주신 것임을 알려 준다. 우리가 받은 재물, 은사, 능력 등 우리가 받은 모든 것이 바로 주님의 것이라는 것이다.

- 우리의 생명도 주님이 맡기신 것이다.
- 우리의 자녀도 주님이 맡기신 것이다.
- 우리의 재물도 주님이 맡기신 것이다.
- 우리의 건강도 주님이 맡기신 것이다.
- 우리의 형제도 주님이 맡기신 것이다.

이 모든 귀한 것들이 전부 주님의 것임을 잊지 말아야 한다. 주님이 오시는 그 순간까지 우리가 주님으로부터 받은 것을 잘 관리해야 할 책임이 있다.

셋째로 주인은 달란트를 맡겼다고 하였다. 마태복음은 달란트를 사용한다. 달란트는 무게가 약 34kg에 해당하며 돈으로는 6,000데나리온의 가치에 해당한다. 그 당시 노동자 하루 품삯이 1데나리온이었다는 사실을 감안하면 1달란트는 노동자가 약 20년 동안 벌어야 하는 거액이다. 만약 1년 품삯을 5,000만 원으로만 잡더라도 5달란트의 가치는 50억이 된다. 그리고 제일 적게 받은 1달란트의 가치는 10억이 된다. 이것은 보통 일이 아니다. 무언가 큰 교훈을 우리에게 주려는 주님의 의도가 있다.

여기서 수십억에 해당되는 돈을 맡긴다는 것은 무엇을 말하는가? 어떻게 이런 일이 있을 수 있는가? 물론 이것은 비유에 불과하지만 소위 우리가 일생을 살아가면서 보통 사람이 벌 수 있는 돈의 전부를 말하고 있다고 보면 된다. 즉, 이것은 바로 우리의 '삶'인 것이다. 하나님은 우리를 잘 알고 계셔서 인생에 있어서 감당할 수 있는 일만을 우리에게 맡겨 사명으로 주신다. 마치 주인이 종들 한 사람 한 사람의 성격과 성실과 충성심을 알고 있듯이 말이다. 여기서 말하고 있는 것은 단순한 돈을 맡기는 것이 아니라 돈보다 귀한 그 사람이 감당해야 할 사명을 말씀하시는 것이다. 삶 전체를 말하는 것이라고 볼 수 있다. 우리가 하나님으로부터 받은 우리의 생명, 사명, 재능, 자녀, 건강, 이 모든 것은 세상의 무엇과도 바꿀 수 없는 귀하고도 귀한 것이며, 우리가 돈으로 환산할 수 없을 만큼 값지고 귀한 것이다. 이 모든 것을 아무런 조건 없이 우리에게 맡기셨다는 것이다.

(4) 우리 인생에는 반드시 주님 앞에서 자신의 삶에 대하여 계산해야 할 때가 옴

멀리 떠났던 주인이 돌아왔다. 그러고는 그들과 셈을 하였다. 이것은 주님의 재림의 날, 모든 종들이 누구나 할 것 없이 주님 앞에서 자신의 살아온

날을 반드시 계산해야 한다는 것을 의미한다. 이것은 절대 불변의 진리이다.

¹⁹ 오랜 뒤에, 그 종들의 주인이 돌아와서, 그들과 셈을 하게 되었다.

이 말씀은 틀림없이 언제 돌아올지 모르는 그 주인이 갑자기 돌아오는 날이 있을 뿐만 아니라 그들이 어떤 삶을 살았는지를 하나하나 계산하여 그들의 행위대로 처분하는 날이 온다는 의미이다.

(5) 주인이 돌아올 때까지 자신에게 주어진 사명을 잘 감당하여 큰 열매를 맺음으로 상급을 받는 종

¹⁵ 그는 각 사람의 능력에 따라, 한 사람에게는 다섯 달란트를 주고, 또 한 사람에게는 두 달란트를 주고, 또 다른 한 사람에게는 한 달란트를 주고 떠났다.

¹⁶ 다섯 달란트를 받은 사람은 곧 가서, 그것으로 장사를 하여, 다섯 달란트를 더 벌었다.

¹⁷ 두 달란트를 받은 사람도 그와 같이 하여, 두 달란트를 더 벌었다.

²⁰ 다섯 달란트를 받은 사람은 다섯 달란트를 더 가지고 와서 말하기를 '주인님, 주인님께서 다섯 달란트를 내게 맡기셨는데, 보십시오, 다섯 달란트를 더 벌었습니다' 하였다.

²¹ 그의 주인이 그에게 말하였다. '착하고 신실한 종아, 잘했다! 네가 적은 일에 신실하였으니, 이제 내가 많은 일을 네게 맡기겠다. 와서, 주인과 함께 기쁨을 누려라.'

²² 두 달란트를 받은 사람도 다가와서 '주인님, 주인님께서 두 달란트를 내게 맡기셨는데, 보십시오, 두 달란트를 더 벌었습니다' 하였다.

²³ 그의 주인이 그에게 말하였다. '착하고, 신실한 종아, 잘했다! 네가 적은 일에 신실하

였으니, 이제 내가 많은 일을 네게 맡기겠다. 와서 주인과 함께 기쁨을 누려라.'

- 이들은 당장 가서 장사를 하였다고 하였다.
- 최선을 다해 장사를 하였다.
- 그리고 많은 이익을 남겼다.

- 주인은 착한 종이라고 말했다.
- 주인은 충성스런 종이라고 말했다.
- 작은 일에 충성했으니 큰일을 맡기겠다고 했다.
- 주인의 즐거움에 참여한다고 했다.

특히 다섯 달란트 받은 종은 돈을 받자마자 그것으로 장사하기 위해 업무에 착수하였다. 이는 그 종의 충실성을 잘 보여 준다. 그리고 두 달란트 받은 종 역시 똑같은 자세를 취하였다. 이 종들은 주인의 기대와 바람을 충족시킨 충성스러운 종이었다. 주님께서 우리에게 각각 은사와 재능을 주신 것도 우리가 노력하여 더 많은 열매를 맺기를 원하시기 때문이다.

이 모두는 종말에 있을 일을 말씀하신 것이다. 주님께서 이 말씀을 통해 가르치려는 것은 우리에게 주어진 삶을 최선을 다해 살아야 하고 주를 위하여 선한 열매를 맺어야 한다는 점이다. 그리고 주님께서는 착하고 충성스런 종에게 훗날 큰일을 맡기고 주인의 즐거움에 참여하는 큰 기쁨을 주겠다고 말씀하신 것이다. 그렇다면 이런 사람은 평소에 어떤 삶을 살겠는가?

- 평소의 삶이 늘 성실하고 주인의 마음에 합당한 사람
- 평소에 주어진 삶을 두려워하지 않고 당당하게 사는 사람
- 평소에 주인이 자기 같은 사람에게 사명 주심을 깊이 감사하는 사람

- 평소에 그 돈이 자신의 돈이 아님을 알면서도 최대의 이익을 남기려고 노력하는 사람
- 평소에 주인에게 그 공로를 돌리는 사람
- 평소에 꿀릴 것 없이 당당하게 주인 앞에 서는 깨끗한 사람

(6) 종말을 준비하지 않고 자기 멋대로 살다가 종말의 날에 온갖 변명으로 일관하는 자와 그 결과

한편 게으른 종, 악한 종의 행동을 보면 과히 걱정이 되지 않을 수가 없다. 그의 행동과 언행을 분석해 보자.

1) 그의 생각과 주인에 대한 태도
- 가서 땅을 파고, 자기 주인의 돈을 숨겼다.
- 주인님, 나는, 주인이 굳은 분이시라 생각합니다.
- 주인님은 심지 않은 데서 거두시는 분이라고 생각합니다.
- 주인님은 뿌리지 않은 데서 모으시는 줄로 알고 있습니다.
- 나는 주인님이 무섭습니다.
- 그래서 물러가서, 그 달란트를 땅에 숨겨 두었습니다.
- 보십시오, 여기에 그 돈이 있으니, 받으십시오' 하고 말하였다.

2) 악한 종에 대한 주인의 평가
- 너는 악한 종이다.
- 너는 게으른 종이다.
- 너는 나를 악한 사람으로 몰았다.(내가 심지 않은 데서 거두고, 뿌리지 않은 데서 모으는 줄 알았다.)
- 내 돈을 돈놀이하는 사람에게 맡겼어야 했다. 내 돈에 이자를 붙여 받았을 것이다.

3) 악한 종에게 내리는 벌

- 그에게서 그 한 달란트를 빼앗아서, 열 달란트 가진 사람에게 주어라.
- 가진 사람에게는 더 주어서 넘치게 하고, 없는 사람에게는 있는 것마저 빼앗을 것이다.
- 이 쓸모없는 종을 바깥 어두운 데로 내쫓아라. 거기서 슬피 울며 이를 가는 일이 있을 것이다.

4) 누가는 이렇게 평가한다

- 나는 이것을 수건에 싸서, 보관해 두었습니다.
- 주인님은 엄하신 분입니다.
- 주인님은 맡기지 않은 것을 찾아가시는 분입니다.
- 주인님은 심지 않은 것을 거두시는 분입니다.
- 나는 주인님이 무섭습니다.

5) 악한 종에게 내리는 심판

- 나는 네 입에서 나오는 말로 너를 심판하겠다.
- 너는, 나를 잘못 알고 있었다.(내가 엄한 사람이어서, 맡기지 않은 것을 찾아가고, 심지 않은 것을 거두어 가는 줄 알고 있었다는 말이냐?)
- 그러면 어찌하여 내 은화를 은행에 예금하지 않았느냐? 그랬더라면, 내가 돌아와서, 그 이자와 함께 그것을 찾았을 것이다.
- '이 사람에게서 한 므나를 빼앗아서, 열 므나를 가진 사람에게 주어라' 하고 말하였다.

이 사람의 가장 큰 문제는 그의 생각에 있었다. 생각은 감정을 낳고 감정은 행동을 가져온다. 그의 생각이 너무나 잘못되었던 것이다. 그는 주인에 대하여 도대체 어떤 생각을 가지고 있었던 것일까?

그렇다면 이 사람은 왜 이리도 주인을 나쁜 사람으로 몰았을까? 다른 종들은 주인을 절대로 이렇게 악하게 평가하지 않았다. 그런데 이 종만은 주인을 이렇게까지 악하게 평가하였다. 그 이유는 그가 평소에 주인의 사랑을 받지 못했기 때문이다. 그는 늘 게을렀기에 주인의 인정을 받지 못하자 자신의 문제는 보지 못하고 이것을 전부 주인의 탓으로 돌렸다.

마지막 날에 주님이 오셔서 계산을 하실 때 악한 종들의 행위가 정확하게 이와 같을 것이다. 전부 책임을 주님께 넘기고 자신에게는 문제가 없다고 주장할 것이다. 안타까운 일이 아닐 수 없다.

이 사람의 문제가 또 나타난다. 그것은 두려움이다. 그 돈을 투자하여 이윤을 남기지도 못하고 잃어버릴까봐 두려워서 땅 속에 묻어 두었던 것이다. 이 사람의 문제는 바로 두려움을 갖고 있었다는 것이었다. 자기가 받은 사명, 은사, 재능 등을 타인의 그것과 비교하고 상대적 빈곤감을 느껴서, 그것을 적극적으로 활용하기보다는 묻어 버리고 두려움 속에서 살았던 것이다.

- 평소의 삶이 엉망인 사람
- 주인을 악하게 생각하고 모든 것을 주인의 탓으로 돌리는 사람
- 주인을 원망하고 탓을 잘 하는 사람
- 주인에게 등을 돌려 버린 사람
- 항상 두려움에 갇혀 사는 사람
- 피해 의식에 사로 잡혀 있는 사람
- 마지막에는 변명으로 일관하는 사람

이 사람에 대한 주인의 심판은 준엄하였다. 이런 인생을 사는 사람의 심

판 역시 준엄하다. 본문을 통해 우리는 주님이 오실 때까지 과연 어떻게 살아야 하는지를 배우게 된다. 주님의 악한 종의 자세로 인생을 살게 되면 그 심판이 너무 크다는 사실을 알아야 한다.

그렇다. 이 본문은 단순히 '착한 종과 악한 종'의 의미보다 우리의 평소의 삶이 어떠한지를 더욱 강조하는 말씀임을 분명하게 깨닫게 된다. 따라서 본문은 '착한 종과 악한 종'보다는 '평소에 나의 삶에 최선을 다했는가?'라는 주제가 더 적합하고 볼 수 있다.

46. 마 26:6-13은 단순히 '향유 옥합을 깨트려'가 주제가 아니다

일반적 제목	향유 옥합을 깨트려…
통전적 제목	마리아의 순결로 포장된 가룟 유다의 엉큼한 마음

이 본문 역시 우리에게 너무 익숙한 말씀이다. 독자들은 '내게 있는 향유 옥합'이라는 찬송을 떠올릴 수 있다. 그러나 안타깝게도 우리는 이러한 고정 관념으로 말미암아 본문 말씀의 방향을 잘못 설정할 수 있다. 우리는 말씀을 묵상하기에 앞서 우리에게 익숙한 많은 생각들을 머릿속에서 깨끗하게 지워 낼 수 있는 능력이 있어야 한다. 본문은 통속적인 관념에서 '향유 옥합'만을 생각해서는 안 된다. 그 안을 들여다볼 수 있어야 한다. 본문을 통전적인 관점에서 살펴보면 '마리아의 순결로 포장된 가룟 유다의 엉큼한 마음'이 보이게 된다.

⁶ 그런데 예수께서 베다니에서 나병으로 고생하던 시몬의 집에 계실 때에,
⁷ 한 여자가 매우 값진 향유 한 옥합을 가지고 예수께 다가와서는, 예수께서 음식을 잡수시고 계시는데, 그 머리에 부었다.
⁸ 그런데 제자들이 이것을 보고 분개하여 말하기를 "왜 이렇게 허비하는가?
⁹ 이 향유를 비싼 값에 팔아서, 가난한 사람들에게 줄 수 있었겠다!" 하였다.
¹⁰ 그러나 예수께서는 이것을 아시고 이렇게 말씀하셨다. "왜 이 여자를 괴롭히느냐? 그는 내게 아름다운 일을 했다.
¹¹ 가난한 사람들은 늘 너희와 함께 있지만, 나는 늘 너희와 함께 있는 것이 아니다.
¹² 이 여자가 내 몸에 향유를 부은 것은, 내 장례를 치르려고 한 것이다.
¹³ 내가 진정으로 너희에게 말한다. 온 세상 어디서든지, 이 복음이 전파되는 곳마다, 이 여자가 한 일도 전해져서, 그를 기억하게 될 것이다."

막 14:3-9 중 일부

³ 예수께서 베다니에서 나병으로 고생하던 환자 시몬의 집에 머무실 때에, 음식을 잡수시고 계시는데, 한 여자가 매우 값진 순수한 나드 향유 한 옥합을 가지고 와서, 그 옥합을 깨뜨리고, 향유를 예수의 머리에 부었다. 나병을 포함한 각종 악성 피부병
⁴ 그런데 몇몇 사람이 화를 내면서 자기들끼리 말하기를 "어찌하여 향유를 이렇게 허비하는가?
⁵ 이 향유는 삼백 데나리온 이상에 팔아서, 그 돈을 가난한 사람들에게 줄 수 있었겠다!" 하였다. 그러고는 그 여자를 나무랐다.
⁶ 그러나 예수께서 말씀하셨다. "가만두어라. 왜 그를 괴롭히느냐? 그는 내게 아름다운 일을 했다.
⁷ 가난한 사람들은 늘 너희와 함께 있으니, 언제든지 너희가 하려고만 하면, 그들을 도울 수 있다. 그러나 나는 언제나 너희와 함께 있는 것이 아니다.

요 12:1-8 중 일부

¹ 유월절 엿새 전에 예수께서 베다니로 가셨다. 그 곳은 예수께서 죽은 사람들 가운데서 살리신 나사로가 사는 곳이다.
² 거기에서 예수를 위하여 잔치를 베풀었는데, 마르다는 시중을 들고 있었고, 나사로는 예수와 함께 음식을 먹고 있는 사람 가운데 끼어 있었다.
³ 그 때에 마리아가 매우 값진 순 나드 향유 한 근을 가져다가 예수의 발에 붓고, 자기 머리털로 그 발을 닦았다. 온 집 안에 향유 냄새가 가득 찼다.
⁴ 제자 가운데 하나로서, 장차 예수를 넘겨줄 가룟 사람 유다가 말하였다.
⁵ "이 향유를 삼백 데나리온에 팔아서 가난한 사람들에게 주지 않고, 왜 이렇게 낭비하는가?"
⁶ (그는 가난한 사람을 생각해서 이렇게 말한 것이 아니다. 그가 도둑이어서, 돈자루를 맡아 가지고 있으면서, 거기에 든 것을 훔쳐내곤 하였기 때문이다.

　　본문은 너무 유명한 말씀이다. 설교자는 '향유 옥합을 깨뜨려'라고 설교하지만 본문 전체의 구성을 보면 그렇지 않다. 이 여인의 순수한 헌신과는 달리 사람들은 전부 돈에 눈이 멀어 돈 생각만 하고 있을 뿐이다. 주님은

그들을 간접적으로 꾸짖으면서 천국 시민은 이와 같이 진정한 마음으로 먼저 예수님을 사랑하라고 말씀하고 있다. 그래서 본문의 진정한 제목은 '향유 옥합을 깨트려'가 아니라 '마리아의 순결로 포장된 가룟 유다의 엉큼한 마음'이 더 적합하다고 볼 수 있다.

(1) 진정으로 예수님을 사랑한다는 것이 무엇인지를 몸으로 보여 준 참 헌신의 사람, 마리아

먼저 여인이 예수님께 한 행동을 살펴보면 다음과 같다.

[6] 그런데 예수께서 베다니에서 나병으로 고생하던 시몬의 집에 계실 때에,
[7] 한 여자가 매우 값진 향유 한 옥합을 가지고 예수께 다가와서는, 예수께서 음식을 잡수시고 계시는데, 그 머리에 부었다.

· 자신의 오빠를 살려 주신 그 은혜에 감격하여 이와 같은 행동을 했다.
· 자신의 전 재산(향유 옥합 300데나리온)을 깨트려 주님의 머리에 부었다.
· 이것은 시집가는 것을 포기한 행동이었다.
· 그리고 자기의 머리털로 예수님의 발을 씻겼다.

마리아의 행동은 상상을 초월한 행동으로서 그가 어떤 사랑으로 예수님께 이 같은 행위를 한 것인지 알 수 있다. 나드 한 근은 그 당시 300데나리온으로서 노동자의 1년 품삯이었다. 노동자들의 하루 일당이 5만 원이라 했을 때, 향유는 약 1500~1700만 원에 해당하는 비싼 물건이었다.

이 향유는 나무에서 나온 수액으로 만들어진 기름이나 고약으로서 진한 향취를 내뿜는 방향제를 가리킨다. 마가는 이를 '나드'라고 하였는데, 이

는 인도나 히말라야 지역에서 자생하는 나무의 뿌리에서 얻는 감송 향유를 가리킨다. 이 향유는 향기를 보존하기 위해 옥합에 담겨져 유통되었다. 본문에서 옥합으로 번역된 '알다바스트론'은 석회질의 성질을 띤 부드러운 대리석으로 만들어진 병으로서 몸체는 크고 둥글며 목이 길고 주둥이는 좁다. 보통 향유를 담은 이 병은 인봉되어 있었으므로 그 향유를 사용할 때는 주둥이를 깨뜨려야 했다(막 14:3). 이러한 향유 옥합은 매우 비싸고 희소하여 귀인들에게나 드리는 선물용으로 사용되었다. 그렇다면 마리아는 왜 이렇게 귀한 것을 아낌없이 예수님의 발에 부었을까?

- 마리아는 구원의 감격으로 주님께 헌신하였다.
- 마리아는 자기에게 있어서 가장 중요한 것, 최선의 것, 가진 전부를 내놓음으로써 헌신하였다.
- 마리아는 자신의 세상적 즐거움과 삶을 포기하면서까지 예수님께 헌신하였다.
- 마리아는 마음과 뜻과 정성을 다하여 자기가 할 수 있는 가장 겸손한 마음으로 예수님께 헌신하였다.

예수님의 머리에 부어진 향유는 예수님의 몸을 타고 발까지 흘러 내렸다. 이러한 행위는 그 당시 귀한 손님에게 존경을 표하는 관례를 따라 예수님께 가장 큰 존경과 영광을 돌린 것이며 나사로의 누이이며 마르다의 자매인 마리아가 주님으로부터 과거에 받은 사랑에 보답하는 마음으로 이루어진 것으로 볼 수 있다(눅 10:38-42, 요 11:1-44).

(2) 이 순간에도 오직 돈만 생각하는 속물 인간들

1) 거룩하고 아름다운 사건에 대한 문제 제기
거룩하고 아름다운 사건에 대하여 사람들은 한결같이 노여움을 표시하면서 문제를 제기한다. 어떻게 이런 행위를 할 수 있느냐고….

마태: 그런데 제자들이 이것을 보고 분개하여 말하기를 "왜 이렇게 허비하는가?"
마가: 그런데 몇몇 사람이 화를 내면서 자기들끼리 말하기를 "어찌하여 향유를 이렇게 허비하는가?"
요한: 제자 가운데 하나로서, 장차 예수를 넘겨 줄 가룟 사람 유다가 말하였다.

마태: 제자들이 문제 제기
마가: 사람들이 문제 제기
요한: 가룟 유다가 문제 제기

사실 누가 문제를 제기했는지는 정확히 밝힐 수 없다. 본문에서는 제자들 전부가 그 여인이 예수님께 향유를 부은 사실에 분개하고 있다. 그러나 분명한 것은 그 장면을 본 모든 사람들은 이미 마음속으로 똑같은 문제를 제기했다는 것이다. 차라리 마태와 마가와 요한이 각각 다른 사람이 문제를 제기했다고 설명한 것은 오히려 잘한 일이다. 이것은 거기에 있던 모든 사람들이 다 문제를 제기했다는 것을 명확하게 밝혀 주는 것이기 때문이다. 사실 요한복음을 통해 이 문제를 보면 마리아가 예수님의 머리에 향유를 부은 것을 보고 가룟 유다를 중심으로 제자들 중 몇 사람이 동조하여 분개하였던 것으로 보인다.

2) 그들의 명분

그런데 그들은 참으로 명분 있는 말을 하는 듯 보인다. "어떻게 이럴 수 있냐고… 그것을 팔아 가난한 자들에게 주면 더 좋을 텐데, 이것을 이렇게 허비하다니…" 하고 일제히 여인을 비난하고 책망하였다.

> 마태: "이 향유를 비싼 값에 팔아서, 가난한 사람들에게 줄 수 있었겠다!" 하였다.
>
> 마가: 이 향유는 삼백 데나리온 이상에 팔아서, 그 돈을 가난한 사람들에게 줄 수 있었겠다!" 하였다. 그러고는 그 여자를 나무랐다.
>
> 요한: "이 향유를 삼백 데나리온에 팔아서 가난한 사람들에게 주지 않고, 왜 이렇게 낭비하는가?"(그는 가난한 사람을 생각해서 이렇게 말한 것이 아니다. 그가 도둑이어서, 돈 자루를 맡아 가지고 있으면서, 거기에 든 것을 훔쳐 내곤 하였기 때문이다.)

그들의 문제 제기는 정의롭고, 그들의 명분은 참으로 아름다운 것 같았다. 그런데 그 내면을 들여다보면 모두 그 큰돈에 마음이 가 있었다. 한 사람도 빠짐없이 똑같은 생각을 하고 있었다. 그들은 그릇된 명분으로 포장되어 있었다. 그들의 마음은 완전히 순결한 마리아의 탈을 쓴 도둑들, 가룟 유다였던 것이다. 그들은 이 순간만은 마리아보다 더 순결하고, 마리아보다 더 착하고, 마리아보다 더 헌신된 사람처럼 보인다. 그러나 그들은 모두 탈을 쓰고 있었던 것이다. 거룩함의 탈을….

· 겉으로는 완전히 거룩함과 자비로움과 헌신으로 포장되어 있었다.
· 그러나 내면으로는 완전히 돈의 노예, 가룟 유다의 도둑 심보로 가득 차 있었다.

이 순간만큼 그들은 마라아보다 더 순결하고, 마리아보다 더 헌신적이었다. 그러나 그것은 가면이었다.

(3) 마리아의 순결한 가면을 쓴 무리에 대한 예수님의 간접적인 책망

예수님께서는 즉시 이들의 마음을 아셨다. 그리고 이 여인의 행동을 칭찬하시면서 그들의 가식을 간접적으로 책망하셨다.

- 이 여인을 어찌하여 괴롭히느냐(원문).
  - 너희는 천국 백성이라 하면서 이 순수한 사람에게 상처를 주는구나.
- 그가 네게 좋은 일(옳은 일)을 하였느니라.
  - 너희들의 생각이 악하다.
- 가난한 이들은 항상 너희와 함께 있어 도울 수 있다
  - 너희들은 가난한 자를 돕는다고 말은 잘하는구나.
- 내 장례를 위한 것
  - 이 여인은 진심으로 내 말만 믿고 장례 준비를 하였다.
  - 너희들은 높은 자리만 꾀하는 자들이 아니냐?

예수님은 바로 이 여인의 참된 헌신의 모습을 통하여 제자들을 간접적으로 책망하셨다. 어떻게 보면 이 말씀은 향유옥합을 깨트린 여인에게 초점이 맞추어져야 할 것이 아니라 바로 이처럼 아름다운 예수님에 대한 사랑을 돈으로만 계산하는, 탈을 쓴 우리의 잘못된 신앙에 초점이 맞추어져야 한다. 우리의 신앙이 이렇게도 변질될 수 있다는 말이다. 돈 앞에서, 명예 앞에서….

(4) 순수하고 진정한 마음으로 예수님을 사랑한 마라아에 대한 칭찬과 보상

예수님은 이 여인의 행동에 대하여 칭찬하시면서 그가 얼마나 아름다운 보상을 받을 것인가를 말씀해 주신다. 진정으로 예수님을 사랑하고 헌신한 여인에게 상이 주어지는 것은 당연한 것이 아니겠는가?

> [13] 내가 진정으로 너희에게 말한다. 온 세상 어디서든지, 이 복음이 전파되는 곳마다,
> 이 여자가 한 일도 전해져서, 그를 기억하게 될 것이다.

- · 진정으로 말한다.
- · 온 세상 어디서든지,
- · 이 복음이 전파되는 곳마다,
- · 이 여자가 한 일도 전해져서,
- · 그를 기억하게 될 것이다.

이 얼마나 놀라운 축복의 말씀인가? 그리고 실제로 복음이 전파되는 곳마다 이 여인의 진정한 사랑의 행위가 전해지고 있다.

본문을 통해 우리가 진정으로 돌아보아야 할 것은, 바로 우리가 마리아보다 더 순결하고, 마리아보다 더 아름답고, 마리아보다 더 헌신된 사람처럼 가장하며 산다는 것이다. 그리고 우리의 마음속에는 온통 멋지게 가장된 명분으로 돈을 사랑하는 것이 우리의 모습이다. 이를 경계하며 살아야 한다. 마리아의 순결로 포장된 유다의 마음을⋯. 다시 말해서 마리아의 순결로 포장된 우리의 마음을⋯.

47. 마 25:1-13은 단순히 '열 처녀 비유'가 그 주제가 아니다

일반적 제목	열 처녀 비유
통전적 제목	오늘의 삶이 곧 당신의 종말의 삶입니다

설교자들은 본문을 설교할 때 그동안 익숙하게 알고 있던 '열 처녀 비유'라는 제목을 정하고 싶은 유혹을 느끼게 된다. 그러나 이런 제목은 결코 본문이 의도하는 그 깊은 의미를 독자들에게 전달해 줄 수 없다. 오늘의 종합적이고 통전적이며 중심적 사상은 '오늘의 삶이 곧 당신의 종말의 삶입니다'라는 교훈을 함축하고 있다.

¹ "그런데, 하늘 나라는 이런 일에 비길 수 있을 것이다. 처녀 열 사람이 등불을 마련하여, 신랑을 맞으러 나갔다.
² 그 가운데 다섯은 어리석고, 다섯은 슬기로웠다.
³ 어리석은 처녀들은 등불은 마련하였으나, 기름은 여분으로 마련하지 않았다.
⁴ 그러나 슬기로운 처녀들은 등불과 함께 통에 기름도 마련하였다.
⁵ 신랑이 늦어지니, 처녀들은 모두 졸다가 잠이 들었다.
⁶ 그런데 한밤중에 외치는 소리가 났다. '신랑이 온다. 나와서 맞이하여라.'
⁷ 그 때에 그 처녀들이 모두 일어나서, 제 등불을 손질하였다.
⁸ 미련한 처녀들이 슬기로운 처녀들에게 말하기를 '우리 등불이 꺼져 가니, 너희의 기름을 좀 나누어 다오' 하였다.
⁹ 그러나 슬기로운 처녀들이 대답하기를 '그렇게 하면, 우리에게나 너희에게나 다 모자랄 터이니, 안 된다. 차라리 기름 장수들에게 가서, 사서 써라' 하였다.
¹⁰ 미련한 처녀들이 기름을 사러 간 사이에 신랑이 왔다. 준비하고 있던 처녀들은 신랑과 함께 혼인 잔치에 들어가고, 문은 닫혔다.
¹¹ 그 뒤에 나머지 처녀들이 와서 '주님, 주님, 문을 열어 주십시오' 하고 애원하였다.
¹² 그러나 그는 대답하여 말하기를 '내가 진정으로 말한다. 나는 너희를 알지 못한다' 하였다.
¹³ 그러므로 깨어 있어라. 너희는 그 날과 그 시각을 알지 못하기 때문이다."

(1) 오늘 본문은 결코 혼인 잔치가 아니다. 신랑이 신부를 데리러 오는 장면일 뿐이다.

오늘 본문을 혼인 잔치로 이해하는 사람이 많은데, 그렇지 않다. 여기서 혼인은 바로 신랑의 아버지가 신랑에게 신부를 데려오라고 하는 그 행위를 말한다.

자신을 데리러 온다는 신랑의 전갈을 받은 신부는 그의 친구 열 명과 함께 마중 나왔다. 그렇다면 본문에서는 왜 밤이라는 배경이 등장한 것일까? 이스라엘은 날씨가 더워 이런 일을 밤에 시행한다. 그러므로 등불이 등장하고 밤이 등장한 것이다. 그리고 동네와 동네가 가깝지 않기 때문에 때로는 몇 시간씩 걸어서 여행을 해야 한다.

> [1] "그런데, 하늘 나라는 이런 일에 비길 수 있을 것이다. 처녀 열 사람이 등불을 마련하여, 신랑을 맞으러 나갔다.
> [2] 그 가운데 다섯은 어리석고, 다섯은 슬기로웠다.

당시 유대의 관습에 따르면, 신랑의 아버지가 신부를 데려오기 위하여 신랑을 신부 집에 보내는데 그 시간은 오직 신랑의 아버지만 알게 되어 있다. 신랑의 아버지는 신부를 데려오기 위하여 아들을 신부 집에 보내게 된다. 이때 신부의 들러리들은 신부의 집 문 밖에 나가서 등을 들고 있다가 신랑이 친구들과 함께 신부의 집에 도착하면 그들을 맞이하였다. 그런데 신랑이 신부를 데리러 신부 집에 가는 시간은 정확하게 정해지지 않았다. 거리가 멀기 때문에 신랑이 언제 신부를 데리러 올지 몰랐다. 그래서 그들은 신랑을 무작정 기다려야 했고, 이러한 이유로 신부의 들러리들은 신랑이 늦어질 것을 대비해서 등이 꺼지지 않도록 충분한 기름을 준비해야 했다. 당시 신부의 들러리는 신부의 친구들이 맡았으며, 들러리들이 드는 등불은 모두 열 개였다고 한다. 유대인들은 '10'을 이상적인 숫자, 완전한 숫자로 이해하고 있었다. 그래서 회장에서의 공식 집회도 열 명이 참석하지 않으면 열리지 않았다고 한다. 본문에서도 그러한 풍습에 따라 들러리 처녀들이 열 명으로 소개되고 있다.

(2) 슬기로운 처녀들이나 어리석은 처녀들이 처한 동일한 현상

먼저 이 사건에서는 어리석은 처녀와 슬기로운 처녀를 비교하고 있다. 그들에게 나타난 동일한 사건들은 다음과 같다.

⁵ 신랑이 늦어지니, 처녀들은 모두 졸다가 잠이 들었다.
⁶ 그런데 한밤중에 외치는 소리가 났다. '신랑이 온다. 나와서 맞이하여라.'
⁷ 그 때에 그 처녀들이 모두 일어나서, 제 등불을 손질하였다.

· 어리석은 처녀와 슬기로운 처녀 모두 함께 신랑을 맞으러 나갔다.
· 제일 먼저 처녀들이 등불부터 손질했다.
· 신랑이 늦어졌다.
· 모두 졸고 있었다.
· 한밤중에 신랑이 도착했다.

(3) 어리석은 처녀들의 행동과 그 결과

¹⁰ 미련한 처녀들이 기름을 사러 간 사이에 신랑이 왔다. 준비하고 있던 처녀들은 신랑과 함께 혼인 잔치에 들어가고, 문은 닫혔다.
¹¹ 그 뒤에 나머지 처녀들이 와서 '주님, 주님, 문을 열어 주십시오' 하고 애원하였다.
¹² 그러나 그는 대답하여 말하기를 '내가 진정으로 말한다. 나는 너희를 알지 못한다' 하였다.

· 어리석은 처녀들은 등불만 준비하였지 여분으로 기름을 준비하지 않았다.
· 그렇다면 왜 이들은 여분으로 기름을 준비하지 않았을까? 신랑이 빨리 올 것이라고

미리 짐작하고 그들이 가진 기름만으로 충분하다고 생각하여 기름을 준비하지 않았다.
- 그러나 그들의 예상은 완전히 빗나가 버리고 말았다. 신랑이 너무 늦게 와서 기름이 거의 타 버렸다.
- 막상 신랑이 도착하자 기름이 없음을 알고 허둥지둥 기름을 나누어 달라고 했다.
- 슬기로운 처녀들이 자신들도 쓸 기름이 모자란다고 말하자 그들은 그제야 기름 장수에게 달려갔다.
- 그들이 기름을 준비해서 달려오자 이미 잔치의 문은 닫혀 버리고 말았다.
- 그들은 문을 열어 달라고 애원했으나 주인은 '나는 너를 모른다'고 단호히 거절해 버렸다.

어리석은 처녀들의 결정적인 문제는, 그들 스스로가 이것으로 충분하다고 생각한 것과 그로 인하여 충분히 준비하지 못한 것이었다. 여기서 지적하는 어리석음은 바로 준비하지 않았다는 것이다. 그리고 한글 개역 성경은 부탁조의 말로 번역했으나 영어 성경들의 표현은 부탁조가 아닌 명령조의 말이다. 반강제적으로 나누어 달라고 했던 것이다.

그러나 주님께서 재림하는 날에는 풍성하게 준비한 다른 사람들에게 나에게 준비되어 있지 않은 것들을 나누어 달라고 해도 아무 소용없다. 그것은 순간적인 상황에서 나누어 줄 수 있는 성질의 것도 아니다. 그때에는 준비하지 못한 자의 어리석음과 부끄러움이 드러날 뿐이다. 뿐만 아니라 그들이 뒤늦게 기름을 샀다 하다라도 신랑은 이미 예비하였던 처녀들과 함께 혼인잔치에 들어가 버린 후이기 때문에 그들이 애써 준비한 기름은 더 이상 쓸모가 없다.

고대 근동의 일반적인 관습은 혼인잔치 때 신랑이 신부를 데리고 혼인잔칫집에 들어가게 되면 그 집의 문을 완전히 닫아 버렸다. 그것은 외부로

부터 초청받지 않은 사람이나 불량한 사람, 그리고 혼인잔치가 밤에 진행된 까닭에 도적이나 강도가 들어오지 못하도록 하기 위해서였다. 주님의 구원의 문은 그것을 열어 놓으면 닫을 사람이 없고, 닫으면 다시 열 사람이 없을 정도로 견고하다(계 3:7).

(4) 왜 슬기로운 처녀들과 어리석은 처녀들은 각각 이와 같이 행동했을까? – 이것은 철저히 그들의 평소의 생활 습관을 반영한다.

우리는 오늘의 본문을 대하면서 반드시 던져야 할 질문이 있다. 그것은 '왜 슬기로운 처녀들과 어리석은 처녀들은 각각 이와 같이 행동했을까?'라는 것이다. 이 질문을 던지지 못하면 우리는 이 말씀이 의미하는 교훈을 전혀 깨닫지 못할 수도 있다. 그들이 이러한 행동을 하게 된 원인은 바로 그들의 평소 습관 때문이었다. 사람의 행동이 갑자기 행동으로 돌출되는 것이 아니라 그것은 바로 그들의 삶의 습관과 생각에서 도래한다는 차원에서 볼 때 우리는 그들이 왜 각자 그러한 행동을 하였는지에 대하여 이해할 수 있다. 결국 어리석은 다섯 처녀들은 슬기로운 처녀들에 비하여 항상 신중하지 못하고 선견지명이 없는 모습으로 살아왔기 때문에 신랑을 맞이하는 날에도 평소처럼 자신이 지니고 있던 그러한 성향을 자연스럽게 드러낸 것이다. 그렇기 때문에 우리는 그들의 평소 삶이 어떠했는지를 상상해 볼 필요가 있다.

(5) 슬기로운 처녀들의 행동과 그 결과

· 그들은 기름을 충분히 준비하였고 여분으로 기름통까지 준비하였다.
 – 그들은 평소에 충분히 준비하는 습관을 가진 사람들이다.
· 신랑이 오더라도 전혀 당황할 필요 없이 즐거운 마음으로 신랑을 맞이했다.

- 그들은 평소에 충분한 시간적 여유를 가지고 준비하는 사람들이다.
· 그들은 준비된 기름으로 잔치를 즐겁게 맞이할 수 있었다.
  - 그들은 평소에 이렇게 준비함으로 모든 일에 당황하지 않고 중요한 일에 실수하지 않는 사람들이다.
· 이리하여 그들은 당당히 신랑을 맞아 잔치에 참석할 수 있었다.
  - 그들은 평소에 이런 방식으로 준비함으로써 아주 중요한 일에 쓰임 받는 사람들이다.

(6) 이 비유를 통하여 주님이 주시고자 하는 교훈

주님은 이 사건을 통해 종말이 빨리 임할 것을 말씀하신다. 그리고 그 종말이 언제 임할지는 알 수 없기 때문에 주의 백성들은 항상 영적으로 긴장하여 그것을 대비해야 한다고 말씀하신다.

[13] 그러므로 깨어 있어라. 너희는 그 날과 그 시각을 알지 못하기 때문이다.

여기서 주님은 '깨어 있어라'고 하셨다. 이는 '잠들지 말고 눈을 뜨고 지내라'는 의미가 아니라 '태만과 게으름으로 인하여 어떤 파괴적인 재난이 갑자기 일어나지 않도록 주의하라'는 의미이다. 또한 이는 재림 직전에만 깨어 있으라는 의미가 아니라 우리가 살아가는 동안 항상 영적으로 깨어 있어서 주의 재림을 대비해야 함을 강조한다. 다시 말해서 여기서 주님께서 깨어 있으라고 하신 말씀은 항상 준비하고 있으라는 말이다. 사람이 잠을 자지 않을 수는 없다. 잠을 자더라도 준비하고 영적으로 깨어 있으면 신랑이 언제 오더라도 충분히 대처할 수 있다는 말씀을 해 주고 있는 것이다.

그렇다. 이렇게 본문을 '깨어 있어라'라고 설정한다면 본문을 설교하는

데 있어서 한계를 느끼지 않을 수밖에 없다. 그러나 만약 본문의 제목을 '오늘의 삶이 곧 당신의 종말의 삶입니다'라고 설정한다면 본문 전체의 내용을 보다 충실하게, 그리고 깊이 담아 낼 수 있다.

48. 마 25:31-46은 '양과 염소를 가르듯…'이 그 주제가 아니다

일반적 제목	양과 염소를 가르듯…
통전적 제목	이런 황당한 심판이 나를 기다리고 있었을 줄이야…

이 본문 역시 너무나 익히 알고 있는 본문으로서 전통적인 관점에서 묵상할 가능성이 높다. 그리고 '양과 염소'에 대하여 너무 많이 들었기 때문에 나도 모르는 사이에 이런 형식으로 설교를 끌고 갈 가능성이 농후하다. 그러나 본문을 자세히 관찰하고 묵상하면 결코 '양과 염소'에만 마음을 빼앗겨서는 안 된다는 사실을 금방 알게 된다. 오히려 본문 전체를 아우르는 제목은 '이런 황당한 심판이 나를 기다리고 있었을 줄이야…'로 설정하면 보다 통전적으로 본문을 설교할 수 있다.

[31] "인자가 모든 천사와 더불어 영광에 둘러싸여서 올 때에, 그는 자기의 영광스러운 보좌에 앉을 것이다.
[32] 그는 모든 민족을 자기 앞으로 불러 모아 목자가 양과 염소를 가르듯이 그들을 갈라서,
[33] 양은 그의 오른쪽에, 염소는 그의 왼쪽에 세울 것이다.
[34] 그 때에 임금은 자기 오른쪽에 있는 사람들에게 말하기를 '내 아버지께 복을 받은 사람들아, 와서, 창세 때로부터 너희를 위하여 준비한 이 나라를 차지하여라.
[35] 너희는, 내가 주렸을 때에 내게 먹을 것을 주었고, 목말랐을 때에 마실 것을 주었고, 나그네 되었을 때에 영접하였고,
[36] 헐벗었을 때에 입을 것을 주었고, 병들었을 때에 돌보아 주었고, 감옥에 갇혔을 때에 찾아주었다' 할 것이다.
[37] 그 때에 의인들이 그에게 대답하여 말하기를 '주님, 우리가 언제, 주께서 주리신 것을 보고 잡수실 것을 드리고, 목마르신 것을 보고 마실 것을 드리고,
[38] 나그네 되신 것을 보고 영접하고, 헐벗으신 것을 보고 입을 것을 드리고,
[39] 언제, 병드시거나 감옥에 갇히신 것을 보고

찾아갔습니까?' 할 것이다.

40 그 때에 임금이 그들에게 말할 것이다. '내가 진정으로 너희에게 말한다. 너희가 여기 내 형제자매 가운데, 지극히 보잘 것 없는 사람 하나에게 한 것이 곧 내게 한 것이다.'

41 그 때에 그는 또 왼쪽에 있는 사람들에게도 말할 것이다. '저주받은 자들아, 내게서 떠나서, 악마와 그 부하들을 가두려고 준비한 영원한 불 속으로 들어가거라.

42 너희는, 내가 주렸을 때에 내게 먹을 것을 주지 않았고, 목말랐을 때에 마실 것을 주지 않았고,

43 나그네 되었을 때에 영접하지 않았고, 헐벗었을 때에 입을 것을 주지 않았고, 병들었을 때나 감옥에 갇혔을 때에 찾아 주지 않았다.'

44 그 때에 그들도 대답하여 말할 것이다. '주님, 우리가 언제, 주께서 굶주리신 것이나, 목마르신 것이나, 나그네 되신 것이나, 헐벗으신 것이나, 병드신 것이나, 감옥에 갇히신 것을 보고도 돌보아 드리지 않았다는 것입니까?'

45 그 때에 임금은 대답하기를 '내가 진정으로 너희에게 말한다. 여기 이 사람들 가운데서 지극히 보잘 것 없는 사람 하나에게 하지 않은 것이 곧 내게 하지 않은 것이다' 하고 말할 것이다.

46 그리하여, 그들은 영원한 형벌로 들어가고, 의인들은 영원한 삶으로 들어갈 것이다."

(1) 영광 가운데 임하시는 주님의 재림

주님은 무화과나무의 비유, 신실한 종의 비유, 달란트 비유, 열 처녀 비유 등을 통하여 언젠가는 갑자기 하나님께서 임할 것임을 말씀하시면서 '깨어 있으라'고 하셨다. 주님께서는 반드시 재림할 것을 이렇게 여러 가지 비유를 통하여 말씀하셨다.

오늘의 말씀은 이제 그 결론적인 말씀으로서 그가 어떤 모습으로 오시게 될 것인가에 대한 것이다.

31 "인자가 모든 천사와 더불어 영광에 둘러싸여서 올 때에, 그는 자기의 영광스러운 보좌에 앉을 것이다.

· 주님은 모든 천사와 더불어 오신다.

· 영광에 둘러싸여 오신다.

· 그리고 자기의 영광스러운 보좌에 앉으실 것이다.

(2) 양과 염소의 구분처럼 인간들도 오른쪽과 왼쪽으로 구분

여기서 주님은 목자가 양과 염소를 구분하듯 모든 민족을 자기 앞에 불러 모아 양과 염소를 구분해 낼 것이라고 하셨다. 양은 오른쪽에, 염소는 왼쪽에 구분하여 놓고, 분명하게 그들이 세상에서 어떠한 삶을 살았는지에 대하여 계산하고 그들을 심판하실 것이라고 했다.

³² 그는 모든 민족을 자기 앞으로 불러 모아 목자가 양과 염소를 가르듯이 그들을 갈라서,

³³ 양은 그의 오른쪽에, 염소는 그의 왼쪽에 세울 것이다.

· 모든 민족이 주의 보좌 앞에 집결할 것이다.
· 목자가 양과 염소를 가르듯 가를 것이다.
· 양은 그의 오른 쪽에 세울 것이다.
· 염소는 그의 왼쪽에 세울 것이다.

(3) 주님 앞에서 영광스럽게 상 받는 사람들

1) 그들이 받을 영광스러운 복
주님은 이들이 복 받을 사람이라고 말씀하시고, 엄청난 복을 선포하신다.

³⁴ 그 때에 임금은 자기 오른쪽에 있는 사람들에게 말하기를 '내 아버지께 복을 받은 사람들아, 와서, 창세 때로부터 너희를 위하여 준비한 이 나라를 차지하여라.

· 아버지께 복 받을 사람들이라고 칭함 받았다.

- 창세 때로부터 너희를 위하여 준비한 이 나라를 차지하리라고 하셨다.

2) 그들이 세상 사람들에게 행한 행실

그렇다면 이 사람들은 세상에서 어떻게 살았는가? 그들의 삶이 어떠하였기에 이렇게도 영광스러운 상을 받게 된 것일까? 그들은 주님께 아래와 같이 행동했다. 마땅히 영광 받기에 합당한 사람들이다.

- '내가 주렸을 때에 내게 먹을 것을 주었고,
- 목말랐을 때에 마실 것을 주었고,
- 나그네 되었을 때에 영접하였고,
- 헐벗었을 때에 입을 것을 주었고,
- 병들었을 때에 돌보아 주었고,
- 감옥에 갇혔을 때에 찾아 주었다' 할 것이다.

그런데 중요한 것은 그들이 언제 주님께 이러한 일을 했는지를 전혀 기억하지 못했다는 사실이다. 그들은 묻는다.

- '주님, 우리가 언제, 주께서 주리신 것을 보고 잡수실 것을 드리고,
- 언제 목마르신 것을 보고 마실 것을 드리고,
- 언제 나그네 되신 것을 보고 영접하고,
- 언제 헐벗으신 것을 보고 입을 것을 드리고,
- 언제, 병드시거나 감옥에 갇히신 것을 보고 찾아갔습니까?'

그랬다. 그들은 전혀 몰랐다. 그들이 언제 주님께 이와 같이 행동하였는지를… 얼마나 놀랐을까? 주님이 그들에게 이렇게 말씀하시나… 그들은 이

땅을 살면서 한 번도 주님을 친히 뵌 적이 없었다.

(4) 연약한 자들을 대접한 것이 주님을 대접한 것

주님은 분명히 말씀하신다. 네 형제 가운데 지극히 보잘것없는 사람 하나에게 한 것이 곧 내게 한 것이라고….

> ⁴⁰ 그 때에 임금이 그들에게 말할 것이다. '내가 진정으로 너희에게 말한다. 너희가 여기 내 형제자매 가운데, 지극히 보잘 것 없는 사람 하나에게 한 것이 곧 내게 한 것이다.'

그렇다면 이 사람들은 지극히 작은 자를 당연히 보살펴야 한다고 생각하고, 그들을 보살폈다는 말이다. 그들은 이들이 주님인 줄 알지 못했다. 단지 예수님의 사랑으로 보살핌을 받아야 한다고 생각하고 이들을 보살폈다. 천국 시민으로서 당연히 해야 할 일을 했을 뿐인데 그들은 이렇게 상을 받게 되었다. 지극히 작은 자에게 한 것이 곧 주님께 한 것이다. 결국 주님은 지극히 작은 자와 자신을 동일시하신다. 그렇다면 이런 결론이 나온다. '우리들 중에 거하는 지극히 작은 자들이 바로 주님이시다.'

(5) 주님 앞에서 영벌을 받는 사람들

1) 그들이 받을 벌

> ⁴¹ 그 때에 그는 또 왼쪽에 있는 사람들에게도 말할 것이다. '저주받은 자들아, 내게서 떠나서, 악마와 그 부하들을 가두려고 준비한 영원한 불 속으로 들어가거라.

· 그들은 주님으로부터 저주받은 자들이라고 칭함을 받았다.

· 악마와 그 부하들을 가두려고 준비한 영원한 불속으로 들어가라.

2) 그들이 세상 사람들에게 하지 아니한 행실

· 내가 주렸을 때에 내게 먹을 것을 주지 않았고,

· 목말랐을 때에 마실 것을 주지 않았고,

· 나그네 되었을 때에 영접하지 않았고,

· 헐벗었을 때에 입을 것을 주지 않았고,

· 병들었을 때나 감옥에 갇혔을 때에 찾아 주지 않았다.

그들은 항변한다. 우리가 언제 그렇게 하지 않았느냐고….

[44] 그 때에 그들도 대답하여 말할 것이다. '주님, 우리가 언제, 주께서 굶주리신 것이나, 목마르신 것이나, 나그네 되신 것이나, 헐벗으신 것이나, 병드신 것이나, 감옥에 갇히신 것을 보고도 돌보아 드리지 않았다는 것입니까?'

그들은 이 세상에 살면서 자신만을 위하여 산 사람들이다. 주위의 어려운 사람들에게는 전혀 관심도 없고, 오직 자신의 배를 불리기 위하여 살았으며, 오직 자신의 영광만을 위하여 살았다. 이처럼 어려운 이웃에 대해서는 전혀 관심을 갖지 않고 산 사람들이어서 이 마지막 심판 때에 이러한 심판 앞에 항변하는 것이다. 우리가 언제 그러지 않았느냐고….

3) 우리 중 연약한 자들을 대접하지 아니한 것이 주님을 대접하지 아니한 것

45 그 때에 임금은 대답하기를 '내가 진정으로 너희에게 말한다. 여기 이 사람들 가운
데서 지극히 보잘 것 없는 사람 하나에게 하지 않은 것이 곧 내게 하지 않은 것이다'
하고 말할 것이다.

그들은 오른쪽에 있는 사람들처럼 이 세상을 사는 동안 주님께서 연약
한 자들과 함께하심을 알지 못했다. 만약 그들이 이 사실을 알기만 했더라
도 절대 그들은 연약한 자들을 함부로 하지 않았을 것이고, 그들을 주님처
럼 섬겼을 것이다. 그런데 이런 일은 전혀 알지 못하다가 마지막 심판 때에
알게 됐으니 얼마나 당황스러웠을까? 그러나 이미 때는 늦었다. 주님은 또
한 번 말씀하신다. 지극히 작은 자 가운데서 보잘것없는 사람에게 하지 아
니한 것이 곧 내게 하지 아니한 것이라고….

(6) 결론

결론적으로 보면, 이 세상의 지극히 작은 자 하나에게 한 것이 주님께
한 것이고, 지극히 작은 자에게 하지 아니한 것이 주님께 하지 않은 것이다.
그리고 그 결과 영생과 영벌로 나뉜다. 결국 내 주위의 사람들이 바로 주님
이다. 그리고 우리 주위에 계시는 주님을 어떻게 대했는지에 따라 받을 상은
달라진다.

46 그리하여, 그들은 영원한 형벌로 들어가고, 의인들은 영원한 삶으로 들어갈 것이다."

이 심판은 우리가 일상적으로 생각하던 심판과는 너무 달라 우리를 당

황스럽게 한다. 그러나 주님은 반드시 이런 심판, 즉 황당한 심판이 분명히 너희에게 임할 것이라는 것을 분명하게 선포하고 계신다. 따라서 오늘의 본문은 '양과 염소를 가르듯…'보다는 '이런 황당한 심판이 기다리고 있었을 줄이야…'라고 설정하는 것이 훨씬 본문 전체를 아우르는 설교가 된다.

49. 마 26:69-75은 단순히 '예수님을 세 번 부인한 베드로'가 주제가 아니다

일반적 제목	예수님을 세 번 부인한 베드로
통전적 제목	우리에게 과연 애절함의 회개가 있는가?

본문을 대할 때 주로 베드로가 예수님을 세 번 부인했다는 사실에만 초점을 맞추어 '예수님을 세 번 부인한 베드로'라는 제목으로 설교할 때가 종종 있다. 아니 종종이 아니라 거의 그렇다고 볼 수 있다. 그러나 본문은 단순히 베드로가 세 번 부인했다는 그 자체를 말씀의 중심으로 보지는 않는다. 결국 필자, 즉 마태는 이 본문을 통하여 우리 자신을 투영하고 있다. 이런 상황에서 어떻게 베드로만 예수님을 부인한다고 말할 수 있는가? 본문은 베드로의 부인보다도 베드로가 부인한 후 얼마나 통렬하게 회개하고 있는지에 대하여 더 깊은 관심을 갖고 있다. 그러므로 우리가 베드로의 부인에 대해서만 말씀의 초점을 맞춘다면 그것은 바람직하지 않다. 오히려 이 말씀을 통해 베드로의 회개까지 깊숙이 묵상함으로써 이 말씀이 원래 의도하고 있는 것을 깊이 발견할 수 있어야 한다. 따라서 이 본문 말씀의 제목이 '예수님을 세 번 부인한 베드로'보다는 '우리에게도 과연 애절함의 회개가 있는가?'라고 질문하며 제목을 정할 때 더 깊은 감동으로 성도들을 인도할 수 있다.

⁶⁹ 베드로가 뜰 안 바깥쪽에 앉아 있었는데, 한 하녀가 그에게 다가와서 말하기를 "당신도 저 갈릴리 사람 예수와 함께 다닌 사람이지요?" 하였다.

⁷⁰ 베드로는 여러 사람 앞에서 부인하여 말하기를 "나는 네가 무슨 말을 하는지 모르겠다" 하였다.

⁷¹ 그런데 베드로가 대문 있는 데로 나갔을 때에, 다른 하녀가 그를 보고, 거기에 있는 사람들에게 "이 사람은 나사렛 예수와 함께 다니던 사람입니다" 하였다.

⁷² 그러자 베드로는 맹세하고 "나는 그 사람을 알지 못하오" 하고 다시 부인하였다.

⁷³ 조금 뒤에 거기에 서 있는 사람들이 다가와서 베드로에게 말하였다. "당신은 틀림없이 그들과 한패요. 당신의 말씨를 보니 확실하오."

⁷⁴ 그 때에 베드로는 저주하고 맹세하면서 "나는 그 사람을 알지 못하오" 하고 말하였다. 그러자 곧 닭이 울었다.

⁷⁵ 베드로는 "닭이 울기 전에, 네가 나를 세 번 모른다고 할 것이다" 하신 예수의 말씀이 생각나서, 바깥으로 나가서 몹시 울었다.

막 14:66–72

⁶⁶ 베드로가 안뜰 아래쪽에 있는데, 대제사장의 하녀 가운데 하나가 와서,

⁶⁷ 베드로가 불을 쬐고 있는 것을 보고, 그를 빤히 노려보고서 말하였다. "당신도 저 나사렛 사람 예수와 함께 다닌 사람이지요?"

⁶⁸ 그러나 베드로는 부인하여 말하기를 "네가 무슨 말을 하는지, 나는 알지도 못하고, 깨닫지도 못하겠다" 하였다.

⁷⁰ 그러나 그는 다시 부인하였다. 조금 뒤에 곁에 서 있는 사람들이 다시 베드로에게 말하였다. "당신이 갈릴리 사람이니까 틀림없이 그들과 한패일 거요."

⁷¹ 그러나 베드로는 저주하고 맹세하여 말하기를 "나는 당신들이 말하는 그 사람을 알지 못하오" 하였다.

⁷² 그러자 곧 닭이 두 번째 울었다. 그래서 베드로는 예수께서 자기에게 "닭이 두 번 울기 전에, 네가 나를 세 번 모른다고 할 것이다" 하신 그 말씀이 생각나서, 엎드려서 울었다.

눅 22:54–62

⁵⁴ 그들은 예수를 붙들어서, 끌고 대제사장의 집으로 데리고 갔다. 그런데 베드로는 멀찍이 떨어져서 뒤따라갔다.

⁵⁵ 사람들이 뜰 한가운데 불을 피워 놓고 둘러앉아 있는데, 베드로도 그들 가운데 끼어 앉아 있었다.

⁵⁶ 그 때에 한 하녀가, 베드로가 불빛을 안고 앉아 있는 것을 보고, 그를 빤히 노려보고, 말하기를 "이 사람도 그와 함께 있었어요" 하였다.

⁵⁷ 그러나 베드로는 그것을 부인하여 말하기를 "여보시오, 나는 그를 모르오" 하였다.

⁵⁸ 조금 뒤에 다른 사람이 베드로를 보고서 "당신도 그들과 한패요" 하고 말하였다. 그러나 베드로는 여보시오, 나는 아니오" 하고 말하였다.

⁵⁹ 그리고 한 시간쯤 지났을 때에, 또 다른 사람이 강경하게 주장하기를 "틀림없이 이 사람도 그와 함께 있었소. 이 사람은 갈릴리 사람이니까요" 하니,

⁶⁰ 베드로는 "여보시오, 나는 당신이 무슨 소리를 하는지 모르겠소" 하고 말하였다. 베드로가 아직 말을 채 끝내기도 전에, 곧 닭이 울었다.

⁶¹ 주께서 돌아서서 베드로를 똑바로 보셨다. 베드로는 주께서 자기에게 "오늘 닭이 울기 전에, 네가 나를 세 번 모른다고 할 것이다" 하신 그 말씀이 생각나서,

⁶² 바깥으로 나가서 몹시 울었다.

요 18:15-18, 25-27

[15] 시몬 베드로와 또 다른 제자 하나가 예수를 따라갔다. 그 제자는 대제사장과 잘 아는 사이라서, 예수를 따라 대제사장의 집 안뜰에까지 들어갔다.

[16] 그러나 베드로는 대문 밖에 서 있었다. 그런데 대제사장과 잘 아는 사이인 그 다른 제자가 나와서, 문지기 하녀에게 말하고, 베드로를 데리고 들어갔다.

[17] 그 때에 문지기 하녀가 베드로에게 "당신도 이 사람의 제자 가운데 하나지요?" 하고 말하니, 베드로는 "나는 아니다" 하고 대답하였다.

[18] 날이 추워서, 종들과 경비병들이 숯불을 피워 놓고 서서 불을 쬐고 있는데, 베드로도 그들과 함께 서서 불을 쬐고 있었다.

[25] 시몬 베드로는 서서, 불을 쬐고 있었다. 사람들이 그에게 "당신도 그 제자 가운데 하나지요?" 하고 물었다. 베드로가 부인하여 말하기를 "나는 그런 사람이 아니오" 하였다.

[26] 베드로에게 귀를 잘렸던 사람의 친척으로서, 대제사장의 종 가운데 하나가 베드로에게 "당신이 동산에서 그와 함께 있는 것을 내가 보았는데 그러시오?" 하고 말하였다.

[27] 베드로가 다시 부인하였다. 그러자 곧 닭이 울었다.

(1) 주님을 끝까지 따르겠다고 주님의 고난의 현장에까지 따라나선 베드로의 용기와 담대함.

베드로는 주님께서 '너희들이 나를 배반하리라'고 말씀하셨을 때, 누구보다도 주님께서 죽으시는 그 자리까지 함께 가겠다고 선언한 제자였다. 그런후 그는 예수님께서 체포당하시고 대제사장의 집 안뜰로 잡혀가셨을 때, 유일하게 요한과 더불어 그 현장에 있었다. 이는 그가 주님과 한 약속을 지키겠다는 일념을 보여 주는 것이다. 요한복음은 그 정황을 잘 설명하고 있다.

〈요 18:15-16〉

[15] 시몬 베드로와 또 다른 제자 하나가 예수를 따라갔다. 그 제자는 대제사장과 잘 아는 사이라서, 예수를 따라 대제사장의 집 안뜰에까지 들어갔다.

[16] 그러나 베드로는 대문 밖에 서 있었다. 그런데 대제사장과 잘 아는 사이인 그 다른 제자가 나와서, 문지기 하녀에게 말하고, 베드로를 데리고 들어갔다.

이때까지만 해도 베드로는 정말 주님이 가시는 곳에 자신도 가고, 주님이 죽으시는 곳에 자신도 죽겠다는 일사각오로 이런 행동을 하였다. 이는 참으로 칭찬받을 일이다. 우리는 먼저 '베드로의 부인'에 초점을 맞출 것이 아니라 이러한 베드로의 용기와 결단에 대하여 박수를 보내야 한다. 다른 제자들은 예수님께서 잡히시자 혼비백산하여 모두 흩어져 버리고 도망가 버렸다. 그러나 베드로와 요한은 끝까지 의리를 지키기 위하여 예수님과 함께 하였다.

(2) 절대 예수님의 제자가 아니었다고 부인할 수 없는 여러 증거들 앞에서도….

그런데 문제가 생겼다. 아무도 모를 것이라고 생각하면서 조용히 숨어서 모든 장면을 지켜보던 베드로를 많은 사람들이 알아보고, 그가 예수님의 제자라는 사실을 밝힌 것이다. 그것도 한두 사람이 아닌 여러 명이, 또 그가 예수님의 제자라는 확실한 증거들을 들이대면서 그를 예수님의 제자라고 몰아붙였다.

[69] 베드로가 뜰 안 바깥쪽에 앉아 있었는데, 한 하녀가 그에게 다가와서 말하기를 "당신도 저 갈릴리 사람 예수와 함께 다닌 사람이지요?" 하였다.

[71] 그런데 베드로가 대문 있는 데로 나갔을 때에, 다른 하녀가 그를 보고, 거기에 있는 사람들에게 "이 사람은 나사렛 예수와 함께 다니던 사람입니다" 하였다.

[72] 그러자 베드로는 맹세하고 "나는 그 사람을 알지 못하오" 하고 다시 부인하였다.

[73] 조금 뒤에 거기에 서 있는 사람들이 다가와서 베드로에게 말하였다. "당신은 틀림없이 그들과 한패요. 당신의 말씨를 보니 확실하오."

또 마가복음에는 다음과 같이 기록하고 있다.

〈막 14:66-67, 69-70〉

⁶⁶ 베드로가 안뜰 아래쪽에 있는데, 대제사장의 하녀 가운데 하나가 와서,

⁶⁷ 베드로가 불을 쬐고 있는 것을 보고, 그를 빤히 노려보고서 말하였다. "당신도 저 나사렛 사람 예수와 함께 다닌 사람이지요?"

⁶⁹ 그 하녀가 그를 보고서, 그 곁에 서 있는 사람들에게 다시 말하기를 "이 사람은 예수와 한패입니다" 하였다.

⁷⁰ 그러나 그는 다시 부인하였다. 조금 뒤에 곁에 서 있는 사람들이 다시 베드로에게 말하였다. "당신이 갈릴리 사람이니까 틀림없이 그들과 한패일 거요."

〈요 18:26〉

²⁶ 베드로에게 귀를 잘렸던 사람의 친척으로서, 대제사장의 종 가운데 하나가 베드로에게 "당신이 동산에서 그와 함께 있는 것을 내가 보았는데 그러시오?" 하고 말하였다.

· 놀랍게도 거기에 있는 대부분의 사람들이 그를 알고 있었다.

· 그의 말씨를 보고 그가 갈릴리 사람이었다는 것과 예수님의 제자라는 것을 알고 있었다.

· 더 분명한 것은 말고라는 사람이 거기에 있었는데 베드로가 칼로 자신의 귀를 자른 것을 밝혔다.

베드로는 아무도 자기를 모를 것이라고 생각하고 들키지 않을 것이라는 생각으로 그곳에 갔다. 그러나 전혀 예상치 못한 사건들이 돌발적으로 발생하였다. 하인들, 문지기, 그리고 대부분의 사람들이, 심지어 그가 칼을 들어

귀를 잘랐던 말고까지 그 자리에서 그가 예수님의 제자가 틀림없다고 발설한 것이다. 바로 그때 죽음까지 예수님과 함께하겠다던 베드로는 황급히 꼬리를 내린다. 학자들은 북부 갈릴리 지방 사람들 억양의 특징 가운데 히브리어 '쉰'을 '타우'로 발음한다고 본다. 그렇다면 72절에서 베드로가 그 사람을 히브리어로 발음할 때 '사람'에 해당하는 '이쉬'를 '이트'로 발음했을 가능성이 있다. 그리고 사람들은 이러한 특이한 발음을 들어 그를 예수님과 한 무리로 간주하였다고 볼 수 있다.

(3) 베드로의 부인, 그리고 그 부인의 강도를 점차 높여 가는 베드로

막상 이러한 예기치 않던 상황이 일어나자 베드로는 예수님을 부인하기 시작하다가 점점 그 강도를 높인다. 나중에는 맹세하고 저주하면서 예수님을 부인하는 자리에 이르게 된다.

[70] 베드로는 여러 사람 앞에서 부인하여 말하기를 "나는 네가 무슨 말을 하는지 모르겠다" 하였다.
[71] 그런데 베드로가 대문 있는 데로 나갔을 때에, 다른 하녀가 그를 보고, 거기에 있는 사람들에게 "이 사람은 나사렛 예수와 함께 다니던 사람입니다" 하였다.
[72] 그러자 베드로는 맹세하고 "나는 그 사람을 알지 못하오" 하고 다시 부인하였다.
[73] 조금 뒤에 거기에 서 있는 사람들이 다가와서 베드로에게 말하였다. "당신은 틀림없이 그들과 한패요. 당신의 말씨를 보니 확실하오."
[74] 그 때에 베드로는 저주하고 맹세하면서 "나는 그 사람을 알지 못하오" 하고 말하였다. 그러자 곧 닭이 울었다.
[75] 베드로는 "닭이 울기 전에, 네가 나를 세 번 모른다고 할 것이다" 하신 예수의 말씀이 생각나서, 바깥으로 나가서 몹시 울었다.

· "나는 네가 무슨 말을 하는지 모르겠다."

(네가 무슨 말을 하는지, 나는 알지도 못하고, 깨닫지도 못하겠다. – 마가)

· 베드로는 맹세하고 "나는 그 사람을 알지 못하오" 하고 다시 부인하였다.

· 베드로는 저주하고 맹세하면서 "나는 그 사람을 알지 못하오" 하고 말하였다.

· 그러자 곧 닭이 울었다.

처음에 베드로는 "네가 무슨 말을 하는지 모르겠다"고 하면서 부인 아닌 부인을 하고, 두 번째는 맹세하고 "나는 그 사람을 알지 못하오" 하면서 명백한 부인을 하고, 마지막 세 번째는 저주하고 맹세하면서 "나는 그 사람을 알지 못하오" 하며 완강히 부인하였다. 여기서 우리는 베드로가 점점 강도를 높여 부인하고 있음을 알 수 있다. 특히 베드로는 예수님을 부인하면서 '내가 그 사람을 알지 못하는 자'라며 예수님을 '그 사람'이라고 제3자로 지칭하고 있다. 이러한 표현에서도 당시 다급했던 그의 상황을 어느 정도 짐작해 볼 수 있다.

우리는 이 장면을 보면서 '예수님을 사랑하던 베드로가 이렇게까지 악착같이 예수님을 부인할 수 있는가?'라는 의문을 가질 수 있다. 그러나 분명한 것은 우리는 그런 생각할 자격조차 가질 수 없다는 것이다. 우리가 만약 그 상황에 처한다면 우리는 베드로보다 더 빨리 행동할 것이다. 아마 아예 처음부터 도망가 버린 예수님의 제자에 속할 것이다. 누가 베드로에게 돌을 던질 수 있겠는가? 누가 베드로만큼 용감할 수 있겠는가?

· 우리는 과연 예수님을 부인하지 않는가?

· 날마다 예수님을 부인한다.

· 사람들 앞에서 '나는 예수 믿는 사람'이라고 자신 있게 말할 수 있는가?

· 직장에서 '나는 예수 믿는 사람'이라고 당당하게 말할 수 있는가?

- 식당에서 당당하게 '나는 예수 믿는 사람'이라고 생각하면서 당당하게 기도하고 식사하는가?
- 큰 이익 앞에서 '나는 예수 믿는 사람'이라고 생각하면서 그 자리를 박차고 나올 수 있는가?
- 우리가 베드로보다 나은 것이 도대체 무엇이 있는가?
- 우리도 살아가면서 베드로처럼 점점 예수 부인에 대한 강도를 높여 가고 있지는 않은가?

(4) 베드로의 뜨거운 참회의 눈물

바로 그때 닭이 울었다. 닭의 울음소리를 듣는 순간 그는 갑자기 주님께서 자기에게 하신 말씀이 생각났다. "닭이 울기 전에, 네가 나를 세 번 모른다고 할 것이다." 그 사실을 깨닫는 순간 그는 말할 수 없는 감정에 휘말리게 되었고, 그가 예수님을 부인하고 말았다는 생각에 한없는 후회의 눈물과 회개의 눈물을 흘리게 된다.

[75] 베드로는 "닭이 울기 전에, 네가 나를 세 번 모른다고 할 것이다" 하신 예수의 말씀이 생각나서, 바깥으로 나가서 몹시 울었다.

〈막 14:72〉

[72] 그러자 곧 닭이 두 번째 울었다. 그래서 베드로는 예수께서 자기에게 "닭이 두 번 울기 전에, 네가 나를 세 번 모른다고 할 것이다" 하신 그 말씀이 생각나서, 엎드려서 울었다.

〈눅 22:61-62〉

[61] 주께서 돌아서서 베드로를 똑바로 보셨다. 베드로는 주께서 자기에게 "오늘 닭이 울기 전에, 네가 나를 세 번 모른다고 할 것이다" 하신 그 말씀이 생각나서,

[62] 바깥으로 나가서 몹시 울었다.

베드로는 예수님께서 이미 자신의 배신을 확언하셨다는 사실이 떠올랐을 때, 예수님을 부인한 사실과 더불어 자신의 어리석고도 연약한 모습에 더욱 괴롭고 슬펐을 것이다. 또한 '심히 통곡하다'의 '심히'로 번역된 '피크로스'는 성경에 단 2회밖에 사용되지 않은 부사로서 '쓰라리게', '애통하게', '비통하게'라는 의미를 가지고 있다. 이는 심장이 찢어질 정도의 큰 아픔으로 후회스러운 통곡을 했던 당시 베드로의 심정 상태를 잘 묘사해 준다. 이렇게 이제 그는 말할 수 없는 감정에 복받쳐 이런 자신의 모습을 바라보면서 바깥으로 나가 한없이 후회의 눈물을 흘리게 된다. 그는 엎드려서 울었다고 했다. 그리고 몹시 울었다고 했다. 그 큰 남자가 우는 모습을 상상해 보라. 그가 어떤 마음으로 엎드려서 울었는지를….

한편 베드로의 이러한 태도는 가롯 유다의 태도와 좋은 대조를 이룬다. 가롯 유다는 예수님을 배신한 후 후회는 했으나 진정한 회개는 하지 않았고, 끝내 자살함으로써 회개의 기회를 영원히 놓치고 말았다. 반면 베드로는 비록 예수님을 배반하였으나 철저한 회개를 통하여 용서 받을 수 있었다. 뿐만 아니라 그는 초대 교회의 중심인물로 복음 전파에 큰 업적을 남겼다. 중요한 것은 범죄한 후 자신이 죄인임을 인정하고 철저한 회개를 통하여 죄 용서함을 받는 것이다. 진정한 회개야말로 인간을 구원으로 이끄는 절대 요건이다.

그러므로 우리는 아무도 베드로에게 예수님을 부인했다고 돌을 던질 수 없다. 그는 비록 예수님을 부인하는 자리에 있었지만, 우리는 그에게서 참으

로 많은 것을 배울 수 있다. 다른 제자들은 다 도망갔어도 그는 예수님의 고난의 현장에 함께 있겠다는 마음으로 그 자리에 있었다. 그는 비록 부인할 수 없는 증거들 앞에서 예수님을 조직적으로 부인했지만 그럼에도 그는 예수님의 말씀을 생각한 사람이고, 예수님의 말씀이 마음에 비춰오자 한없이 회개의 눈물을 흘린 사람이다. 누가 과연 베드로에게 돌을 던질 수 있겠는가? 우리는 날마다 예수님을 부인하면서도 진정한 회개의 눈물을 흘리지 않는 뻔뻔한 사람들은 아닌가?

· 우리는 과연 예수님의 제자로서 부끄러운 일을 하게 되면 이런 통곡을 하는가?
· 우리는 과연 예수님이 원하지 않는 일을 하게 되면 이런 애절한 통곡을 하는가?
· 우리는 과연 우리의 삶에서 예수님을 부인하는 일을 하게 되면 이런 애절한 통곡을 하는가?

베드로는 과연 훌륭한 제자다. 그가 한없이 흘리는 눈물은 정말 그리스도인의 진정한 눈물이다. 우리에게 이런 회개의 눈물이 필요하다. 이런 관점에서 우리는 베드로가 예수님을 세 번 부인했다는 사실에 우리의 관심을 집중할 것이 아니라 진정으로 우리도 그러한 자리에 나아갈 수 있음을 인정하는 것이 중요하다. 이를 인정할 뿐 아니라 순간순간 예수님을 부인하는 삶에 대하여 진정 베드로와 같은 통회의 고백이 있어야 한다.

우리가 이런 관점에서 말씀을 어떤 부분에 국한되지 않고 통전적으로 볼 때, 이 말씀은 단순히 베드로가 예수님을 세 번 부인한 것에 초점을 맞추지 않고 있다. 예수님을 부인한 사건 이후에 통렬히 회개하고 아파하는 모습을 마태는 더 강조하고 싶었는지 모른다. 그리고 그것이 이 말씀을 더 강하게 조명하는 것일지도 모른다. 따라서 우리는 이 본문을 '예수님을 세 번 부인한 베드로'보다는 '우리에게 과연 애절함의 회개가 있는가?'라고 제목을 붙이는 편이 훨씬 더 본문을 종합적으로 볼 수 있다.

50. 마 27:15-26은 단순히 '정치 논리에 굴복하고 만 빌라도'가 주제가 아니다

일반적 제목	정치 논리에 굴복하고 만 빌라도
통전적 제목	영원히 저주 받을 수밖에 없는 네 부류의 무리들

일반적으로 우리는 이 본문을 대할 때 빌라도에게만 집중하여, '정치 논리에 굴복하고 만 빌라도'라는 주제를 정하여 설교하는 경우가 많다. 물론 빌라도 한 사람에게만 초점을 맞춘다면 얼마든지 그러한 주제를 정할 수 있다. 그러나 본문 전체를 통합하는 주제를 잡을 경우 위의 주제는 적합하지 않다. 만약 '정치 논리에 굴복하고 만 빌라도'란 주제를 설정하고 설교를 한다면 빌라도에게 모든 초점을 맞추어질 것이다. 그러나 빌라도에게만 초점이 모아지면 이 본문이 말하고자 하는 전체적 의미를 놓칠 수밖에 없어 전체를 아우르는 설교를 만들어 낼 수 없다. 만약 이 본문을 '영원히 저주 받을 수밖에 없는 네 부류의 무리들'로 정한다면 그야말로 본문이 나타내고자 하는 그 전체적인 뜻을 조명할 수 있다. 따라서 본문을 '정치 논리에 굴복하고 만 빌라도'라고 제목을 정하는 실수를 범하지 말아야 한다.

[15] 명절 때마다 총독이 무리가 원하는 죄수 하나를 놓아 주는 관례가 있었다.
[16] 그런데 그 때에 바라바라고 하는 소문 난 죄수가 있었다.
[17] 무리가 모였을 때에, 빌라도가 그들에게 말하였다. "내가 누구를 놓아 주기를 바라오? 바라바 예수요? 그리스도라고 하는 예수요?"
[18] 빌라도는, 그들이 시기하여 예수를 넘겨주었음을 알았던 것이다.
[19] 빌라도가 재판석에 앉아 있을 때에, 그의 아내가 사람을 보내서 전하기를 "당신은 그 옳은 사람에게 아무 관여도 하지 마십시오. 지난 밤 꿈에 내가 그 사람 때문에 몹시 괴로움을 받았으니까요" 하였다.
[20] 그러나 대제사장들과 장로들은 무리를 구슬러서, 바라바를 놓아 달라고 하고, 예수를 죽

이라고 요청하게 하였다.

²¹ 총독이 그들에게 말하였다. "이 두 사람 가운데서, 누구를 놓아 주기를 바라오?" 그들은 "바라바요" 하고 말하였다.

²² 빌라도가 그들에게 말하였다. "그러면 그리스도라고 하는 예수를, 나더러 어떻게 하라는 거요?" 그들은 모두 말하기를 "그는 십자가에 못박아야 합니다" 하였다.

²³ 빌라도가 "정말 이 사람이 무슨 나쁜 일을 하였소?" 하고 말하니, 사람들은 더욱 큰소리로 외쳐 말하기를 "그는 십자가에 못박아야 합니다" 하였다.

²⁴ 빌라도는, 자기로서는 어찌할 도리가 없다는 것과 또 민란이 일어나려는 것을 보고, 물을 가져다가 무리 앞에서 손을 씻고 말하기를 "나는 이 사람의 피에 대하여 책임이 없으니, 알아서 하시오" 하였다.

²⁵ 그러자 온 백성이 대답하여 말하였다. "그 사람의 피는 우리와 우리 자손에게 돌아올 것이오."

²⁶ 그래서 빌라도는 바라바는 놓아 주고, 예수는 채찍질한 뒤에, 십자가에 처형하라고 넘겨주었다.

막 15:7,11,13-15

⁷ 그런데 폭동 때에 살인을 한 폭도들과 함께 바라바라고 하는 사람이 갇혀 있었다.

¹¹ 그러나 대제사장들은 무리를 선동하여, 차라리 바라바를 놓아 달라고 청하게 하였다.

¹³ 그들은 다시 "십자가에 못박으시오" 하고 소리를 질렀다.

¹⁴ 빌라도가 그들에게 말하였다. "정말 이 사람이 무슨 나쁜 일을 하였소?" 그들은 더욱 크게 "십자가에 못박으시오" 하고 소리를 질렀다.

¹⁵ 그리하여 빌라도는 무리를 만족시켜 주려고, 바라바는 놓아 주고, 예수는 채찍질을 한 뒤에 십자가에 처형당하게 넘겨주었다.

눅 23:18,21,23

¹⁸ 그러나 그들은 일제히 소리 질러 말하기를 "이 자를 없애고, 바라바를 우리에게 놓아 주시오" 하였다.

²¹ 그러나 그들은 "그 자를 십자가에 못박으시오! 십자가에 못박으시오!" 하고 외쳤다.

²³ 그러나 그들은 마구 우기면서, 예수를 십자가에 못박으라고 큰소리로 요구하였다. 그래서 그들의 소리가 이겼다.

요 18:39, 19:7,12,13,15

³⁹ 유월절에는, 내가 여러분에게 죄수 하나를 놓아 주는 관례가 있소. 그러니 유대 사람의 왕을 놓아 주는 것이 어떻겠소?"

⁷ 유대 사람들이 그에게 대답하였다. "우리에게는 율법이 있습니다. 그 율법을 따르면, 그는 마땅히 죽어야 합니다. 그가 자기를 가리켜서 하나님의 아들이라고 하였기 때문입니다."

¹² 이 말을 듣고서, 빌라도는 예수를 놓아 주려고 애썼다. 그러나 유대 사람들은 "이 사람을 놓아 주면, 총독님은 황제 폐하의 충신이 아닙니다. 자기를 가리켜서 왕이라고 하는 사람은, 누구나 황제 폐하를 반역하는 자입니다" 하고 외쳤다.

¹³ 빌라도는 이 말을 듣고, 예수를 데리고 나와서, 리토스트론이라고 부르는 재판석에 앉았다.

¹⁵ 그들은 "없애 버리시오! 없애 버리시오! 그를 십자가에 못박으시오!" 하고 외쳤다.

오늘의 본문을 보면 영원히 저주받을 수밖에 없는 네 부류의 무리가 나타난다. 그중 한 무리는 빌라도로서 어떻게든 의인을 살려 보려고 노력하였으나 결국은 정치 논리에 의하여 그의 뜻을 꺾고 예수님을 사형에 언도함으로써 영원한 저주를 받았다. 또 한 무리는 시기와 질투로 의인이신 하나님의 아들을 끝까지 죽임으로써 영원한 역사의 죄인이 되고 만 유태인 무리이다.

오늘 말씀을 자세히 관찰해 보면 영원히 저주를 받을 수밖에 없는 네 부류의 무리들이 나타난다. 그리고 그들의 행동은 다음과 같이 정의될 수 있다.

· 교권을 가지고 무리를 선동하여 결국 예수님을 죽이는 종교 지도자 무리
· 아무것도 모르고 선동당하여 결국 예수님을 죽이는 데 앞장섰던 무리
· 예수님이 죄인이 아님을 알면서도 백성을 두려워하여 그들의 비위를 맞춰 결국 예수님을 죽음으로 몰아 간 빌라도
· 예수님께 지독한 모욕과 조롱을 일삼은 로마 군병 무리

이들은 참으로 안타까운 무리들이 아닐 수 없다.

· 종교 지도자라는 막강한 권력
· 군중이라는 막강한 힘
· 로마의 총독이라는 막강한 권세
· 로마의 군인이라는 막강한 힘

이 모두는 선한 일을 위하여 사용될 때 빛이 난다. 종교 지도자라는 막강한 권력도 선한 일을 위하여 사용될 때 폭발적인 힘이 나오는 것이고, 군중이라는 막강한 힘도 선한 목적을 위하여 사용될 때 불의를 무너뜨릴 수

있다. 또 로마의 총독이라는 막강한 권세도 선한 일을 위하여 사용될 때 그 엄청난 위력을 발휘할 수 있고, 로마의 군인이라는 막강한 힘 역시도 선한 일을 위하여 사용될 때 그 폭발력이 정점에 도달할 수 있다. 다시 말해서 이러한 힘들은 오직 약한 자나 의로운 자를 위하여 사용될 때에만 사람을 살릴 수 있다. 그러나 그들은 이 막강한 힘을 이용하여 사람을 죽이는 데 사용했다. 이런 관점에서 본문을 '정치 논리에 굴복하고 만 빌라도'라는 주제로 초점을 맞추기보다는 '영원히 저주 받을 수밖에 없는 네 부류의 무리들'로 잡는 것이 통전적인 주제로 합당하다.

3장

말씀의 주제를 잘못 파악하는 원인과 그 해결 방안

 ## 1. 말씀의 주제를 잘못 파악하는 원인들

앞에서 지적하였듯이 수많은 목회자들이 말씀의 주제를 올바르게 설정하지 못하는 데는 그만한 이유가 있다. 이러한 이유들을 열거하면 대체로 다음과 같다.

- 성경을 집중하여 읽지 않으며, 부분적인 면에만 관심을 갖는다.
- 성경의 본문을 통(통전적)으로 보는 훈련이 부족하다.
- 논리적인 관점에서 말씀을 보지 않는다.
- 말씀의 주제를 잡는 데 있어서 전통의 틀에 갇혀 있다.
- 말씀 묵상에 익숙하지 못하거나 게으르다.

대부분의 문제는 성경 본문을 전체적으로 보지 않고 부분적으로 보는데서 비롯된다. 따라서 본문 전체에서 흐르는 맥이 무엇인지를 정확하게 파악해야 한다. 본문의 주제와 구조를 파악하는 일에 끊임없이 노력해야만 이러한 실수를 하지 않게 된다.

2. 심각한 문제를 해결할 수 있는 방안들

말씀의 주제를 정확하게 파악하는 것은 말씀을 선포하는 첩경이기도 하다. 그런 의미에서 주제를 정확하게 파악하는 것의 중요성은 아무리 강조해도 지나치지 않는다. 이 심각한 문제를 해결할 수 있는 방안들을 요약하여 설명하면 아래와 같다.

- 성경을 논리적인 관점에서 보는 훈련이 필요하다.
- 성경을 부분적인 관점이 아니라 전체적인 관점으로 보는 훈련이 필요하다.
- 성경을 정밀하게 보는 훈련이 필요하다.
- 전통적이고 틀에 박힌 묵상 방법을 탈피하는 것이 필요하다.

- 본문의 구조를 항상 논리적으로 보는 훈련이 필요하다.
- 주제를 정확하게 파악하는 훈련이 필요하다.
- 본문의 구도를 통으로 보는 훈련이 필요하다.

말씀의 구조와 주제를 정확하게 파악하는 일은 무엇보다 깊은 묵상의 훈련에서 나온다고 볼 수 있다. 말씀의 묵상은 단순히 '큐티'의 방법을 동원하는 것이 아니라 보다 전문적이고 깊이 있는 통찰력을 가지고 성경을 대하

는 것을 의미한다. 보다 깊이 있게 말씀을 묵상하는 데는 아래와 같은 절차
가 필요하다.

철저히 입체적이고 통합적으로 성경을 깊이 보는 훈련

↓

성경의 주제와 구도를 정확하게 파악하는 훈련

↓

구도를 정확히 파악한 후 논리적으로 정리하는 훈련

↓

발견된 말씀을 오늘의 삶으로 정확하게 적용하는 훈련

↓

정확하게 적용된 말씀을 오늘의 상황에서 날카롭게 선포하는 훈련

우리가 성경을 읽는 동안 성경이 말하는 핵심에 접근하지 못하고 주변
상황에 관심을 집중할 때 성경이 말하는 그 본래적 의미를 상실하여 그야말
로 주제 없는 설교, 방향성 없는 설교를 하게 된다. 이런 측면에서 통전적으
로 의도하고 있는 것이 무엇인지를 정확하게 간파하는 노력, 즉 훈련이 필요
하다. 이러한 통찰력은 단순히 주어지는 것이 아니라 철저히 훈련에 의하여
발전한다는 점을 유의할 필요가 있다.

3. 구도 및 주제 파악 훈련의 필요성

목회자들이 설교를 하는 데 있어서나 말씀을 묵상하는 데 있어서 무엇
보다 중요한 일은 그 본문의 주제를 정확하게 파악하고 그 내용, 즉 구도를

정확하게 이해하는 일이다. 대부분의 경우 목회자들이 주제를 정확하게 파악하지 못하고 또 구도를 정확하게 이해하지 못함으로써 본문을 의도하는 것과는 전혀 다르게 설교하거나 또는 그 본문 전체를 아우르는 설교를 하지 못하고 단편적으로 말씀을 해석하는 경향이 많다. 실제로 필자가 많은 목회자들과 신학생들을 지도해 본 결과, 말씀 묵상보다 더 중요하고 반드시 선행되어야 할 것은 바로 본문의 주제와 구도를 정확하게 파악하는 것이다. 왜냐하면 말씀의 핵심과 구도도 파악하지 못한 상태에서는 결코 바람직한 묵상이 형성될 수 없기 때문이다. 이는 참으로 심각한 문제가 아닐 수 없다. 만약 본문의 주제 및 구도 파악이 정확하지 않다면 설교하는 데 있어서 다음과 같은 문제가 나타날 수 있다.

- 본문과는 전혀 그 내용이 다른 설교
- 본문 전체를 아우르지 못하는 단편적이고 부분적인 설교
- 목회자의 자의적 해석의 설교
- 대지를 억지로 구분하는 억지 설교

이 문제를 근본적으로 해결하기 위해서는 무엇보다 먼저 본문에 대한 주제와 구도를 파악하는 훈련을 철저하게 해야 한다. 이러한 훈련은 하루, 이틀 만에 행해지는 것이 아니라 오랜 훈련 기간을 통하여 이루어질 수 있다. 따라서 이에 대해서 집중적으로 훈련해야 한다.

말씀 묵상 훈련을 실시하기 전에 본문의 주제 및 구도 파악 훈련을 실시하는 것은 그만큼 말씀을 정확하고 논리적으로 전하려는 일련의 노력이라 할 수 있다. 따라서 신학도들은 이를 매우 중요한 사실로 인식해야 한다. 이러한 주제 및 구도 파악의 훈련 과정을 잘 거치게 되면, 설교자는 설교하는 데 있어서 다음과 같은 유익이 발생할 수 있다.

- 설교의 주제가 항상 명확하다.

- 설교의 내용이 항상 논리적이고 분명하다.

- 설교가 성경적이다.

- 성도들이 설교를 이해하기가 쉽다.

  주제 및 구도 파악을 명확하게 하기 위해서는 무엇보다 본문을 여러 번 읽어야 한다. 그리고 명확한 주제를 파악한 후 그 주제에 대하여 본문의 구성과 구도가 어떻게 형성되고 있는지를 이해해야 한다. 물론 이 작업을 실시하는 데 있어서 개역 성경보다는 쉬운 성경(현대인의 성경, 공동번역)을 적극적으로 활용해야 함은 말할 나위가 없다. 예를 들어 보면 아래와 같다.

개역성경; 갈 4:12-20

[12] 형제들아 내가 너희와 같이 되었은즉 너희도 나와 같이 되기를 구하노라 너희가 내게 해롭게 하지 아니하였느니라
[13] 내가 처음에 육체의 약함으로 말미암아 너희에게 복음을 전한 것을 너희가 아는 바라
[14] 너희를 시험하는 것이 내 육체에 있으되 이것을 너희가 업신여기지도 아니하며 버리지도 아니하고 오직 나를 하나님의 천사와 같이 또는 그리스도 예수와 같이 영접하였도다
[15] 너희의 복이 지금 어디 있느냐 내가 너희에게 증언하노니 너희가 할 수만 있었더라면 너희의 눈이라도 빼어 나에게 주었으리라
[16] 그런즉 내가 너희에게 참된 말을 하므로 원수가 되었느냐

[17] 그들이 너희에게 대하여 열심 내는 것은 좋은 뜻이 아니요 오직 너희를 이간시켜 너희로 그들에게 대하여 열심을 내게 하려 함이라
[18] 좋은 일에 대하여 열심으로 사모함을 받음은 내가 너희를 대하였을 때뿐 아니라 언제든지 좋으니라
[19] 나의 자녀들아 너희 속에 그리스도의 형상을 이루기까지 다시 너희를 위하여 해산하는 수고를 하노니
[20] 내가 이제라도 너희와 함께 있어 내 언성을 높이려 함은 너희에 대하여 의혹이 있음이라

공동번역 개정판; 갈 4:12-20

[12] 형제 여러분, 내가 여러분과 같은 사람이 되었으니 여러분도 나와 같은 사람이 되기를 바랍니다. 여러분이 나에게 잘못한 일은 조금도 없습니다.
[13] 여러분이 아시는 바와 같이 전에 내가 병을 앓았던 것이 기회가 되어 여러분에게 복음을

전하게 되었습니다.
[14] 나의 신체 조건이 여러분에게는 괴로운 짐이 되었지만 여러분은 나를 외면하거나 멸시하지 않고 오히려 하나님의 천사와도 같이, 또 그리스도 예수와도 같이 영접해 주었습니다.
[15] 그 때의 여러분의 그 감격은 다 어디로 갔

습니까? 분명히 말하지만 그 때 여러분은 만일 할 수만 있었다면 눈이라도 뽑아서 나에게 주지 않았겠습니까?

¹⁶ 그런데 이제 내가 진실을 말한다고 해서 나를 원수로 여기는 것입니까?

¹⁷ 그 사람들이 여러분에게 열성을 보이는 것은 결코 선의에서 나온 것이 아니라 여러분을 나에게서 떼어내어 여러분으로 하여금 그들에게 열성을 품도록 하려는 술책입니다.

¹⁸ 그들이 좋은 동기로 여러분에게 열성을 보인다면야 얼마나 좋겠습니까? 내가 여러분과 함께 있을 때뿐만 아니라 언제나 그랬으면 좋겠습니다.

¹⁹ 나의 자녀인 여러분. 여러분 속에 그리스도가 형성될 때까지 나는 또다시 해산의 고통을 겪어야겠습니다.

²⁰ 지금이라도 내가 여러분과 만나서 어조를 바꾸어서 이야기를 나눌 수 있다면 얼마나 좋겠습니까? 나는 여러분의 일이 걱정스러워 안절부절못하고 있습니다.

위에서 언급한 바와 같이 일단 쉬운 성경을 통하여 본문 내용을 충분히 파악한 뒤 주어진 주제에 대하여 가능하면 논리적으로 말씀을 전개해야 한다.

· 개역 성경을 통한 다독
· 쉬운 성경을 통한 명확한 주제 파악
· 본문의 구도와 특징 파악
· 구도의 논리적 전개

4. 주제 및 구도 파악의 실례

(1) 에베소서 2:11-22

1) 본문 읽기

¹¹ 이방인으로 태어난 여러분. 지난 날을 생각해 보십시오. 여러분은 단지 몸에다 사람의 손으로 행하는 할례를 받은 소위 할례자들로부터 할례받지 않은 사람들이라는 말을 들었습니다.

¹² 그 때 여러분은 그리스도와는 아무 관계도 없었고 이스라엘 시민권도 없는 외국인으로서 약속의 계약에서 제외된 채 이 세상에서 희망도 하나님도 없이 살아온 사람들이었습니다.

¹³ 이렇게 여러분이 전에는 하나님과 멀리 떨어져 있었지만 이제는 그리스도께서 피를 흘리심으로써 그리스도 예수로 말미암아 하나님과 가까워졌습니다.

¹⁴ 그리스도야말로 우리의 평화이십니다. 그분은 자신의 몸을 바쳐서 유다인과 이방인이 서로 원수가 되어 갈리게 했던 담을 헐어버리시고 그들을 화해시켜 하나로 만드시고

¹⁵ 율법 조문과 규정을 모두 폐지하셨습니다. 그리스도께서는 자신을 희생하여 유다인과 이방인을 하나의 새 민족으로 만들어 평화를 이룩하시고

¹⁶ 또 십자가에서 죽으심으로써 둘을 한 몸으로 만드셔서 하나님과 화해시키시고 원수되었던 모든 요소를 없이하셨습니다.

¹⁷ 이렇게 그리스도께서는 세상에 오셔서 하나님과 멀리 떨어져 있던 여러분에게나 가까이 있던 유다인들에게나 다 같이 평화의 기쁜 소식을 전해 주셨습니다.

¹⁸ 그래서 이방인 여러분과 우리 유다인들은 모두 **그리스도로 말미암아** 같은 성령을 받아 아버지께로 가까이 나아가게 되었습니다.

¹⁹ 이제 여러분은 외국인도 아니고 나그네도 아닙니다. 성도들과 같은 한 시민이며 하나님의 한 가족입니다.

²⁰ 여러분이 건물이라면 그리스도께서는 그 건물의 가장 요긴한 모퉁잇돌이 되시며 사도들과 예언자들은 그 건물의 기초가 됩니다.

²¹ 온 건물은 이 모퉁잇돌을 중심으로 서로 연결되고 점점 커져서 주님의 거룩한 성전이 됩니다.

²² 여러분도 이 모퉁잇돌을 중심으로 함께 세워져서 신령한 하나님의 집이 되는 것입니다.

2) 본문의 주제 파악

¹¹ 이방인으로 태어난 여러분. 지난 날을 생각해 보십시오. 여러분은 단지 몸에다 사람의 손으로 행하는 할례를 받은 소위 할례자들로부터 할례받지 않은 사람들이라는 말을 들었습니다.

¹² 그 때 여러분은 그리스도와는 아무 관계도 없었고 이스라엘 시민권도 없는 외국인으로서 약속의 계약에서 제외된 채 이 세상에서 희망도 하나님도 없이 살아온 사람들이었습니다.

¹³ 이렇게 여러분이 전에는 하나님과 멀리 떨어져 있었지만 이제는 **그리스도께서 피를 흘리심으로써 그리스도 예수로 말미암아** 하나님과 가까워졌습니다.

¹⁴ 그리스도야말로 우리의 평화이십니다. 그분은 자신의 몸을 바쳐서 유다인과 이방인이 서로 원수가 되어 갈리게 했던 담을 헐어버리시고 그들을 화해시켜 하나로 만드시고

¹⁵ 율법 조문과 규정을 모두 폐지하셨습니다. 그리스도께서는 자신을 희생하여 유다인과 이방인을 하나의 새 민족으로 만들어 평화를 이룩하시고

¹⁶ 또 십자가에서 죽으심으로써 둘을 한 몸으로 만드셔서 하나님과 화해시키시고 원수되었던 모든 요소를 없이하셨습니다.

¹⁷ 이렇게 그리스도께서는 세상에 오셔서 하나님과 멀리 떨어져 있던 여러분에게나 가까이 있던 유다인들에게나 다 같이 평화의 기쁜 소식을 전해 주셨습니다.

¹⁸ 그래서 이방인 여러분과 우리 유다인들은 모두 **그리스도로 말미암아** 같은 성령을 받아 아버지께로 가까이 나아가게 되었습니다.

¹⁹ 이제 여러분은 외국인도 아니고 나그네도 아닙니다. 성도들과 같은 한 시민이며 하나님의 한 가족입니다.

²⁰ 여러분이 건물이라면 그리스도께서는 그 건물의 가장 요긴한 모퉁잇돌이 되시며 사도들과 예언자들은 그 건물의 기초가 됩니다.

²¹ 온 건물은 이 모퉁잇돌을 중심으로 서로 연결되고 점점 커져서 주님의 거룩한 성전이 됩니다.

²² 여러분도 이 모퉁잇돌을 중심으로 함께 세워져서 신령한 하나님의 집이 되는 것입니다.

3) 본문의 구조 파악

지난 날 우리의 상태

¹¹ 이방인으로 태어난 여러분, **지난 날**을 생각해 보십시오. 여러분은 단지 몸에다 사람의 손으로 행하는 할례를 받은 소위 할례자들로부터 할례받지 않은 사람들이라는 말을 들었습니다.

¹² 그 때 여러분은 그리스도와는 아무 관계도 없었고 이스라엘 시민권도 없는 외국인으로서 약속의 계약에서 제외된 채 이 세상에서 희망도 하나님도 없이 살아온 사람들이었습니다.

이런 우리를 위하여 그리스도께서 하신 일

¹³ 이렇게 여러분이 전에는 하나님과 멀리 떨어져 있었지만 **이제는** 그리스도께서 피를 흘리심으로써 그리스도 예수로 말미암아 하나님과 가까워졌습니다.
¹⁴ 그리스도야말로 우리의 평화이십니다. 그분은 자신의 몸을 바쳐서 유다인과 이방인이 서로 원수가 되어 갈리게 했던 담을 헐어버리시고 그들을 화해시켜 하나로 만드시고
¹⁵ 율법 조문과 규정을 모두 폐지하셨습니다. 그리스도께서는 자신을 희생하여 유다인과 이방인을 하나의 새 민족으로 만들어 평화를 이룩하시고
¹⁶ 또 십자가에서 죽으심으로써 둘을 한 몸으로 만드셔서 하나님과 화해시키시고 원수되었던 모든 요소를 없이하셨습니다.
¹⁷ 이렇게 그리스도께서는 세상에 오셔서 하나님과 멀리 떨어져 있던 여러분에게나 가까이 있던 유다인들에게나 다 같이 평화의 기쁜 소식을 전해 주셨습니다.

그리스도로 말미암아 변화된 우리의 상태

¹⁸ 그래서 이방인 여러분과 우리 유다인들은 모두 그리스도로 말미암아 같은 성령을 받아 아버지께로 가까이 나아가게 되었습니다.
¹⁹ 이제 여러분은 외국인도 아니고 나그네도 아닙니다. 성도들과 같은 한 시민이며 하나님의 한 가족입니다.
²⁰ 여러분이 건물이라면 그리스도께서는 그 건물의 가장 요긴한 모퉁잇돌이 되시며 사도들과 예언자들은 그 건물의 기초가 됩니다.
²¹ 온 건물은 이 모퉁잇돌을 중심으로 서로 연결되고 점점 커져서 주님의 거룩한 성전이 됩니다.
²² 여러분도 이 모퉁잇돌을 중심으로 함께 세워져서 신령한 하나님의 집이 되는 것입니다.

4) 본문 정리

　　a. 주제: 그리스도로 말미암아

　　b. 본문의 구조와 논리

　　(a) 지난 날 우리의 상태

- 할례자들로부터 할례받지 않은 사람들이라는 말을 듣던 사람들
- 그리스도와는 아무 관계도 없던 사람들
- 이스라엘 시민권도 없는 외국인
- 계약에서 제외된 채 이 세상에서 희망도 하나님도 없이 살아온 사람들

(b) 그리스도께서 우리를 위하여 하신 일

- 하나님과 가깝게 하심.
- 우리의 평화가 되심.
- 자신의 몸을 바쳐서 유다인과 이방인이 서로 원수가 되어 갈리게 했던 담을 헐어 버리심.
- 그들을 화해시켜 하나로 만드심.
- 율법 조문과 규정을 모두 폐지하심.
- 자신을 희생하여 유다인과 이방인을 하나의 새 민족으로 만들어 평화를 이룩하심.
- 십자가에서 죽으심으로써 둘을 한 몸으로 만드셔서 하나님과 화해시키시고 원수되었던 모든 요소를 없애심.
- 세상에 오셔서 하나님과 멀리 떨어져 있던 여러분에게나 가까이 있던 유다인들에게나 다 같이 평화의 기쁜 소식을 전해 주심.

(c) 그리스도로 말미암아 변화된 우리의 상태

- 이방인 여러분과 우리 유다인들은 모두 그리스도로 말미암아 같은 성령을 받아 아버지께로 가까이 나아가게 됨.
- 그러므로 우리는 더 이상 외국인도 아니고 나그네도 아님.

- 우리는 성도들과 같은 한 시민이며, 하나님의 한 가족이 됨.
- 우리는 하나님의 건물이 되고 그리스도께서는 그 건물의 가장 요긴한 모퉁잇돌이 되심. 그리고 사도들과 예언자들은 그 건물의 기초가 됨.
- 온 건물은 이 모퉁잇돌을 중심으로 서로 연결되고 점점 커져서 주님의 거룩한 성전이 됨.
- 우리는 이 모퉁잇돌을 중심으로 함께 세워져서 신령한 하나님의 집이 됨.

이 본문은 절대로 한 번의 설교로 끝날 수 없는 방대한 내용을 수록하고 있다. 적어도 본문을 설교하기 위해서는 세 번으로 나누어 설교해야 한다. 그래야만 진정으로 본문의 내용을 충실하게 설교할 수 있게 된다. 이렇게 본문을 중심으로 깊이 묵상하여 설교할 때 깊은 하나님의 말씀을 충실하게 전달할 수 있게 된다.

(2) 베드로전서 1:3-12

1) 본문 읽기

³ 우리 주 예수 그리스도의 하나님 아버지께 찬양을 드립시다. 하나님께서는 그 크신 자비로 우리를 거듭나게 하시고, 예수 그리스도를 죽은 사람 가운데서 다시 살리심으로써, 우리에게 산 소망을 안겨주셨습니다.
⁴ 그리고 여러분을 위하여 썩지 않고, 더러워지지 않고, 낡아 없어지지 않는 유산을 받게 하셨습니다. 이 유산은 여러분의 몫으로 하늘에 간직되어 있습니다.
⁵ 하나님께서는, 여러분이 마지막 때에 나타나기로 되어 있는 구원을 얻게 하시려고, 여러분의 믿음을 보시고, 그분의 능력으로 여러분을 보호하고 계십니다.
⁶ 그러므로 지금 잠시 동안 여러분이 여러 가지 시련을 겪으면서 어쩔 수 없이 슬픔에 빠져

있더라도, 이것을 기뻐하십시오.
⁷ 여러분의 믿음이 연단을 받아서 순수하게 되면, 불로 연단하여도 마침내는 없어지고 마는 금보다 더 귀한 것이 됩니다. 그것은 예수 그리스도께서 나타나실 때에, 여러분이 칭찬과 영광과 명예를 차지하게 하려는 것입니다.
⁸ 여러분은, 그리스도를 본 일이 없으면서도 사랑하며, 지금 그를 볼 수 없으면서도 믿으며, 말로 다 표현할 수 없는 영광과 즐거움을 바라보면서 기뻐하고 있습니다.
⁹ 이것은 여러분이 믿음의 결과인 영혼의 구원을 받았기 때문입니다.
¹⁰ 예언자들이 이 구원을 추구하고 연구하였으며, 그들은 여러분이 받을 은혜를 예언하였습니다.

¹¹ 그들은 누구에게, 그리고 어느 때에 이런 일이 일어날 것인지를 연구하였습니다. 그들 속에 계신 그리스도의 영이 그들에게 그리스도의 고난과 그 뒤에 올 영광을 미리 알려 주었습니다.

¹² 예언자들은, 그들이 하고 있는 일들이 자기들을 위한 것이 아니라, 여러분을 위한 것임을 깨닫게 되었습니다. 이 일들은 이제 하늘로부터 보내심을 받은 성령을 힘입어, 여러분에게 복음을 전한 사람들이 여러분에게 선포하였습니다. 이 일들은 천사들도 보고 싶어합니다.

2) 본문의 주제 파악

³ 우리 주 예수 그리스도의 하나님 아버지께 찬양을 드립시다. 하나님께서는 그 크신 자비로 우리를 거듭나게 하시고, 예수 그리스도를 죽은 사람 가운데서 다시 살리심으로써, 우리에게 산 소망을 안겨주셨습니다.

⁴ 그리고 여러분을 위하여 썩지 않고, 더러워지지 않고, 낡아 없어지지 않는 유산을 받게 하셨습니다. 이 유산은 여러분의 몫으로 하늘에 간직되어 있습니다.

⁵ 하나님께서는, 여러분이 마지막 때에 나타나기로 되어 있는 **구원을 얻게 하시려고**, 여러분의 믿음을 보시고, 그분의 능력으로 여러분을 보호하고 계십니다.

⁶ 그러므로 지금 잠시 동안 여러분이 여러 가지 시련을 겪으면서 어쩔 수 없이 슬픔에 빠져 있더라도, 이것을 기뻐하십시오.

⁷ 여러분의 믿음이 연단을 받아서 순수하게 되면, 불로 연단하여도 마침내는 없어지고 마는 금보다 더 귀한 것이 됩니다. 그것은 예수 그리스도께서 나타나실 때에, 여러분이 칭찬과 영광과 명예를 차지하게 하려는 것입니다.

⁸ 여러분은, 그리스도를 본 일이 없으면서도 사랑하며, 지금 그를 볼 수 없으면서도 믿으며, 말로 다 표현할 수 없는 영광과 즐거움을 바라보면서 기뻐하고 있습니다.

⁹ 이것은 여러분이 믿음의 결과인 **영혼의 구원을 받았기** 때문입니다.

¹⁰ 예언자들이 **이 구원을 추구하고 연구하였으며**, 그들은 여러분이 받을 은혜를 예언하였습니다.

¹¹ 그들은 누구에게, 그리고 어느 때에 이런 일이 일어날 것인지를 **연구하였습니다**. 그들 속에 계신 그리스도의 영이 그들에게 그리스도의 고난과 그 뒤에 올 영광을 미리 알려 주었습니다.

¹² 예언자들은, **그들이 하고 있는 일들**이 자기들을 위한 것이 아니라, 여러분을 위한 것임을 깨닫게 되었습니다. 이 일들은 이제 하늘로부터 보내심을 받은 성령을 힘입어, 여러분에게 복음을 전한 사람 들이 여러분에게 선포하였습니다. 이 일들은 천사들도 보고 싶어합니다.

3) 본문의 구조 파악

하나님이 구원을 위하여 하신 일

³ 우리 주 예수 그리스도의 하나님 아버지께 찬양을 드립시다. 하나님께서는 그 크신 자비로 우리를 거듭나게 하시고, 예수 그리스도를 죽은 사람 가운데서 다시 살리심으로써, 우리에게 산 소망을 안겨주셨습니다.

⁴ 그리고 여러분을 위하여 썩지 않고, 더러워지지 않고, 낡아 없어지지 않는 유산을 받게 하셨습니다. 이 유산은 여러분의 몫으로 하늘에 간직되어 있습니다.

⁵ 하나님께서는, 여러분이 마지막 때에 나타나기로 되어 있는 구원을 얻게 하시려고, 여러분의 믿음을 보시고, 그분의 능력으로 여러분을 보호하고 계십니다.

구원받은 우리들의 삶

⁶ 그러므로 지금 잠시 동안 여러분이 여러 가지 시련을 겪으면서 어쩔 수 없이 슬픔에 빠져 있더라도, 이것을 기뻐하십시오.

⁷ 여러분의 믿음이 연단을 받아서 순수하게 되면, 불로 연단하여도 마침내는 없어지고 마는 금보다 더 귀한 것이 됩니다. 그것은 예수 그리스도께서 나타나실 때에, 여러분이 칭찬과 영광과 명예를 차지하게 하려는 것입니다.

그리스도인들이 즐겁고 기뻐하며 사는 이유
(그리스도를 통한 구원)

⁸ 여러분은, 그리스도를 본 일이 없으면서도 사랑하며, 지금 그를 볼 수 없으면서도 믿으며, 말로 다 표현할 수 없는 영광과 즐거움을 바라보면서 기뻐하고 있습니다.

⁹ 이것은 여러분이 믿음의 결과인 영혼의 구원을 받았기 때문입니다.

우리가 받은 놀라운 구원이란 무엇인가?

¹⁰ 예언자들이 이 구원을 추구하고 연구하였으며, 그들은 여러분이 받을 은혜를 예언하였습니다.

¹¹ 그들은 누구에게, 그리고 어느 때에 이런 일이 일어날 것인지를 연구하였습니다. 그들 속에 계신 그리스도의 영이 그들에게 그리스도의 고난과 그 뒤에 올 영광을 미리 알려 주었습니다.

¹² 예언자들은, 그들이 하고 있는 일들이 자기들을 위한 것이 아니라, 여러분을 위한 것임을 깨닫게 되었습니다. 이 일들은 이제 하늘로부터 보내심을 받은 성령을 힘입어, 여러분에게 복음을 전한 사람들이 여러분에게 선포하였습니다. 이 일들은 천사들도 보고 싶어합니다.

4) 본문 정리

    a. 본문 주제: 구원받은 그리스도인의 삶

    b. 본문의 구조와 논리

      (a) 그리스도를 본 일도 없으면서 사랑하고, 믿고, 기뻐하는 이유 – 구원(8절)

      (b) 그렇다면 도대체 구원이란 무엇이며, 구원은 어떻게 우리에게 왔는가?

- 이 구원은 예언자들을 통하여 오래 전부터 연구된 것(10절).

- 예언자들이 이 구원을 통하여 우리가 받을 은혜를 연구함(10절).

- 예언자들이 자기들을 위해서가 아닌 우리를 위하여 연구함(12절).

- 하늘로부터 보내심을 받은 성령을 통하여 우리에게 선포한 것(12절).

· 이 구원은 천사도 알고 싶어 하고, 보고 싶어 하는 신비한 것(12절).

c. 그렇다면 하나님은 우리가 구원을 얻기 위하여 무엇을 어떻게 하셨는가?

· 그 크신 자비로 우리를 거듭나게 하심(3-5절).
· 예수 그리스도를 죽은 사람 가운데서 다시 살리심으로써, 우리에게 산 소망을 안겨 주심(3-5절).
· 우리를 위하여 썩지 않고, 더러워지지 않고, 낡아 없어지지 않는 유산을 받게 하심(3-5절).
· 이 유산은 우리의 몫으로 하늘에 간직되어 있음(3-5절).
· 마지막 때에 나타나기로 되어 있는 구원을 얻게 하시려고 우리의 믿음을 보심(3-5절).
· 또 그분의 능력으로 우리를 보호하고 계심(5절).

d. 이 놀라운 구원을 받은 우리는 이 땅에서 어떻게 살아야 하는가?

· 잠시 동안 우리가 여러 가지 시련을 겪으면서 슬픔이 있더라도 이것을 기뻐해야 한다(6절). 우리의 믿음이 연단을 받아 순수하게 되면, 불로 연단하여도 마찰되고 없어지고 마는 금보다 더 귀한 것이 된다. 그래서 예수 그리스도께서 나타나실 때 칭찬과 명예를 차지할 수 있다.
· 우리 주 예수 그리스도의 하나님을 찬양해야 한다. 왜냐하면 하나님은 그 크신 자비로 우리를 거듭나게 하사 예수 그리스도를 죽은 자 가운데서 다시 살리심으로 우리에게 산 소망을 주셨기 때문이다(3절). 그리고 우리를 위하여 썩지 않고 더러워지지 않고 낡아 없어지지 않은 유산을 받게 하셨기 때문이다. 그 유산은 우리의 몫으로 하늘에 간직되어 있다(4절).

(3) 베드로전서 1:13-25

1) 본문 읽기

¹³ 그러므로 여러분은 마음을 굳게 먹고 정신을 차려서, 예수 그리스도께서 나타나실 때에 여러분이 받을 그 은혜를 끝까지 기다리십시오.
¹⁴ 여러분이 이제는 **순종하는 자녀가** 되었으니, 전에 알지 못할 때에 가졌던 욕망을 따라 살지 말고,
¹⁵ 여러분을 불러 주신 그 거룩한 분을 따라 모든 행실을 거룩하게 하십시오.
¹⁶ 성경에 기록하기를 "내가 거룩하니, 너희도 거룩하여라" 하였기 때문입니다.
¹⁷ 그리고 겉모양으로 판단하지 않으시고 각 사람의 행위대로 심판하시는 분을 여러분이 아버지라고 부른다면, 여러분은 나그네로 있을 동안에, 두려운 마음으로 지내십시오.
¹⁸ 이제 여러분은 조상으로부터 물려받은 여러분의 헛된 **생활방식에서 해방되었습니다.** 그것은 여러분도 알지만, 은이나 금과 같은 썩어질 것으로 되지 않고,
¹⁹ 흠이 없고 티가 없는, 어린 양의 피와 같은 그리스도의 귀한 피로 되었습니다.

²⁰ 이 그리스도께서는, 세상이 창조되기 전에 예정되고, 이 마지막 때에 여러분을 위하여 나타나셨습니다.
²¹ 여러분은 그분으로 말미암아 하나님을 믿고 있습니다. 하나님께서는 그를 죽은 사람 가운데서 살리시고, 그에게 영광을 주셨으니, 여러분의 믿음과 소망은 하나님께 있습니다.
²² 여러분은 진리에 복종함으로써, 영혼을 정결하게 해서, 꾸밈없이 **서로 사랑하기에 이르렀으니,** 순결한 마음으로 서로 뜨겁게 사랑하십시오.
²³ **여러분은 거듭났습니다.** 그것은 썩을 씨가 아니라, 썩지 않을 씨, 곧 살아 계시고 영원하신 하나님의 말씀으로 그렇게 되었습니다.
²⁴ "모든 육체는 풀과 같고, 그 모든 영광은 풀의 꽃과 같다. 풀은 마르고 꽃은 떨어지되,
²⁵ 주님의 말씀은 영원히 있다." 이것이 여러분에게 선포된 말씀입니다.

2) 본문 주제 파악

¹³ 그러므로 여러분은 마음을 굳게 먹고 정신을 차려서, 예수 그리스도께서 나타나실 때에 여러분이 받을 그 은혜를 끝까지 기다리십시오.
¹⁴ 여러분이 이제는 **순종하는 자녀가** 되었으니, 전에 알지 못할 때에 가졌던 욕망을 따라 살지 말고,
¹⁵ 여러분을 불러 주신 그 거룩한 분을 따라 모든 행실을 거룩하게 하십시오.
¹⁶ 성경에 기록하기를 "내가 거룩하니, 너희도 거룩하여라" 하였기 때문입니다.
¹⁷ 그리고 겉모양으로 판단하지 않으시고 각 사람의 행위대로 심판하시는 분을 여러분이 아버지라고 부른다면, 여러분은 나그네로 있을 동안에, 두려운 마음으로 지내십시오.
¹⁸ 이제 여러분은 조상으로부터 물려받은 여러분의 헛된 생활방식에서 **해방되었습니다.** 그것은 여러분도 알지만, 은이나 금과 같은 썩어질 것으로 되지 않고,
¹⁹ 흠이 없고 티가 없는, 어린 양의 피와 같은 그리스도의 귀한 피로 되었습니다.
²⁰ 이 그리스도께서는, 세상이 창조되기 전에 예정되고, 이 마지막 때에 여러분을 위하여 나타나셨습니다.
²¹ 여러분은 그분으로 말미암아 하나님을 믿고 있습니다. 하나님께서는 그를 죽은 사람 가운데서 살리시고, 그에게 영광을 주셨으니,

여러분의 믿음과 소망은 하나님께 있습니다. ²² 여러분은 진리에 복종함으로써, 영혼을 정결하게 해서, 꾸밈없이 서로 사랑하기에 이르렀으니, 순결한 마음으로 서로 뜨겁게 사랑하십시오. ²³ 여러분은 거듭났습니다. 그것은 썩을 씨가 아니라, 썩지 않을 씨, 곧 살아 계시고 영원하신 하나님의 말씀으로 그렇게 되었습니다. ²⁴ "모든 육체는 풀과 같고, 그 모든 영광은 풀의 꽃과 같다. 풀은 마르고 꽃은 떨어지되, ²⁵ 주님의 말씀은 영원히 있다." 이것이 여러분에게 선포된 말씀입니다.

3) 본문 정리

a. 본문 주제: 그리스도로 말미암아 변화된 존재

b. 본문 구조와 논리

(a) 우리를 구원하신 그리스도, 그는 어떤 분이시며, 하나님은 어떤 일을 하셨나?

· 그리스도께서는, 세상이 창조되기 전에 예정되심(20절).

· 이 마지막 때에 우리를 위하여 나타나심(20절).

· 그분으로 말미암아 우리가 하나님을 믿게 됨(21절).

· 하나님께서는 그를 죽은 사람 가운데서 살리심(21절).

· 그에게 영광을 주심(21절).

· 그러므로 우리의 믿음과 소망은 하나님께 있음(21절).

(b) 예수 그리스도의 구원으로 말미암아 우리는 어떤 존재가 되었나?

· 우리는 순종하는 자녀가 되었다(14절).

· 헛된 생활 방식에서 해방된 자가 되었다(18절).

· 꾸밈없이 서로 사랑하는 자가 되었다(22절).

· 거듭난 자가 되었다(23절).

(c) 그리스도로 말미암아 구원 받은 그리스도인의 삶은 어떠해야 하는가?

· 마음을 굳게 먹고 정신을 차려서, 예수 그리스도께서 나타나실 때에 우리가 받을 그 은혜를 끝까지 기다려야 한다(13절).
· 전에 알지 못할 때에 가졌던 욕망을 따라 살지 말아야 한다(14절).
· 우리를 불러 주신 그 거룩한 분을 따라 모든 행실을 거룩하게 해야 한다(15절).
· 겉모양으로 판단하지 않으시고 각 사람의 행위대로 심판하시는 분을 우리가 아버지라고 부른다면, 우리는 나그네로 있을 동안에, 두려운 마음으로 지내야 한다(17절).
· 순결한 마음으로 서로 뜨겁게 사랑해야 한다(22절).

5. 주제 파악 훈련의 설교에의 적용

(1) 본문: 요한복음 17:1-26
(2) 제목: 나에게 맡겨 주신 모든 자들을 위하여 기도합니다

1) 본문 말씀의 이해

¹ 예수께서 이 말씀을 하시고 눈을 들어 하늘을 우러러 이르시되 아버지여 때가 이르렀사오니 아들을 영화롭게 하사 아들로 아버지를 영화롭게 하게 하옵소서
² 아버지께서 아들에게 주신 **모든 사람에게 영생을 주게 하시려고 만민을 다스리는 권세를 아들에게 주셨음 이로소이다**
³ 영생은 곧 유일하신 참 하나님과 그가 보내신 자 **예수 그리스도를 아는 것이니이다**
⁴ 아버지께서 내게 하라고 주신 일을 내가 이루어 아버지를 이 세상에서 영화롭게 하였사오니
⁵ 아버지여 창세 전에 내가 아버지와 함께 가졌던 영화로써 **지금도 아버지와 함께 나를 영화롭게 하옵소서**
⁶ 세상 중에서 내게 주신 사람들에게 내가 아버지의 이름을 나타내었나이다 **그들은 아버지의 것이었는데 내게 주셨으며 그들은 아버지의 말씀을 지키었나이다**
⁷ 지금 그들은 아버지께서 내게 주신 것이 다 아버지로부터 온 것인 줄 알았나이다
⁸ 나는 아버지께서 내게 주신 말씀들을 그들에게 주었사오며 그들은 이것을 받고 내가 아버지께로부터 나온 줄을 참으로 아오며 **아버지께서 나를 보내신 줄도 믿었사옵나이다**
⁹ 내가 그들을 위하여 비옵나니 내가 비옵는 것

은 세상을 위함이 아니요 내게 주신 자들을 위함이니이다 그들은 아버지의 것이로소이다
¹⁰ 내 것은 다 아버지의 것이요 아버지의 것은 내 것이온데 내가 그들로 말미암아 영광을 받았나이다
¹¹ 나는 세상에 더 있지 아니하오나 그들은 세상에 있사옵고 나는 아버지께로 가옵나니 거룩하신 아버지여 **내게 주신 아버지의 이름으로 그들을 보전하사 우리와 같이 그들도 하나가 되게 하옵소서**
¹² 내가 그들과 함께 있을 때에 내게 주신 아버지의 이름으로 그들을 보전하고 지키었나이다 그 중의 하나도 멸망하지 않고 다만 멸망의 자식뿐이오니 이는 성경을 응하게 함이니이다
¹³ 지금 내가 아버지께로 가오니 내가 세상에서 이 말을 하옵는 것은 **그들로 내 기쁨을 그들 안에 충만히 가지게 하려 함이니이다**
¹⁴ 내가 아버지의 말씀을 그들에게 주었사오매 세상이 그들을 미워하였사오니 이는 내가 세상에 속하지 아니함 같이 그들도 세상에 속하지 아니함으로 인함이니이다
¹⁵ 내가 비옵는 것은 그들을 세상에서 데려가시기를 위함이 아니요 다만 **악에 빠지지 않게 보전하시기를 위함이니이다**
¹⁶ 내가 세상에 속하지 아니함 같이 그들도 세상에 속하지 아니하였사옵나이다
¹⁷ **그들을 진리로 거룩하게 하옵소서 아버지의 말씀은 진리니이다**
¹⁸ 아버지께서 나를 세상에 보내신 것 같이 나도 그들을 세상에 보내었고

¹⁹ 또 그들을 위하여 내가 나를 거룩하게 하오니 이는 그들도 진리로 거룩함을 얻게 하려 함이니이다
²⁰ 내가 비옵는 것은 이 사람들만 위함이 아니요 또 그들의 말로 말미암아 나를 믿는 사람들도 위함이니
²¹ 아버지여, 아버지께서 내 안에, **내가 아버지 안에 있는 것 같이 그들도 다 하나가 되어 우리 안에 있게 하사 세상으로 아버지께서 나를 보내신 것을 믿게 하옵소서**
²² 내게 주신 영광을 내가 그들에게 주었사오니 이는 우리가 하나가 된 것 같이 그들도 하나가 되게 하려 함이니이다
²³ 곧 내가 그들 안에 있고 아버지께서 내 안에 계시어 그들로 온전함을 이루어 하나가 되게 하려 함은 아버지께서 나를 보내신 것과 또 나를 사랑하심 같이 그들도 사랑하신 것을 세상으로 알게 하려 함이로소이다
²⁴ **아버지여 내게 주신 자도 나 있는 곳에 나와 함께 있어 아버지께서 창세 전부터 나를 사랑하시므로 내게 주신 나의 영광을 그들로 보게 하시기를 원하옵나이다**
²⁵ 의로우신 아버지여 세상이 아버지를 알지 못하여도 나는 아버지를 알았사옵고 그들도 아버지께서 나를 보내신 줄 알았사옵나이다
²⁶ 내가 아버지의 이름을 그들에게 알게 하였고 또 알게 하리니 이는 나를 사랑하신 사랑이 그들 안에 있고 나도 그들 안에 있게 하려 함이니이다

2) 본문 주제 및 구도 파악

a. 본문 주제: 나에게 맡겨 주신 모든 자들을 위하여 기도합니다

b. 주제에 따른 구도

(a) 하나님께서는 이들을 나에게 맡겨 주셨습니다.

(b) 아버지께서 주님에게 맡겨 주신 자들에게 아버지를 소개한 이유와 목적은 이러합니다.

(c) 아버지께서 나에게 맡겨 주신 이 사람들이 이제 아버지를 깨달았습니다.

(d) 아버지께서 맡겨 주신 자들이 아버지를 깨달아 그들에게 이제 영원한 생명이 주어졌습니다.

(e) 내가 세상에 있을 때에는 내가 그들을 지켰지만 이제 내가 떠나면 세상이 이들을 미워할 것입니다.

(f) 따라서 이제 나에게 맡겨 주신 자들, 이 세상에 남아 있는 자들을 위하여 아버지께 기도합니다.

· 남아 있는 이들을 지켜 주십시오.

· 남아 있는 이 사람들이 하나가 되게 하여 주십시오.

· 이들이 진리를 위하여 자신의 몸을 바치는 사람들이 되게 하여 주십시오.

· 이들만이 아니라 이들의 말을 듣는 자들을 위해서도 동일하게 간구합니다.

· 이들을 악마에게서 지켜 주십시오.

· 그들도 장차 나와 함께 있게 하여 주십시오.

(g) 이제 아버지와 내가 영광을 받을 때가 왔습니다. – 이제 그 영광을 누리게 하옵소서.

3) 본문의 설교 적용

오늘 본문은 이제 주님께서 아버지께로 돌아가야 할 때를 아시고, 비록 자신은 이 세상을 떠나지만 하나님이 택하여 자신에게 맡겨 주신 그들이 세상에서 환란 당할 것에 대해 아버지 품에 거하도록 부탁하는 기도를 수록하고 있다. 그런데 이 본문은 단순히 예수님의 기도만을 포함한 것이 아니고, 아주 논리적으로 문제에 접근하고 있다. 이를 종합하면 다음과 같다.

(a) 하나님께서는 그의 사랑하는 백성들을 주님께 맡기셨다.

주님은 자신이 섬겼던 사람들이 어떠한 사람들인지를 분명히 밝히고 있다. '세상 사람들 가운데서 뽑아 내게 맡겨 주신 자들'이라는 것이다. 이들은 본래 아버지의 소유인데, 아버지께서 우리 주님에게 맡겨 주셨다고 하셨다. 우리는 주님께서 맡겨 주신 영혼을 어떤 마음으로 섬겨야만 하겠는가?

[6] "나는 아버지께서 세상 사람들 가운데서 뽑아 내게 맡겨주신 이 사람들에게 아버지를 분명히 알려 주었습니다. 이 사람들은 본래 아버지의 사람들이었지만 내게 맡겨주셨습니다. 이 사람들은 과연 아버지의 말씀을 잘 지키었습니다.

(b) 주님께서는 자신에게 맡겨 주신 자들에게 아버지를 소개한 이유와 목적을 이렇게 밝히고 있다.

주님은 아버지께서 맡겨 주신 자들에게 아버지를 열심히 소개하였다고 말씀하고 있다. 그리고 자신이 아버지를 그들에게 알게 할 때에 그 목적과 이유를 아래와 같이 밝히고 있다.

· 아버지께서 나를 사랑하신 그 사랑이 이제 그들 안에 있고 나도 그들 안에 있게 하기 위함.
· 아버지의 영광을 내가 그들에게 준 것은 아버지와 내가 하나인 것 같이 그들도 하나가 되게 하기 위함.
· 이는 세상으로 아버지께서 나를 보내셨다는 것을 알게 하기 위함.
· 아버지께서 나를 사랑하신 것 같이 이 사람들도 사랑하셨다는 것을 알게 하기 위함.

²⁶ 나는 이 사람들에게 아버지를 알게 하였으며 앞으로도 그렇게 하겠습니다. 그것은 아버지께서 나를 사랑하신 그 사랑이 그들 안에 있고 나도 그들 안에 있게 하려는 것입니다.

²² 아버지께서 내게 주신 영광을 나도 그들에게 주었습니다. 그것은 아버지와 내가 하나인 것처럼 이 사람들도 하나가 되게 하려는 것입니다.

²³ 내가 이 사람들 안에 있고 아버지께서 내 안에 계신 것은 이 사람들을 완전히 하나가 되게 하려는 것입니다. 이것은 세상으로 하여금 아버지께서 나를 보내셨다는 것을 알게 하려는 것이며 또 아버지께서 나를 사랑하신 것처럼 이 사람들도 사랑하셨다는 것을 알게 하려는 것입니다.

⁶ 나는 아버지께서 세상 사람들 가운데서 뽑아 내게 맡겨주신 이 사람들에게 아버지를 분명히 알려 주었습니다. 이 사람들은 본래 아버지의 사람들이었지만 내게 맡겨주셨습니다. 이 사람들은 과연 아버지의 말씀을 잘 지키었습니다.

· 나는 그들에게 아버지를 알게 하였습니다.
· 아버지께서 내게 주신 영광을 나도 그들에게 주었습니다.

(c) 아버지께서 나에게 맡겨 주신 이 사람들이 이제 아버지를 깨달았습니다.

우리 주님은 아버지께서 자신에게 맡겨 주신 자들이 이제 아버지께서 자신을 보내셨다는 것을 믿게 되었음을 말씀하고 있는데, 이것이 우리 주님에게는 그렇게 좋고 즐거운 일이었나 보다. 이것을 여러 차례 말씀하고 있다. 그리고 이것을 대단히 강조하고 있다.

⁸ 나는 나에게 주신 말씀을 이 사람들에게 전하였습니다. 이 사람들은 그 말씀을 받아들였고 내가 아버지께로부터 온 것을 참으로 깨달았으며 아버지께서 나를 보

내신 것을 믿었습니다.

²⁵ 의로우신 아버지, 세상은 아버지를 모르지만 나는 아버지를 알고 있습니다. 그리고 이 사람들도 아버지께서 나를 보내셨다는 것을 깨달았습니다.

⁷ 지금 이 사람들은 나에게 주신 모든 것이 아버지께로부터 왔다는 것을 알고 있습니다.

(d) 이제 아버지께서 맡겨 주신 자들에게 영원한 생명이 주어졌습니다.

주님은 이제 아버지께서 맡겨 주신 자들이 아버지를 알게 되었고, 또 자신이 아버지가 보낸 사람임을 깨닫게 되었다는 사실에 대하여 매우 흥분하고 있다. 그리고 그들에게 아버지가 주신 영원한 생명을 준다고 말씀하고 있다.

² 아버지께서는 아들에게 모든 사람을 다스릴 권한을 주셨고 따라서 아들은 아버지께서 맡겨주신 모든 사람에게 영원한 생명을 주게 되었습니다.

³ 영원한 생명은 곧 참되시고 오직 한 분이신 하나님 아버지를 알고 또 아버지께서 보내신 예수 그리스도를 아는 것입니다.

· 아들에게 모든 사람을 다스릴 권한을 주심.
· 아들은 아버지께서 맡겨 주신 모든 사람에게 영원한 생명을 줌.
· 아들이 준 영원한 생명이란 참되고 오직 한 분인 하나님 아버지를 알고 또 아버지께서 보내신 예수 그리스도를 아는 것임.

(e) 내가 세상에 있을 때에는 내가 그들을 지켰지만 이제 내가 떠나면 세상은 이들을 미워할 것입니다.

주님은 자신이 세상에 있을 때는 하나님이 맡겨 주신 자들을 지켰으나 이제 그가 떠나면 세상이 그를 미워할 것에 대하여 마음으로 걱정하고 있다. 이만큼 주님은 하나님이 그에게 맡겨 주신 자들을 지극히 사랑하셨다. 목회자들은 성도들을 하나님이 맡겨 주신 자들로 알아 그들을 지켜 주어야 한다. 악마로부터 지키고, 세상으로부터 지키고, 타락으로부터 지키고, 말씀으로 그들을 지켜 주어야 한다.

> ¹² 내가 이 사람들과 함께 있을 때에는 나에게 주신 아버지의 이름으로 내가 이 사람들을 지켰습니다. 그 동안에 오직 멸망할 운명에 놓인 자를 제외하고는 하나도 잃지 않았습니다. 하나를 잃은 것은 성경 말씀이 이루어지기 위한 것이었습니다.
> ¹⁴ 나는 이 사람들에게 아버지의 말씀을 전해 주었는데 세상은 이 사람들을 미워했습니다. 그것은 내가 이 세상에 속해 있지 않은 것처럼 이 사람들도 이 세상에 속해 있지 않기 때문입니다.

(f) 이제 나에게 맡겨 주신 자들, 이 세상에 남아 있는 자들을 위하여 이렇게 기도합니다.

주님은 이렇게 아버지께서 그에게 맡겨 주신 자들, 자신이 세상을 떠나면 지켜 주지 못할 그들을 위하여 이제 하나님께 간구한다. 하나님께서 친히 그들을 지켜 주시기를 간구한다. 여기 예수님의 기도가 대단히 구체적으로 나타나고 있다.

> ⁹ 나는 이 사람들을 위하여 간구합니다. 세상을 위하여 간구하는 것이 아니라 아버지께서 내게 맡기신 이 사람들을 위하여 간구합니다. 이 사람들은 아버지의 사람들입니다.

예수님의 기도를 종합해 보면, 다음과 같다.

- 남아 있는 이들을 지켜 주십시오.
- 이 사람들로 하나가 되게 하여 주십시오.
- 이들이 진리를 위하여 자신의 몸을 바치는 사람들이 되게 하여 주십시오.
- 이들만이 아니라 이들의 말을 듣는 자들을 위해서도 동일하게 간구합니다.
- 이들을 악마에게서 지켜 주십시오.
- 그들도 장차 나와 함께 있게 하여 주십시오.

〈아버지의 이름으로 지켜 주십시오〉

[13] 지금 나는 아버지께로 갑니다. 아직 세상에 있으면서 이 말씀을 드리는 것은 이 사람들이 내 기쁨을 마음껏 누리게 하려는 것입니다.

[11] 나는 이제 세상을 떠나 아버지께 돌아가지만 이 사람들은 세상에 남아 있을 것입니다. 거룩하신 아버지, 나에게 주신 아버지의 이름으로 이 사람들을 지켜주십시오.

〈이 사람들로 하나가 되게 하여 주십시오〉

[11] 그리고 아버지와 내가 하나인 것처럼 이 사람들도 하나가 되게 하여주십시오.

[21] 아버지, 이 사람들이 모두 하나가 되게 하여주십시오. 아버지께서 내 안에 계시고 내가 아버지 안에 있는 것과 같이 이 사람들도 우리들 안에 있게 하여주십시오. 그러면 아버지께서 나를 보내셨다는 것을 세상이 믿게 될 것입니다.

〈진리를 위하여 몸을 바치는 사람이 되게 하여 주십시오〉

17 이 사람들이 진리를 위하여 몸을 바치는 사람들이 되게 하여주십시오. 아버지의
   말씀이 곧 진리입니다.

18 아버지께서 나를 세상에 보내신 것같이 나도 이 사람들을 세상에 보냈습니다.

19 내가 이 사람들을 위하여 이 몸을 아버지께 바치는 것은 이 사람들도 참으로 아
   버지께 자기 몸을 바치게 하려는 것입니다."

〈더 나아가 이들만이 아니라 이들의 말을 듣는 자들을 위하여 간구합니다〉

20 "나는 이 사람들만을 위하여 간구하는 것이 아니라 이 사람들의 말을 듣고 나를
   믿는 사람들을 위하여 간구합니다.

〈그들도 장차 나와 함께 있게 하옵소서〉

24 아버지, 아버지께서 나에게 맡기신 사람들을 내가 있는 곳에 함께 있게 하여주시
   고 아버지께서 천지 창조 이전부터 나를 사랑하셔서 나에게 주신 그 영광을 그들
   도 볼 수 있게 하여주십시오.

〈악마로부터 지켜 주옵소서〉

15 내가 아버지께 원하는 것은 그들을 이 세상에서 데려가시는 것이 아니라 악마에게
   서 지켜주시는 일입니다.

16 내가 이 세상에 속하지 않은 것처럼 이 사람들도 이 세상에 속한 사람들이 아닙니다.

(g) 이제 아버지와 내가 영광을 받을 때가 왔습니다. – 이제 그 영광을
    누리게 하옵소서.

히브리적 사고는 중요한 것을 처음에 나열하는 경향이 있다. 이 본문이
그러하다. 이제 모든 것이 끝나고(이 세상에서의) 아버지께로 돌아갈 때가 되었
으니 이제 이 일을 통하여 하나님께서 영광을 받으시고 내게도 영광이 되게
하여 달라고 말씀하고 있다.

> [1] 이 말씀을 마치시고 예수께서는 하늘을 우러러보시며 이렇게 말씀하셨다. "아버지,
> 때가 왔습니다. 아들의 영광을 드러내주시어 아들이 아버지의 영광을 드러내게 하
> 여주십시오.
> [4] 나는 아버지께서 나에게 맡겨주신 일을 다 하여 세상에서 아버지의 영광을 드러냈
> 습니다.
> [5] 아버지, 이제는 나의 영광을 드러내주십시오. 세상이 있기 전에 아버지 곁에서 내가
> 누리던 그 영광을 아버지와 같이 누리게 하여주십시오."
> [10] 나의 것은 다 아버지의 것이며 아버지의 것은 다 나의 것입니다. 그래서 이 사람들
> 로 말미암아 내 영광이 나타났습니다.